- 教育部人文社会科学规划项目青年项目：十八大以来中国共产党发展理念的国际认知研究（21YJC10093）；
- 山东省社会科学规划研究项目：新时代山东省共享发展理念的质量测度及推进路径研究（19CXSXJ29）；
- 青岛市社会科学规划项目：新时代青岛市共享发展的质量测度及推进路径研究（QDSKL2001124）；
- 山东科技大学马克思主义学院学术著作出版基金资助出版。

高质量发展的共享测度与推进路径

以山东省为例

周月 李安邦 ◎ 著

中国社会科学出版社

图书在版编目(CIP)数据

高质量发展的共享测度与推进路径：以山东省为例／周月，李安邦著. -- 北京：中国社会科学出版社，2025.3. -- ISBN 978-7-5227-4724-8

Ⅰ. D675.2

中国国家版本馆 CIP 数据核字第 2025HT5187 号

出 版 人	赵剑英
责任编辑	杨晓芳
责任校对	夏慧萍
责任印制	张雪娇

出　　版	中国社会科学出版社
社　　址	北京鼓楼西大街甲 158 号
邮　　编	100720
网　　址	http://www.csspw.cn
发 行 部	010-84083685
门 市 部	010-84029450
经　　销	新华书店及其他书店
印　　刷	北京君升印刷有限公司
装　　订	廊坊市广阳区广增装订厂
版　　次	2025 年 3 月第 1 版
印　　次	2025 年 3 月第 1 次印刷
开　　本	710×1000　1/16
印　　张	16
插　　页	2
字　　数	231 千字
定　　价	98.00 元

凡购买中国社会科学出版社图书，如有质量问题请与本社营销中心联系调换
电话：010-84083683
版权所有　侵权必究

序　言

党的十九届六中全会在回顾党百年奋斗历程时强调坚持人民至上这一宝贵历史经验，指出要"坚持发展为了人民、发展依靠人民、发展成果由人民共享，坚定不移走全体人民共同富裕道路"。理念是行动的先导，共享发展理念为解决不平衡不充分的发展指明了方向，是推动共同富裕实践的重要理念指引。党的二十届三中全会会议公报强调进一步全面深化改革必须"完整准确全面贯彻新发展理念""以促进社会公平正义、增进民生福祉为出发点和落脚点"，因此，"十四五"时期，把共享发展理念贯彻到经济社会发展全过程和各领域，至关重要。

本书从高质量发展的共享内涵探讨出发，夯实共享发展研究的理论基础，构建共享发展指标体系，逐级、分层建立省级共享发展指标体系，通过指标权重的设定、无量纲处理和加权求和对共享发展指数进行测度。在此基础上，本书以山东为例进行实证分析，依据构建的省级共享发展指标体系和共享发展评价模型，把握山东省共享发展的基本情况，总结以往经验，分析影响共享发展的现实问题，并对未来政策调整提出建议。

本书共分为四个部分。第一部分，以习近平经济思想为指导，回答高质量发展缘何提出、考察共享发展理念的思想来源、概述新时代共享发展的科学内涵，明确评价指标体系构建的理论基础，阐明山东省共享发展质量测度的现实意义。在这部分内容中，对共享发展的含义进行准确界定是指标体系构建的基础。需要明确的是，共享发展不是平均分配，共享发展也不等同于共同富裕，分享经济与共享发展是两个截然不同的概念。在此基础上，研究中国古代朴素的共享思想、经典作家关于共建共享的论述、西方学界有关共享研究的萌芽，分析共享理念产生的社会历史根源以及中国化的共享发展理念的基本形态，全方位充实共享发展理念基本内涵研究。

第二部分，结合新时代中国特色社会主义建设的主要任务和山东省实际构建共享发展质量评价指标体系及测度模型。发展中的获得感既需要人民的主观感受，也需要客观的评价指标。在指标设计中，应把握社会公正的基本价值取向，正确认识应然公正与实然公正的适度分离和结合。在机会均等和结果正义的基础上，也应考虑道德协调、道德激励、道德约束三个层面的伦理意蕴。（1）指标选取原则。其一，全面性，涵盖经济、社会、文化、生态发展各方面；其二，层次性，设置三级指标，在每个一级指标下分别设置具体的评价指标作为子级指标，每个子级指标具有相对的代表性、独立性和完整性，从不同角度反映一级指标的某个方面情况，共享发展涉及面广、包含内容多，在评价指标的选取上，既要考虑覆盖全面，也要充分考虑其代表性，最大限度地减少指标的数量；其三，科学性，各个具体指标都体现共享特色、符合共享要求；其四，强调可操作性，突出数据的可采集、能统计。（2）指标体系框架。本书从经济资源、公共资源（社会资源、生态资源和文化资源）的分配角度入手构建共享发展的评价指标体系，在这一指标体系下，居民收入及贫富差距是衡量我国发展过程中共享机制的重要指标之一；公共服务均等化是决定全体人民共享发展获得感的直接因素。

第三部分，对山东省共享发展状况进行质量测度，了解山东省共享发展的现状。为了保证基础指标统计来源的可靠性和持续性，计算基础指标所需的基础数据尽量从省统计公报、统计年鉴和全面建成小康社会统计监测报告中获取。

第四部分，针对测度中发现的问题，探讨山东省共享发展的影响因素及推进路径。影响山东省共享发展水平的最根本因素在于发展的不平衡、不充分，也就是相对于美好生活需要而言供给还不充分，形成供给侧和需求侧的不平衡，本书从供给侧和需求侧两个方面的关系和矛盾来分析影响山东省共享发展水平的因素。基于定量分析与前期调研，本书从以下角度提出对策建议：首先，就共享发展的主体而言，人民群众是社会发展的主体，提高主体的共建能力是共享发展成果的前提；其次，就推进共享发展的有效手段和途径而言，增加有效公共服务供给、补齐民生领域突出短板是解决我国当前发展不平衡不充分问题的客观要求；再次，就共享发展实现的路径而言，要把共享发展理念嵌入教育发展中，使全体人民在思想意识和价值观念上达成共识；最后，就促进共享发展的主要着力点而言，必须把经济的高质量发展作为现阶段促进共享发展的主要着力点来抓。

本书主要有以下特色。第一，本书从中国古代民本思想、马克思主义经典作家关于共享发展思想以及中国共产党关于共享发展的实践等角度系统梳理共享发展的内涵、内容和价值，在此基础上开展共享发展评价体系研究，设置科学、合理的评价指标和方法，丰富习近平总书记共享发展思想体系研究。第二，本书从分配路径、分配原则和分配对象角度构建共享发展评价体系的研究内容，找到更科学合理的评价指标和方法，使山东省共享发展的质量和水平可以在量化的基础上得到更为清晰客观的把握，为共享发展理念的推进提供有效参考。第三，与现有研究相比，本书在多学科交叉基础上，立足不同向度、侧面和视野从经济学、法学、社会学、政治学、教育学等多学科审视和研究共享发展问题。

新时代共享发展理念是对马克思主义公平正义观的继承与发展，是中国共产党人民主体观的生动体现，是当前中国高质量发展的根本目的，是实现共同富裕的行动指南，是中国共产党公平正义价值原则的集中表达，是新发展理念的价值统领。新时代共享发展理念不仅从根本上改变和缩小劳动者之间的收入差距，为破解发展难题、促进公平正义、实现共同富裕、夯实党的长期执政基础、促进人的全面自由发展提供有力保障，还为丰富发展中国家的道路选择、促进世界贫富差距治理理念的变革以及人类文明新形态的探索贡献了中国智慧和中国经验。

目 录

第一章　高质量发展的理论渊源与文献综述 …………… （001）
　第一节　高质量发展的理论渊源 ………………………… （001）
　第二节　高质量发展的文献综述 ………………………… （026）

第二章　共享：高质量发展的根本目的 ………………… （042）
　第一节　共享是一个"发展"命题 ……………………… （042）
　第二节　共享是一个"协调"命题 ……………………… （050）
　第三节　共享是一个"民生"命题 ……………………… （057）
　第四节　共享是一个"平等"命题 ……………………… （062）

第三章　共享发展的思想渊源 …………………………… （068）
　第一节　马克思恩格斯的公平正义思想 ………………… （069）
　第二节　中华优秀传统文化中的共享思想 ……………… （081）
　第三节　马克思主义中国化时代化进程中的共享源流 … （091）

第四章　共享发展的实践探索 …………………………… （096）
　第一节　奠定共享发展的政治前提与群众基础 ………… （097）
　第二节　确立共享发展的制度保障与物质基础 ………… （102）
　第三节　共同富裕目标下共享发展的初步探索 ………… （105）
　第四节　共享发展理念的正式提出与内涵拓展 ………… （117）

第五章　共享发展的理论逻辑：分配正义观 ………………（126）
　第一节　共享发展分配正义的基本前提 ………………（128）
　第二节　共享发展分配正义的核心要义 ………………（135）
　第三节　共享发展分配正义的价值追求 ………………（141）

第六章　共享发展的现实要求 ……………………………（145）
　第一节　共享发展理念的实践挑战 ……………………（145）
　第二节　共享发展理念的原则要求 ……………………（155）

第七章　共享发展的评价体系建构、测度与分析 …………（168）
　第一节　共享发展质量测度研究述评 …………………（168）
　第二节　共享发展指标体系的构建原则与测度方法 …（179）

第八章　山东省高质量发展中的共享测度 ………………（187）
　第一节　山东省共享发展指标体系的构建与说明 ……（188）
　第二节　山东省共享发展指标体系的测度结果 ………（194）
　第三节　山东省共享发展的制约因素分析 ……………（203）

第九章　在高质量发展中实现共享发展的路径思考 ………（214）
　第一节　以更充分更均衡的发展夯实共享发展的经济基础 …（215）
　第二节　满足人民物质和精神需求，推动全面共享 …（222）
　第三节　发挥群众主体性作用，推动共建共享 ………（229）
　第四节　坚持规律性和目的性的统一，推动渐进共享 ………（234）

参考文献 ……………………………………………………（243）

后　　记 ……………………………………………………（250）

第一章

高质量发展的理论渊源与文献综述

第一节 高质量发展的理论渊源

"坚持人民至上"是中国共产党百年奋斗历程中最宝贵的历史经验之一，对这一经验的践行充分体现在解决发展中不平衡不充分的问题之中。《中共中央关于党的百年奋斗重大成就和历史经验的决议》将"坚持人民至上"作为中国共产党百年奋斗的宝贵历史经验之一，强调"坚持发展为了人民、发展依靠人民、发展成果由人民共享，坚定不移走全体人民共同富裕道路"[①]。高质量发展是解决当前发展不平衡不充分的问题的必由之路，是推动共同富裕的实践前提。

一 高质量发展缘何提出

发展是全党全社会的共识和自觉行动，是实现中华民族伟大复兴的不竭动力。发展质量是发展理论的重要内容，从追求发展速度到提升发展质量的转变是人类社会发展观念历史嬗变的重要体现，也是评价社会发展的重要指标。在中国当下发展阶段，"高质量发展是全面建设社会

---

① 《中共中央关于党的百年奋斗重大成就和历史经验的决议》，《人民日报》2021年11月17日第1版。

主义现代化国家的首要任务"①，实现高质量发展既具有重大战略意义，也体现了当下中国经济社会发展的现实紧迫性。

党的十八大以来，习近平总书记高度重视发展的重大理论和实践问题，围绕"新时代需要什么样的发展、如何实现新时代的发展"等一系列重大理论和实践问题，提出了"高质量发展"命题。把"高质量"作为反映经济活动的目标和价值旨归，成为习近平经济思想的重要原创性贡献。

推动高质量发展既反映了我国经济发展、社会主要矛盾变化，是发展新时代中国特色社会主义的本质要求，也反映了世界局势演变的新情况、新要求，是中国特色社会主义制度优势的体现。

（一）推动高质量发展是遵循经济发展规律的必然逻辑

经济发展是一个螺旋式上升的过程，具有阶段性特征，量积累到一定阶段，必然会实现质的提升，我国经济发展同样遵循这一规律。作为中国特色社会主义政治经济学重要的学理支撑——马克思主义政治经济学，其重要的思想方法之一就是在经济规律体系中把握社会经济活动的特征。习近平总书记关于高质量发展的重要论述，体现了对马克思主义政治经济学经济规律思想的创造性发展，是遵循生产力和生产关系的辩证关系、经济有机体的循环畅通、市场供需均衡规律的必然结果。

1. 高质量发展是当前中国社会生产力和生产关系的辩证统一的内在要求

有质量的经济活动能够不断创造出剩余，满足人类自身生存和发展需要，实现生产率提高、收入提高、需求提升、利润提升、投资扩大、生产率进一步提升的良性循环。同时，在社会主义制度中，以生产资料公有制为核心内容的生产关系决定了社会生产的根本目的是满足人民的生存和发展需要，实现人的自由全面发展。这也就决定了社会主义制度中，衡量经济活动质量的根本标准就在于是否坚持以人民为中心、是否

---

① 《习近平著作选读》第二卷，人民出版社2023年版，第172页。

不断解放和发展生产力、是否满足人民日益增长的美好生活需要。

"高质量发展，就是能够很好满足人民日益增长的美好生活需要的发展，是体现新发展理念的发展，是创新成为第一动力、协调成为内生特点、绿色成为普遍形态、开放成为必由之路、共享成为根本目的的发展。"① 从生产力和生产关系的辩证统一的维度来看，高质量发展是符合社会主义生产目的的发展，同时，满足人民日益增长的美好生活需要的发展才会推动经济向更高质量发展。在新时代实现新质生产力发展与完善新型生产关系的良性互动中，推动高质量发展是其内在要求和重要着力点。

2. 高质量发展是国民经济循环畅通的内在要求

国民经济循环畅通的广义内涵涉及生产、分配、流通、消费四个环节，"在正常情况下，如果经济循环顺畅，物质产品会增加，社会财富会积聚，人民福祉会增进，国家实力会增强，从而形成一个螺旋式上升的发展过程。如果经济循环过程中出现堵点、断点，循环就会受阻，在宏观上就会表现为增长速度下降、失业增加、风险积累、国际收支失衡等情况，在微观上就会表现为产能过剩、企业效益下降、居民收入下降等问题"②。

国民经济的循环畅通是我国现代化经济体系建设的重要目标。在产业体系完善中，推动产业技术的创新引领、产业结构智能化融合、产业组织的协同发展，在生产环节打通国民经济循环的产业闭环条件；在收入分配体系完善中，体现效率、促进公平，在分配环节充分调动人民群众的积极性和创造性，打通国民经济循环的积累与消费环节；在市场体系完善中，建成统一开放、竞争有序的市场机制，在流通环节充分发挥市场在资源配置中的决定性作用；在城乡区域发展体系中，充分发挥城乡优势，实现生产环节与流通环节的协调联动。在生产、分配、流通、消费各环节，创新引领、多元平衡、绿色高效、全面开放、共享共富的

---

① 《习近平谈治国理政》第三卷，外文出版社2020年版，第238页。
② 《习近平谈治国理政》第四卷，外文出版社2022年版，第176页。

高质量发展是打通经济循环过程中堵点、断点的前提条件，成为国民经济循环畅通的主要要求。

3. 高质量发展市场供需均衡的必然结果

供求关系是经济运行的最基本关系，供需均衡是市场健康发展、社会持续发展的前提，供求均衡不仅是量的平衡的"数量"关系，也是质的适应性的"结构关系"。高质量发展下所实现的市场供需均衡不是简单的总量平衡、低水平重复的平衡，而是总量和结构相互协调下的高水平螺旋上升的平衡。

从供求关系角度看，高质量发展所聚焦的核心问题正是经济运行的"好不好"问题。从供给需求角度看，高质量发展下，创新是发展第一驱动力、生产方式智能化数字化、需求捕捉能力强、产品和服务质量高、产业体系比较完整，因而，供给端能够满足消费者个性化、不断升级的需求；与此同时，伴随供给体系和结构对需求的强捕捉能力与反应力，需求能够有效地引领供给体系和结构的变化，供给质量提高后又会相应地创造新的需求。

(二) 推动高质量发展是适应我国社会主要矛盾变化的必然逻辑

"解决我国社会的主要矛盾，必须推动高质量发展。"[①] 不平衡不充分的发展本身就是发展质量不高的体现，发展中的矛盾必须靠发展来解决。发展中的矛盾和问题都要通过贯彻新发展理念和推动高质量发展来化解。

1. 优化供给结构，提高供给质量

高质量发展在解决发展不平衡不充分问题的过程中，首先的任务是优化供给结构，提高供给质量，以满足人民日益增长的美好生活需要。这一举措直接回应了人民对高品质、多样化产品和服务的需求，是高质量发展的核心要义之一。供给侧结构性改革是高质量发展的关键一环。政府通过改革，可以精准对接人民美好生活需要，提升供给体系的适配

---

① 《习近平著作选读》第二卷，人民出版社 2023 年版，第 67 页。

性和灵活性。这要求企业不断创新，提高产品和服务质量，同时优化生产流程，降低成本，提高效率。政府则需加强市场监管，打击假冒伪劣产品，保护消费者权益，营造公平竞争的市场环境。其次，增加优质供给，在高质量发展的过程中，增加优质供给是满足人民美好生活需要的重要途径。这包括推动产业升级，发展新兴产业，加强科技创新，提高产品的技术含量和附加值。同时，还要注重品牌建设和知识产权保护，打造具有国际竞争力的民族品牌，提升中国产品的整体形象和市场竞争力。

2. 促进区域协调发展，缩小发展差距

区域发展不平衡是制约高质量发展的重要因素之一。因此，促进区域协调发展，缩小发展差距，是满足人民美好生活需要的重要举措。实施区域协调发展战略，通过政策引导和市场机制相结合的方式，推动区域间资源要素的自由流动和优化配置。这包括加强区域间的交通、信息、能源等基础设施建设，促进产业协同发展，实现优势互补、互利共赢。推动城乡融合发展，实现城乡要素自由流动和平等交换，是满足人民美好生活需要的重要途径。这包括加强农村基础设施建设，提高农村公共服务水平，促进农村产业发展和农民增收。同时，还要推动城乡一体化发展，缩小城乡差距，实现城乡共同繁荣。

3. 加强创新驱动，提高发展质量

创新是引领高质量发展的第一动力。加强创新驱动，可以推动经济发展质量变革、效率变革、动力变革，从而满足人民日益增长的美好生活需要。企业是创新的主体，强化企业创新主体地位，加强企业创新体系建设，通过加大研发投入、引进和培养创新人才、建立产学研用协同创新机制等提升企业自主创新能力，加强知识产权保护，激发企业创新活力，推动科技成果向现实生产力转化。产业技术创新是高质量发展的关键。推动产业技术创新，围绕产业链部署创新链，围绕创新链布局产业链，推动产业技术创新取得重大突破。这包括加强核心技术研发，攻克关键共性技术难题，推动产业升级和转型发展。同时，还要加强科技成果转化和产业化应用,推动新兴产业快速发展。

4. 深化改革开放,释放发展活力

改革开放是推动高质量发展的强大动力。通过深化改革开放,可以释放发展活力,激发市场潜力,满足人民日益增长的美好生活需要。经济体制改革是全面深化改革的重点。要加快完善社会主义市场经济体制,发挥市场在资源配置中的决定性作用和更好发挥政府作用。深化"放管服"改革,优化营商环境;完善产权保护制度,激发和保护企业家精神;深化国有企业改革和混合所有制改革等等。对外开放是高质量发展的必由之路。要坚持以开放促改革、促发展、促创新,推动形成全面开放新格局。这包括放宽市场准入限制,扩大外资利用规模和质量;加强国际贸易合作与交流,推动构建人类命运共同体;积极参与全球经济治理体系改革和建设等。

5. 保障和改善民生,增进人民福祉

高质量发展的最终目的是满足人民日益增长的美好生活需要。因此,必须始终把保障和改善民生放在重要位置,切实增进人民福祉。加强社会保障体系建设,完善养老、医疗、失业等社会保险制度;加强社会救助体系建设,保障困难群众基本生活;加强社会福利和慈善事业发展等。高质量发展带来的高质量社会保障体系民生安全网、社会稳定器,扎实有效提高人民的生活质量和幸福感。

(三)推动高质量发展是保持经济持续健康发展的必然逻辑

1. 高质量发展是适应经济发展新常态的主动选择

在新常态下,经济增速从高速增长转向中高速增长,经济发展方式从规模速度型粗放增长转向质量效率型集约增长。所谓集约,在马克思主义政治经济学视角下,就是产品所消耗的社会必要劳动时间大幅降低,各类资源的综合效率大幅提升。在这一大背景下,推动高质量发展成为主动适应和引领经济发展新常态的必然选择。通过高质量发展,优化经济结构,提高经济发展质量和效益,通过技术创新催生新兴产业以及传统产业的优化升级,创造新的经济增长点;以供给侧结构性改革为主线，将技术创新作为生产要素与土地、劳动等传统生产要素深度融合，提高全要素生产率，从而保持经济的持续健康发展。

2. 高质量发展是贯彻新发展理念的根本体现

党的十八大以来，以习近平同志为核心的党中央直面我国经济发展的深层次矛盾和问题，提出创新、协调、绿色、开放、共享的新发展理念。这些新发展理念是高质量发展的内在要求，也是保持经济持续健康发展的根本动力。高质量发展强调以创新驱动为核心，将创新作为引领发展的第一动力；高质量发展要求实现区域协调发展、城乡协调发展以及产业协调发展等，旨在缩小区域、城乡和产业发展差距，优化资源配置，提升整体经济发展水平。高质量发展注重生态环境的保护和资源的可持续利用，因而推动绿色低碳循环发展，增强经济发展的可持续性。这体现了新发展理念中对绿色发展的强调，即坚持人与自然和谐共生。高质量发展需要积极参与全球经济治理和国际合作，推动更高水平的对外开放，构建开放型经济新体制。这与新发展理念中开放发展的要求是相辅相成的。高质量发展要求实现全体人民共同富裕，使经济发展成果更多更公平地惠及全体人民，不断促进人的全面发展。这恰恰是新发展理念中关于共享发展的重要体现。

3. 高质量发展是应对全球经济挑战的重要举措

在全球经济一体化和竞争日益激烈的背景下，推动高质量发展是提升我国国际竞争力的关键途径。加强自主创新能力是高质量发展的内在要求，通过科技创新和产业升级，加速中国经济从传统的依赖要素投入和规模扩张的发展模式向依赖创新和技术进步的发展模式转变，培育具有国际竞争力的新兴产业和产业集群，提高我国经济的核心竞争力，推动我国经济在全球价值链中向中高端迈进，使中国在全球产业链和价值链中的地位更加稳固和提高。此外，高质量发展强调创新驱动、结构优化、绿色低碳等理念，加强生态环境保护是高质量发展的题中应有之义，推动绿色低碳发展，这有助于提升我国经济的可持续发展能力和国际形象。这些理念的实施，将提升中国经济的国际竞争力。

综上所述，实现高质量发展是遵循经济发展规律、我国社会基本矛盾运动变化规律的逻辑必然，是回应内外局势演变新要求的现实应然。

二 高质量发展的思想渊源

高质量发展作为习近平经济思想的要义精髓、中国特色社会主义政治经济学的理论范畴之一，其最直接的理论来源就是马克思主义政治经济学，是马克思主义政治经济学在新时代的一般阐释和创新发展。在此基础上，马克思主义中国化时代化进程中的发展思想、中华优秀传统文化中的发展思想、西方经济学相关值得借鉴的理论全方位充实高质量发展的思想基础。

（一）马克思主义政治经济学中的发展思想

高质量发展是在马克思主义政治经济学基本原则指导下，立足于新时代中国发展伟大实践所形成的科学理论和发展思路。在高质量发展中，以人民为中心的根本立场融合继承了马克思主义政治经济学的价值主体思想，质量与效益提升的改革遵循了马克思主义国民经济宏观运行规律，"新常态"的判断发展了马克思主义生产发展的阶段性特征理论。

1. 对马克思主义政治经济学的价值主体思想的继承

马克思主义的核心诉求是将现实的人从抽象的资本剥削中解放出来，对于行为主体和价值主体的关注构成了马克思主义政治经济学分析的基本视角。在马克思主义政治经济学体系中，经济生活领域的行为主体包括"现实中的个人"与一定生产关系的化身经济范畴的"人格化"。"现实中的个人"在经济理性的统摄下具有显著的利己特征，能够通过自身的经济行为选择来满足自我利益需求。而经济范畴的"人格化"则是一定阶级关系的利益承担者，既可以是单一个体的人，也可以是个体集合的"阶级"。二者的区别在于个人是特定社会关系中具有自利性的利益群体，而阶级则是受特定阶级关系制约的"整体"。在马克思主义传播发展过程中，出于阶级斗争的考量，部分理论家、学者往往忽视"现实中的个人"这一历史范畴，反而更重视"人格化"个人的经济范畴。

高质量发展的根本价值立场是以人民为中心，以人民为中心的发展思想可以追溯到马克思主义政治经济学以人的解放为诉求的价值主体思想。在马克思主义中国化时代化的历史进程中，特别是中国特色社会主义四十多年的理论创新与实践发展，对"人民"概念的把握日益准确深刻。人民不再是抽象的群体，而是由一个个真实生动的爱国者组成的社会成员。与此同时，与经典马克思主义"人民"概念鲜明的阶级性不同，高质量发展所坚持的人民立场，在一定程度上弱化了阶级性色彩，而强调这一价值取向所蕴含的公平性与普惠性。这种公平性与普惠性深刻地体现在高质量发展所坚持的共享发展理念与共同富裕的发展目标中。新时代解决发展的不平衡不充分问题，发展是手段，而非目的，发展要依靠人民，成果要为人民所共享。

2. 对马克思主义国民经济宏观运行规律的遵循

在马克思主义政治经济学中和社会化大生产条件下，个别资本与社会总资本不是简单的数量关系，而是量在均衡基础上的比例协调。马克思主义社会总资本再生产理论核心内容是围绕经济按比例发展的客观规律而展开。马克思在分析社会总资本运动时，将社会生产部门分为生产资料生产部门和消费资料生产部门两大部类，并分析了两大部类内部、两个部类之间的交换条件与交换过程。第一部类所提供的生产资料，要与两大部类在再生产过程中所需要的生产资料相适应，进而揭示了国民经济中宏观经济总量平衡、结构平衡的机制与规律。

第一部类生产资料生产部门，其内部的生产与交换形成生产资料的市场需求，但这种需求放在国民经济大循环中看的话，本质上是社会供给的增加。在有效需求不足的情况下，加大对生产资料生产的投资，实质上是在增加供给，不仅不会扩大需求，相反，会加剧生产的相对过剩。当国民经济出现供需失衡时，主要表现是总需求与总供给的总量失衡，但深层次原因是社会生产的比例和结构关系失衡。对国民经济进行宏观调控时，不能仅从需求侧进行量的调整，更要从供给侧对生产结构和比例进行深层次调整，因此，经济运行的稳定性、协调性和可持续性被视为重要的宏观经济目标。

从这个意义上看，高质量发展的主线——供给侧结构性改革，聚焦于供给侧比例结构的均衡，相较于西方经济学所谓的"三驾马车"调控方式更科学有效。高质量发展强调质量第一和效益优先，通过提高产出质量、创新产品形态，提高全要素生产率，实现国民经济供需的动态平衡，进而推动经济的可持续发展。

3. 对马克思主义生产发展的阶段性特征理论的发展

马克思和恩格斯从生产力与生产关系、经济基础和上层建筑的对立统一关系出发探究社会生产发展的阶段，并作为社会形态划分的主要标准，根据生产发展的特征对社会形态进行阶段性划分是马克思主义对人类社会形态演化分析的根本视角。马克思主义对人类社会生产发展的阶段性把握，主要是从生产方式出发来分析生产力对生产关系的决定性作用、对上层建筑的影响，也就是有什么样的生产方式就有什么样的发展，"各种经济时代的区别，不在于生产什么，而在于怎样生产，用什么劳动资料生产"①。在此基础上划分了不同的社会形态，包括"亚细亚的、古代的、封建的、现代资产阶级的"②，并明确指出"既不能跳过也不能用法令取消自然的发展阶段"③，因此它是社会形态演进规律。在这一规律下，经济社会形态的演进是由生产力发展水平决定的，人类社会的历史发展具有客观规律性和阶段性，生产发展的阶段性特征具有不可跨越性。

马克思主义关于生产发展的阶段性特征理论，为认识和推进我国社会主义初级阶段经济发展提供了重要的方法论借鉴。改革开放以来，在全球化红利、技术进步红利的加持下，我国工业化、城镇化、信息化同

---

① 《马克思恩格斯文集》第 5 卷，人民出版社 2009 年版，第 210 页。
② 《马克思恩格斯文集》第 2 卷，人民出版社 2009 年版，第 592 页。
③ 《马克思恩格斯文集》第 5 卷，人民出版社 2009 年版，第 10 页。

步推进，生产力从量的积累迈向质的飞跃，由"跟跑"转向了"并跑"，并在一些领域实现了"领跑"。这些成就的取得主要得益于资本与劳动高投入所保证的高增长，在不少领域还存在制约生产力发展的体制机制障碍，必须形成能够促进颠覆性、前沿性技术的不断突破及转化为生产力的一系列体制机制，激发生产力发展的动力与活力，塑造与新质生产力相适应的新型生产关系。高质量发展是新时代我国生产发展的阶段性特征的内在要求。

(二) 马克思主义中国化时代化进程中的发展思想

发展是中国共产党和中国人民在长期革命、建设、改革实践中形成的共识，在不同历史阶段，面对不同的发展任务和发展形势，中国共产党在马克思主义中国化时代化的进程中形成了极富特色的发展思想，是被实践检验证明了的科学的理论原则。高质量发展作为新时代中国经济社会发展的主题，是对马克思主义中国化时代化进程中的发展思想的继承与发展。

1. 社会主义生产力发展目的理论

为无产阶级和广大人民群众谋福祉是无产阶级政党的立场和使命。服务人民的思想不仅是马克思主义的基本精神和本质特征，也是社会主义与资本主义的根本区别，这集中体现了社会主义制度的优越性。社会主义生产力的发展，其核心目的始终围绕服务人民这一根本宗旨。从毛泽东到习近平，历代党的领导人都对此有深刻理解和阐述，并形成了一脉相承又与时俱进的思想体系。

毛泽东同志作为新中国的缔造者，他始终坚守服务于广大无产阶级和劳动人民的根本立场。他强调，人民是历史的创造者，是社会变革的决定力量。因此，社会主义生产力的发展必须以满足人民的根本利益为出发点和落脚点，通过解放和发展生产力，改善人民的生活水平，实现人民的解放和幸福。邓小平同志在改革开放的新时期，进一步明确了社会主义生产的目的——共同富裕。他指出，社会主义的本质是解放生产力，发展生产力，消灭剥削，消除两极分化，最终达到共同富裕。这一论述深刻揭示了社会主义生产力发展的内在要求和价值追求，即生产力的发展不是为了少数人富裕，而是为了全体人民的共同富裕。江泽民同志提出的"三个代表"重要思想，其中"代表中国最广大人民的根本利益"是核心内容之一。这一思想强调，党的一切工作都要以最广大人民的根本利益为最高标准，包括生产力的发展。社会主义生产力的发展必须不断满足人民日益增长的物质文化需要，促进人的全面发展。科学发展观"以人为本"的核心理念，进一步丰富了社会主义生产力发展的目的。以人为本，就是要把人民的利益作为一切工作的出发点和落脚点，不断满足人民的多方面需求和促进人的全面发展。这要求我们在发展生产力的同时，更加注重社会公平和正义，使发展的成果惠及全体人民。

习近平总书记提出的"以人民为中心"的发展思想，是新时代对社会主义生产力发展目的的深刻阐述。他强调，人民是历史的创造者，是决定党和国家前途命运的根本力量。社会主义生产力的发展必须坚持以人民为中心，把增进人民福祉、促进人的全面发展作为发展的出发点和落脚点。这一思想不仅体现了对人民主体地位的尊重，也体现了对社会主义本质要求的深刻把握。

综上所述，从毛泽东到习近平，党的领导人对社会主义生产力发展的目的有一脉相承又与时俱进的认识，在坚守服务于人民的根本宗旨下，不断丰富和发展社会主义生产力发展的目的论，奠定高质量的更好满足人民需要这一发展根本目的的理论基础。

2. 社会主义经济发展动力理论

马克思、恩格斯在对资本主义机器大生产的考察中发现了科学创新对提高劳动生产率的作用，并将科技创新作为生产力的构成要素。自新中国成立以来，科技创新在推动社会主义经济发展中起到了举足轻重的作用。历代中国共产党人都对科技创新有深刻的理解和独到的见解，这些思想不仅指导了我国的科技发展，也为社会主义经济建设注入了强大的动力，更是对马克思主义科技思想的继承和发展。

在新中国成立初期,以毛泽东同志为核心的党中央就已经初步论述了科学技术对生产力的促进作用。在总结中华民族近代以来落后挨打的历史教训基础上,得出一个国家要想从贫穷落后走向富强,必须依靠科学技术的力量的结论,并强调要向科学进军,努力改变我国经济和技术远远落后于世界的状况,逐步地由手工业、半机械工业过渡到完全的机械工业。这一思想奠定了科学技术在社会主义建设中的重要地位。虽然他并没有直接提出"科学技术是生产力"的说法,但在他的文献中都体现了这一思想。随着时代的发展,邓小平同志密切关注现代科学技术对当代经济社会发展的影响,敏锐地把握世界范围内科技革命的发展新趋势,邓小平同志进一步强调了科学技术的重要性,他明确地将科学技术上升为"第一生产力"。这一论断不仅深化了我们对科学技术在社会生产中作用的认识,也极大地推动了我国科技事业和经济社会的发展。在邓小平理论的指导下,中国科技开始迎头赶上,并为经济建设提供了有力支撑。江泽民同志坚定不移地落实"科学技术是第一生产力"的理念,提出"科教兴国"发展战略,他认为只有将科技创新作为推动生产力发展的先导,才能应对因科学技术突飞猛进而日益激烈的国际竞争这一局面,倡导自力更生与创新相结合,鼓励在引进国外先进技术的基础上,加强消化、吸收和再创新,这一思想为我国在科技领域实现跨越式发展指明了方向。进入21世纪,胡锦涛同志准确把握我国科技发展将要面临的机遇和挑战,进一步强调了科技创新在推动经济发展和人类文明进步过程中的地位与作用,坚持自主创新、重点跨越、支撑发展、引领未来的方针,把增强自主创新能力作为科学技术发展的战略基点和调整产业结构、转变经济增长方式的中心环节。

党的十八大以来,以习近平同志为核心的党中央,更是将科技创新摆在国家发展全局的核心位置,结合新时代我国经济增速换挡、结构调整优化、增长动力转换的实际情况,作出高质量发展的战略判断。在由"有没有"转向"好不好"的过程中,创新是引领发展的第一动力,是建设现代化经济体系的战略支撑，高质量发展把"科学技术是第一生产力"的思想推向新的历史高度，突出科学创新对于复兴中华的重要支撑作用。

3. 社会主义社会发展阶段理论

社会主义社会发展阶段思想，是历代中国共产党人在对我国经济社会建设各历史时期阶段性把握的理论概括。社会发展阶段理论是马克思主义发展原理与矛盾运动理论在同中国革命建设改革实际相结合的中国成果。

毛泽东同志在中国革命、建设以及党的建设实践中运用事物的发展阶段原理，分析了事物发展总是一个阶段接一个阶段地持续进行，并分析了其中的阶段性特征，开创了我国的社会主义社会发展阶段理论。从区分社会主义的"建立"和"建成"开始，毛泽东同志认为社会主义建设是一个长期且复杂的过程，需要分阶段、有步骤地进行，把我国社会主义发展划分为"不发达的社会主义"和"比较发达的社会主义"两大阶段。这一思想为我国社会主义建设提供了初步的理论指导，强调了稳步前进的重要性。

邓小平同志继承和发展了毛泽东同志的"两大阶段"思想，准确把握我国已进入社会主义但社会主义仍不发达的实际，归纳和总结了新中国成立以来的建设经验，特别是改革开放的实践经验，提出了社会主义初级阶段理论。邓小平同志对"不发达的社会主义"有了更深层次的认识，1987年，党的十三大报告系统地阐释了社会主义初级阶段的基本内涵、本质属性、中心任务等问题，并明确了我国所处的历史时期及需要完成的历史任务，社会主义初级阶段理论基本形成。

随着改革开放的实践不断丰富和发展，中国共产党人进一步明确了初级阶段的长期性，对社会发展阶段理论进行了深化。江泽民同志立足世纪之交中国发展大势，提出要处理好改革、发展、稳定的关系，推动社会的全面进步，为我国在复杂多变的国际环境中保持稳定发展提供了重要指导。胡锦涛同志则强调，要实现经济社会的全面、协调、可持续发展，这体现了对社会主义发展阶段认识的深化，为我国在快速发展中保持平衡与协调提供了思想武器。

党的十八大以来，中国特色社会主义事业取得了历史性变革，中国特色社会主义进入新时代。立足于新时代，中国经济社会发展呈现出新的阶段性特征以及中国依然处于并将长期处于社会主义初级阶段，在"变"与"不变"的把握中，习近平总书记提出了高质量发展的首要任务，实现了对社会主义社会发展阶段理论的最新发展。

(三) 中华优秀传统文化中的发展思想

中华优秀传统文化中关于发展的理论，根植于数千年的历史积淀中，蕴含着深厚的哲学思想、社会伦理与实践智慧。这些理论不仅塑造了中华民族独特的发展路径，也为现代中国的高质量发展提供了丰富的思想资源和文化支撑。

1. "天人合一"与高质量发展中的可持续发展

"天人合一"是中国古代哲学思想的核心之一，它强调人与自然的和谐共生。这一理念认为，人类社会的发展不应以牺牲自然环境为代价，而应遵循自然规律，实现人与自然的和谐统一。在现代社会，这一思想被赋予了可持续发展的新内涵。中国积极倡导绿色发展理念，推动生态文明建设，努力构建人与自然的生命共同体，正是对"天人合一"思想的现代诠释和实践。

2. 和合文化与高质量发展中的开放包容性发展

"和合"是中国传统文化中的重要概念，它强调不同元素之间的和谐共存与相互融合。这种文化精神体现在社会生活的各个方面，如政治上的"和而不同"、经济上的"互利共赢"、文化上的"多元共生"等。在现代发展中，和合文化为包容性发展提供重要的思想基础。中国坚持对外开放的基本国策，倡导构建人类命运共同体，推动全球治理体系变革，正是体现了和合文化的包容性和开放性。

3. 民本思想与高质量发展中的共享发展

民本思想是中国传统文化中的核心价值之一，它强调以民为本、重民贵民。民本思想认为国家的治理应以人民的利益为出发点和落脚点，这与中国共产党坚持的"以人民为中心"的发展思想高度契合。党的二十大报告指出，"高质量发展是全面建设社会主义现代化国家的首要任务"，而高质量发展的最终目的是实现全体人民共同富裕。这一目标的提出，正是对民本思想的现代诠释和实践。在现代社会，民本思想被赋予了共享发展的新内涵。中国坚持"发展为了人民、发展依靠人民、发展成果由人民共享"的理念，推动经济社会全面发展，不断提高人民的生活水平和幸福感。近年来，中国通过实施精准扶贫、乡村振兴战略等一系列措施，显著缩小了城乡、区域收入差距。国家统计局数据显示，中国农村贫困人口从2012年年末的9899万人到2020年年末实现全部脱贫，贫困发生率由10.2%降至0，这体现了高质量发展在共享和共同富裕方面的显著成效。

4. 优秀传统文化中的行事方式方法与高质量发展的系统举措

中华优秀传统文化中蕴含着丰富的行事方式方法，这些方式方法对高质量发展的系统举措具有重要的借鉴意义。关于整体性思维与系统举措，中华优秀传统文化强调对事物有机联系的整体把握，这一思维方式在高质量发展的系统举措中得到了体现。例如，在推进生态文明建设时，中国不仅关注环境保护本身，还将其与经济发展、社会进步等多方面因素综合考虑，形成了生态文明建设的系统布局。关于中庸之道与平衡发展，中庸之道强调在矛盾中寻求中和平衡，高质量发展强调的协调发展是，既要注重发展的速度，更要关注发展的质量和效益，确保经济、社会、环境、产业结构等多方面的平衡发展。关于实践探索与改革创新，中华优秀传统文化注重实践探索和改革创新，这一精神也在中国高质量发展的实践中得到了充分展现。在推进供给侧结构性改革、实施创新驱动发展战略、加快发展新质生产力等方面，中国不断探索新的发展模式和路径，为高质量发展注入了强大动力。

(四) 西方经济学相关理论批判借鉴

1. 对西方供给学派的批判与借鉴

在西方经济学研究谱系中,供给学派并不是一个全新的经济学分支,但其理论观点在特定的历史时期和条件下确实受到了关注和讨论,特别是习近平总书记提出的"供给侧结构性改革",与西方供给学派在理论术语上的相似性,使得供给学派进一步进入中国大众视野。虽然二者在理论上具有相似性,但是却不能将二者等同看待。

供给学派的核心观点是供给自身可以创造需求,其基本的政策主张是减税,特别是降低边际税率,以增加个人储蓄和企业投资,从而提高生产效率和经济增长潜力,通过刺激供给催生新的需求。供给侧结构性改革与供给学派二者在某些方面确实存在相似性,如强调供给侧的重要性,无论是供给侧结构性改革还是供给学派,都强调了供给侧在经济增长中的重要性,即通过优化供给侧结构,提高生产效率和产品质量,进而可以推动经济持续健康发展。另外,关注市场机制的作用,二者都倾向于发挥市场机制在资源配置中的决定性作用。供给侧结构性改革强调要处理好政府和市场的关系,使市场在资源配置中起决定性作用;而供给学派则主张减少政府干预,使市场自动调节供需平衡。

尽管二者在某些方面具有相似性,但供给侧结构性改革与供给学派在理论基础、政策目标、实施路径等方面存在本质差异。供给侧结构性改革是在马克思主义政治经济学的指导下,结合中国特色社会主义市场经济的实践而提出的。它强调市场在资源配置中的决定性作用,同时更好地发挥政府作用,实现供给与需求的动态平衡,强调的是特定发展阶段的供需动态平衡的侧重点,并非强调供给侧而忽视了需求侧,是对马克思主义政治经济学的供需平衡理论的创新和发展。供给学派认为需求侧会主动适应供给侧的变化,强调市场万能和政府最小化干预。因此,供给学派的主要目标是消除"滞胀",实现经济增长和物价稳定,通过刺激个人储蓄和企业投资,进而增加总供给。而供给侧结构性改革则旨在解决中国经济面临的结构性问题,如产能过剩、库存积压、杠杆率过高等,其目标是提高供给体系质量和效率,增强经济持续增长动力,满足人民日益增长的美好生活需要。在实施路径上,供给侧结构性改革采取了一系列综合措施,包括"三去一降一补"、创新驱动发展战略、优化产业结构等措施。这些措施既注重供给侧的结构性改革,也不忽视需求侧的管理和调控,力求实现供需两侧的良性互动和动态平衡,推进经济的高质量发展。而供给学派主要通过减税和减少政府干预来刺激经济增长,其政策手段相对单一,且往往忽视需求侧的管理和调控。在对政府角色的认知这一问题上,供给侧结构性改革强调政府在改革中的重要作用,政府不仅要为市场创造公平竞争的环境,还要通过政策引导和制度保障来推动改革的顺利进行。同时,政府还要在社会保障、公共服务等领域发挥积极作用,确保改革的成果惠及全体人民。而供给学派倾向于将政府视为经济增长的阻碍因素,主张减少政府干预和支出。最后,从对国际环境的适应性来看,供给侧结构性改革是在全球化背景下,特别是立足"百年未有之大变局"下,中国经济面临复杂的国内外环境而提出的,它充分考虑了国际经济格局的变化和国内经济结构的调整需求,具有更强的国际适应性和实践指导意义。而供给学派是主要针对美国等发达国家在特定历史时期(例如"滞胀"时期)的经济问题而提出的,其政策主张在国际上的适用性相对有限。因而,供给学派的部分观点虽有一定借鉴意义,但"不能把供给侧结构性改革看成是西方供给学派的翻版"[①]。中国的供给侧结构性改革立足于新时代中国经济发展实践,强调市场与政府共同发挥作用,是对西方经济学的批判超越,而非单纯的翻版复制。

2. 对发展经济学相关思想的批判借鉴

发展经济学兴起于 20 世纪 40 年代末,是研究发展中国家经济增长的学科,研究问题主要聚焦于后发国家如何在落后的条件下快速完成工业化、实现对发达国家的赶超,研究视角以西方经济学理论范

---

① 中共中央文献研究室:《十八大以来重要文献选编》下,中央文献出版社 2018 年版,第 172 页。

式、发达国家发展经验为主。其核心观点包括：结构主义所强调的经济结构变革对经济增长的重要性，如刘易斯的"二元经济"发展理论；新古典主义强调的市场机制在资源配置中的决定性作用；平衡增长与不平衡增长所探讨的资本积累、技术进步、人口增长等因素对经济发展的影响，如罗森斯坦-罗丹的"大推进"理论。总体来看，发展经济学是对西方庸俗经济学和新古典学派的继承，将市场机制简单地作为经济增长的自动助推器，忽视了经济发展量变所引起的质的变化，将经济发展看作一个无冲突、无质变的过程。此外，发展经济学典型的误区就是将发达国家发展模式进行僵硬地复制，将发达国家发展经验简单套用于发展中国家。由于发展经济学的理论出发点与现实立场是资本主义国家，在其理论体系中普遍忽视了发展中国家在国际政治经济秩序中所处的不平等地位。

尽管发展经济学在理论立场和研究范式上有其局限性，但部分观点对发展中国家来说有一定参考价值，如内生性增长理论强调技术创新在经济增长中的重要性、新制度经济学从制度变迁的视角出发提出了一系列关于制度对经济增长影响的观点等。立足于我国的发展实践，结合对发展经济学的反思批判和借鉴超越，在高质量发展中，强调创新是高质量发展的第一动力，然而，中国并没有仅仅停留在技术创新层面，而是注重技术、人才、文化、体制机制等全面创新，推动创新驱动发展战略，这与新时代中国特色社会主义政治经济学的核心理念相契合；强调发挥社会主义基本经济制度的优势，同时摒弃了新制度经济学中基于私有产权和自由放任的主张，通过深化改革开放，完善社会主义市场经济体制，推动经济高质量发展；强调共享发展与共同富裕，坚持中国特色社会主义国有企业改革方向，摒弃全面私有化道路，推动企业改革创新，同时注重缩小社会贫富差距，推动共同富裕，这种批判借鉴有助于中国避免资本逻辑下的社会问题，实现更加公平和可持续发展；强调发展高质量的数字经济，构建数字空间命运共同体，同时警惕数字资本主义的新型掠夺，使中国在数字时代保持独立性和自主性，推动经济高质量发展；强调创新、协调、绿色、开放、共享的新发展理念，在发展动力、发展效能、发展方式、发展战略、发展目标等方面完成了对发展经济学发展理论的全方位超越，从根本上实现了发展观的变革。

三 高质量发展的科学内涵

在新时代背景下，高质量发展已成为我国经济社会发展的核心主题，它标志着对传统经济增长模式的深刻反思和对未来发展方向的战略性布局。习近平总书记强调"高质量发展不只是一个经济要求，而是对经济社会发展方方面面的总要求；不是只对经济发达地区的要求，而是所有地区发展都必须贯彻的要求；不是一时一事的要求，而是必须长期坚持的要求"[①]。这一论述深刻揭示了高质量发展的全面性、普遍性和长期性，为我们理解和实践高质量发展提供了根本遵循和行动指南。高质量发展不仅是一个经济概念，更是一个综合性的社会发展理念，因此对高质量发展概念的界定和理解应综合多维度、多视角的因素分析。

高质量发展不仅包括经济领域的效率提升、结构优化和动能转换，也包括政治文明、文化繁荣、社会稳定、生态平衡等方面，在以上诸方面内容中，经济的高质量发展是实现政治参与、文化发展、民生福祉、生态文明等全方位高质量发展的基础。深入理解并把握高质量发展，要先从本质论上厘清"发展"和"高质量"这两个术语的内涵和外延，以更准确地把握新时代中国发展阶段与战略规划。

（一）什么是发展？

哲学视野中的"发展"是一个动态历史概念，是事物运动过程中的持续变化及变化的趋势。在辩证唯物主义视域下，"发展"关注事物在运动过程中从"量"到"质"的变化并揭示这种变化的趋势；在历史唯物主义视域下，"发展"强调事物变化总趋势的规律性和客观性。

---

① 习近平：《论把握新发展阶段、贯彻新发展理念、构建新发展格局》，中央文献出版社 2021 年版，第 533 页。

经济学视野中的"发展"则更多的是关注经济的"规模"和"数量",直到20世纪60年代环境运动兴起后,效益的提高、结构的优化、生态的改善逐渐成为考量经济发展的重要指标,发展从"量"的关注转向"质"的层面的演进和发展。

发展与增长虽然相互关联,但它们的内涵和侧重点有显著的不同。这二者既存在区别,又相互联系,展示了对立与统一的复杂关系。经济增长通常指的是国内生产总值和人均收入变量的持续增加,它侧重于数量的累积和速度的提升。而经济发展则是一个更宽泛的概念,它不仅包括经济量的增长,还涵盖经济结构的优化、经济质量的提高以及社会、政治、经济秩序的变革。经济增长是经济发展的必要条件,但并非充分条件,二者在内涵上存在本质区别。

首先,经济增长为经济发展奠定了基石,并以其为终极追求。依据人类社会经济发展的规律,任何经济体都必须在经济增长的基础上,积累足够的物质财富,才能迈向更高层次、更高质量的发展阶段。因此,经济增长是不可或缺的物质积累过程,构成了经济发展的先决条件和基石。

其次,并非所有的经济增长都等同于经济发展。虽然数量的增加和规模的扩张是经济发展的基本要素,但更关键的是通过结构调整和方式创新来提高质量效益、改善生态环境、增进民众福祉等。在现实中,不少国家或地区因过度追求生产总值的提升而忽视了环境保护、资源的可持续利用以及分配的公平性,由此引发了一系列社会问题,如资源过度开采、环境恶化、经济结构失衡、收入差距扩大等。这种单纯追求数量的经济增长并不能带来真正的经济发展,因为经济发展应该是全面、协调、可持续的高质量发展。

最后,经济增长和经济发展是相互依存、相互促进的。经济增长不仅是经济发展的基础,也是实现经济发展的途径和手段。只有达到量变,才能引发质的飞跃。同时,经济发展也是经济增长的目标和归宿,只有实现全面、可持续、高质量的发展,才能促进人与自然、人与人之间的和谐共生,最终提高人民的福祉水平,实现经济增长的终极目标。

(二) 什么是"好"的发展?

高质量发展的核心在于"高质量",即实现从"有没有"到"好不好"的转变。"好"字揭示了新时代中国经济社会发展的核心要求,不仅代表发展的层次提升,更蕴含着对经济发展方式、经济结构、经济动力等方面的深刻变革。本书将从三个方面详细阐释"高质量"的内涵和标准,即:是否满足人民美好生活需要、是否符合新发展理念以及是否形成新质生产力。

1. 高质量发展是满足人民美好生活需要的发展

"高质量"发展的首要内涵,在于其能否满足人民日益增长的美好生活需要。这一标准的设立,直接回应了社会主义初级阶段的主要矛盾,即人民日益增长的美好生活需要和不平衡不充分的发展之间的矛盾。因此,"高质量"发展必须以人民为中心,以满足人民的全面需求为出发点和落脚点。随着社会的进步和经济的增长,人民对美好生活的向往不再局限于基本的物质需求,而是拓展到了对优质教育、高效医疗、便捷交通、舒适居住、优美环境等多元化、高层次的需求。高质量发展要求我们在持续推动经济增长的同时,更加注重提高公共服务的质量和效率,以确保发展成果更多更公平地惠及全体人民。具体来说,满足人民美好生活需要的发展,应该体现在四个方面:一是提高居民收入水平,让人民群众有更多的可支配收入来满足自身的发展需求;二是优化消费环境,通过提供丰富多样的商品和服务,满足人民群众日益增长的消费需求;三是加强社会保障体系建设,确保人民群众在面临风险时能够得到及时有效的救助和保障;四是推动文化繁荣发展,满足人民群众对精神文化生活的追求。

2. 高质量发展是符合新发展理念的发展

"高质量"发展还必须是符合新发展理念的发展。新发展理念包括创新、协调、绿色、开放、共享五个方面,这五个方面相互关联、相互促进,构成了一个有机整体。高质量发展必须全面贯彻新发展理念,并以此为指导推动经济发展质量变革、效率变革、动力变革。创新是引领发展的第一动力。在高质量发展中，创新应该贯穿于经济社会发展的各个领域和全过程，通过科技创新、制度创新、管理创新等，不断提高全要素生产率，推动经济持续健康发展。协调是持续健康发展的内在要求。高质量发展必须注重城乡区域协调发展，促进经济社会协调发展，推动物质文明和精神文明协调发展，不断增强发展的整体性、协调性和可持续性。绿色是永续发展的必要条件。在高质量发展中，我们必须坚持绿色发展理念，完善农村生活设施，保护农村生态环境，推动形成绿色发展方式和生活方式，实现经济发展与生态环境保护的和谐统一。开放是国家繁荣发展的必由之路。高质量发展要求我们坚持对外开放的基本国策，积极参与全球经济治理和公共产品供给，提高我国在全球经济治理中的地位和影响力，为经济发展注入新的动力。共享是社会主义本质要求。在高质量发展中，我们必须坚持"以人民为中心"的发展思想，让发展成果更多更公平地惠及全体人民，不断增强人民群众的获得感、幸福感、安全感。

3. 高质量发展是形成新质生产力的发展

"高质量"发展的核心，还在于是否形成新质生产力。新质生产力是指通过技术创新、模式创新等方式形成的新型生产力，它代表先进生产力和生产效率的发展方向。在高质量发展阶段，我们必须通过深化改革、扩大开放和创新驱动，加快培育新质生产力，推动经济持续健康发展。具体来说，形成新质生产力的发展应该体现在四个方面：一是加强科技创新和人才培养，通过提高自主创新能力，掌握更多关键核心技术和自主知识产权，推动产业向中高端迈进；二是深化供给侧结构性改革，通过优化产业结构、提高产品质量和服务水平，满足人民群众对高品质生活的需求；三是推动数字经济、智能制造等新兴产业的发展，打造具有国际竞争力的现代产业体系；四是优化营商环境，降低企业成本，提高市场竞争力，吸引更多优质资本和人才投入到新质生产力的创造中。在实现新质生产力的过程中，我们还需要注意三方面问题：一是要处理好政府和市场的关系，充分发挥市场在资源配置中的决定性作用，同时更好地发挥政府的作用；二是要加强知识产权保护，为创新提供良好的法治环境；三是要加强国际合作与交流，吸收借鉴国际先进经验和技术成果，推动我国新质生产力的快速发展。

"高质量"发展是一个多维度、全方位的概念。它不仅要求经济发展满足人民美好生活需要、符合新发展理念、形成新质生产力，还要求我们在实践中不断探索和创新，推动中国经济实现更高质量、更有效率、更加公平、更可持续的发展。

（三）高质量发展的共享内涵

高质量发展是新时代我国经济社会发展的首要任务，它强调的不仅是经济增长的速度和规模，更是经济社会发展的整体质量和效益。共享发展理念作为新发展理念的重要内容，既是实现我国高质量发展的重要指引，更是社会主义国家实现高质量发展的根本目的和题中应有之义，对新发展阶段推进全面深化改革、推进社会公平正义、推动全民共同富裕具有重要的时代意义。

1. 从社会主义本质属性的角度看共享发展对高质量发展的重要性

社会主义的本质属性是人民性，即发展为了人民、发展依靠人民、发展成果由人民共享。共享发展正是这一本质属性的具体体现，也是高质量发展的出发点和落脚点。

共享发展体现了高质量发展的根本目的。高质量发展的最终目标是实现人民的全面发展，让每个人都能够享受到经济社会发展的成果。这与共享发展的核心理念相契合，即让发展成果更多更公平地惠及全体人民。只有实现共享发展，才能确保高质量发展的成果真正落到实处，造福于民。共享发展为高质量发展提供了动力源泉。高质量发展需要全社会的共同参与和努力，而共享发展正是激发人民群众积极性和创造力的关键。当人民群众感受到发展带来的实惠和好处时，他们会更加积极地投入到生产和创造中，为高质量发展提供源源不断的动力。共享发展是高质量发展的衡量标准。高质量发展的成效如何，最终要看是否实现了共享发展。如果发展成果不能公平地惠及全体人民，或者存在严重的贫富差距和社会不公，那么这种发展就不是真正的高质量发展。因此，共享发展是衡量高质量发展成效的重要标准。

2. 从公平与效率的角度看共享发展对高质量发展的重要性

公平与效率是社会发展的两个重要维度，也是衡量发展质量的重要标准。在高质量发展的进程中，共享发展理念对于实现公平与效率的有机统一具有重要意义。共享发展有助于促进社会公平。高质量发展在要求经济增长的同时，也要注重社会公平。共享发展强调发展成果的公平分配，让每个人都能够享受到经济社会发展的红利，这有助于缩小收入差距、减少贫困人口数量，实现社会的共同富裕。通过共享发展，我们可以构建一个更加公平、包容的社会环境，为高质量发展提供稳定的社会基础。共享发展有助于提高经济效率。高质量发展要求经济增长的质量和效益。共享发展通过优化资源配置、提高劳动生产率、激发创新活力等方式，推动经济高效运行。同时，共享发展还注重绿色发展和可持续发展，及强调经济效益和生态效益的双赢。这有助于实现经济的高质量增长，为共享发展提供坚实的物质基础。

共享发展实现公平与效率的良性互动。在高质量发展的进程中，公平与效率不是对立的矛盾关系，而是相互依存、相互促进的辩证关系。共享发展理念强调在追求经济效率的同时，也要注重社会公平；在促进社会公平的同时，也要提高经济效率。公平与效率实现良性互动，可以进一步推动经济社会的高质量发展。具体来说，共享发展可以通过以下方式促进公平与效率的良性互动：提供公平的教育和培训机会，提高全体人民的素质和技能水平，从而提高他们的就业能力和创新能力，以推动经济的高效增长。建立健全的社会保障体系，保障人民群众的基本生活需求，减轻他们的后顾之忧，使他们能够更加专注工作和创新，提高经济效率。实施公平的税收政策，调节收入分配，缩小贫富差距，同时鼓励企业和个人进行更多的投资和创新活动，推动经济的高质量发展。

第二节 高质量发展的文献综述

高质量发展是在全球经济深刻转型、可持续发展目标日益重要、科技革命加速推进、环境保护意识增强以及国际竞争压力加大的背景下提出的。全球经济正从传统的资源驱动型向创新驱动型转变，高质量发展成为推动经济转型升级、提升竞争力的关键。联合国可持续发展议程强调了经济、社会和环境的协调发展，而高质量发展正是实现这一目标的重要途径。

在推动高质量发展、重塑经济发展动能、优化需求结构、深化产业结构调整以及促进收入分配更加合理的当下，深入剖析高质量发展的内在逻辑，不仅具有重要的理论价值，更拥有迫切的现实意义。自党的十八大以来，我国高质量发展的步伐稳健前行，取得了显著成就：农业基础稳固，第一产业稳步增长；工业体系持续优化，第二产业加速向高端化、智能化、绿色化转型；服务业蓬勃发展，第三产业规模持续扩大，成为经济增长的重要引擎。同时，需求结构更加均衡，内需成为经济增长的主要拉动力，战略基点作用日益凸显。随着高质量发展的深入，学术界的研究热点逐渐发生变化。以前的研究多侧重从理论层面探讨单一领域的高质量发展路径，或仅针对某一具体问题进行孤立分析，缺乏对高质量发展的全局性、系统性、趋势性的综合研究。当前，更需要的是一种跨领域、多维度、前瞻性的研究视角，以全面把握高质量发展的丰富内涵、核心要义及未来走向。

因此，加强对高质量发展整体趋势的研究，深入剖析其内在逻辑与机制，不仅有助于丰富和完善高质量发展的理论体系，更能为实践提供科学指导，以助力我国在新发展阶段实现更高质量、更有效率、更加公平、更可持续的发展。本章以2021—2024年201篇核心期刊文献以及11篇学位论文为样本，采用CiteSpace软件梳理关于高质量发展研究的相关知识图谱，通过可视化技术，将其研究领域的发展进程借助图像显示，寻求关于高质量发展近四年的变化发展与研究路径方向。研究通过关键词共现网络图谱、关键词突现、关键词时间线以及关键词聚类图分析相关研究方向以及研究热点，结合核心期刊内容进行系统性的研究综述和研究热点分析。研究表明，高质量发展研究的重点内容主要集中在数字经济、科技创新和共同富裕方面。目前，关于高质量发展的研究大多与经济相关，我们应抓住这一重点，与当前社会发展热点相联系，为后续进一步发展提出拓展方向。基于此，运用文献计量学方法，对2021—2024 年 CNKI 数据库收录的核心论文进行梳理，分析四年来产业结构升级的历史进程、研究热点、前沿动态与未来发展趋势。

一 高质量发展研究的文献计量分析

（一）研究方法及样本

CiteSpace 作为一款强大的分析工具，擅长运用科学知识图谱的绘制技术，对海量文献进行细致入微、动态多维的信息可视化处理。它不仅能够跨越时间维度，展现某一学科或特定领域内研究热点的演变轨迹，还能深刻揭示在特定时间段内研究趋势的兴起与变迁。通过直观的知识图谱呈现方式，CiteSpace 帮助研究者快速捕捉学科前沿动态，洞悉研究脉络，为深入探索与创新研究提供坚实的数据支持与可视化洞察[1]。这一方法在图书馆和情报学[2]、经济管理[3]、历史研究、教育信息等方面应用广泛。基于 CNKI 数据库，以"高质量发展"为主题词进行数据检索，将时间跨度确定为 2021—2024 年，为确保研究分析结果的

---

[1] 陈悦、陈超美、刘则渊等：《CiteSpace 知识图谱的方法论功能》，《科学学研究》2015 年第 2 期。

[2] 侯剑华、胡志刚：《CiteSpace 软件应用研究的回顾与展望》，《现代情报》2013 年第 4 期。

[3] 侯冠宇、胡宁宁：《农业经济研究进展、热点探析与趋势展望——基于 CiteSpace 文献计量分析》，《技术经济与管理研究》2023 年第 2 期。

严谨性与精确性，采取了严格的文献筛选策略，将检索范围严格限定在核心期刊及CSSCI（含扩展版）来源期刊内。这一举措旨在剔除会议论文、资讯报道、选题指南、投稿说明、目录总结等非学术性质的内容，确保所收集的资料均为经过严格学术评审的高质量研究成果。

（二）高质量发展研究发文量分析

2021年，国务院批复的"十四五"规划开始实施，全面建设社会主义现代化国家踏上新征程。习近平总书记详细阐释了高质量发展，他强调，高质量发展是"十四五"乃至更长一段时间内我国经济社会发展的主题，关系我国社会现代化建设全局。因此，2021年，国内学者对高质量发展研究的关注度较高，有效文章数量较多，且重点放在加快建设现代化经济体系，提高全要素生产率，推动经济实现质的有效提升和量的合理增长上。2022—2023年呈现小幅波动情况，高质量发展进一步被推动，国家出台不少专项文件，高质量发展与教育、医疗、体育、出版等学科密切结合，整体文献数量增多，但是剔除与本研究不相关学科类型后，数量引发核心文献出现小幅波动。2024年文献数量开始增加，2023年年底举行的中央经济工作会议部署了九项重点任务，包括以科技创新引领现代化产业体系建设、着力扩大国内需求等，这些任务为高质量发展指明了方向，全国多个重要会议，如全国发展和改革工作会议、全国工业和信息化工作会议等，也进一步细化和部署了具体的工作任务与策略实施，并且新质生产力的提出引发社会广泛关注，也带来了高质量发展的持续热度。研究文献的数量增长紧随国家重大发展战略的提出与区域政策的调整步伐，呈现出显著的关联性。党和国家对于高质量发展的深切关注，通过一系列战略规划与政策文件的发布，为学术界提供了明确的研究导向与重要指引。在此背景下，国内学者对高质量发展的研究热情持续高涨，研究成果不断涌现，为这一领域的深入探索与广泛拓展奠定了坚实而丰富的理论基础。这一趋势不仅反映了学术界对国家发展战略的积极响应，也预示高质量发展研究在未来将迎来更加繁荣的发展局面，如图1-1所示。

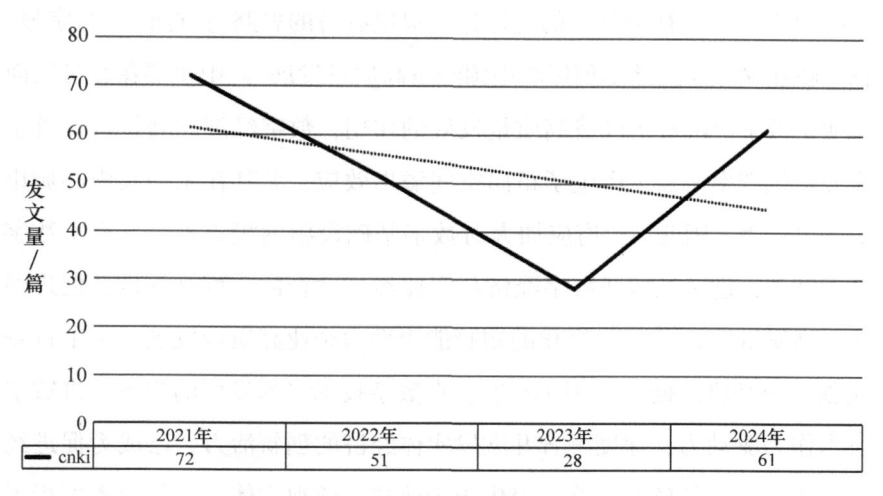

第一章　高质量发展的理论渊源与文献综述

	2021年	2022年	2023年	2024年
cnki	72	51	28	61

图 1-1　发文量统计

（三）最高被引文献分析

根据 CiteSpace 被引文献统计，本书对被引量排名前 10 位的文献（见表 1-1）进行分析。被引次数最高的文献是《数据要素对高质量发展影响与数据流动制约》。立足于数据要素的本质属性，本书深入剖析了其固有的基本特性与关键技术经济特征，进而提炼出数据要素驱动经济发展的内在逻辑与传导路径。在数字经济蓬勃发展的时代背景下，数据要素作为核心驱动力，展现出极强的可复制性、快速的迭代能力以及高度的复用价值。这些独特优势赋予了数据无限复制的保真能力，允许其随科技进步迅速更新换代，并在多次循环使用中持续挖掘并创造新的价值。为了充分释放数据要素的潜力，本书进一步审视数据流动的现状，细致分析制约其顺畅流动的关键因素。基于这一分析，本书提出了促进数据有序流动、强化数据支撑高质量发展的一系列策略建议。这些建议旨在全面描绘数据要素如何深刻影响并推动数字经济时代的高质量发展，同时明确指出了当前数据流动过程中存在的障碍以及中国在此领域所面临的挑战。通过深入剖析与策略探讨，本书旨在为更有效地发挥数据要素对经济社会发展的支撑作用提供有益的思路与方向。①李宗显、杨千帆在《数字经济如何影响中国经济高质量发展?》中主要在经济层面阐明了数字经济对于经济高质量发展的作用，数字经济发展显著促进了全要素生产率增长，产生了正向空间溢出效应，尤其在东部及中心城市效果更显著。因此，政府应加大对数字基础设施的投资力度，夯实数字技术基础，进一步拓展数字经济与实体经济融合的广度和深度，促进经济更高质量发展。②《数字化的翅膀能否助力企业高质量发展——来自企业创新的经验证据》被引179次，在数字技术飞速发展的当下，将数字技术作为驱动力，深度融合并激发实体经济的创新活力，已成为促进经济高质量发展的核心策略。聚焦于企业这一微观主体，我们深入剖析了中国企业在数字化转型过程中的一系列特征性事实。数字化转型不再仅仅是技术层面的革新，而是成为企业适应时代变迁、提升竞争力的关键途径。企业纷纷把握数字技术带来的机遇融入生产经营的各个环节，推动实体经济向智能化、网络化、服务化方向迈进。以此为基石，本书深入系统地探究了数字化转型对企业创新能力的多维度影响及其内在运作机制，旨在全面展现中国企业数字化转型的宏观进程与微观细节。这一研究不仅增进了我们对数字技术如何深刻重塑企业创新生态的理解，更为如何有效利用数字技术赋能实体经济、加速经济高质量发展的战略路径提供了宝贵的洞见与深刻的启示。③左鹏飞、陈静在《高质量发展视角下的数字经济与经济增长》中提到，后疫情时代，数字经济凭借其技术优势，充分释放中国超大规模市场潜力，促进内需增长。通过新技术、新业态、新模式，数字经济重塑国际合作竞争优势，为经济增长注

---

① 蔡跃洲、马文君：《数据要素对高质量发展影响与数据流动制约》，《数量经济技术经济研究》2021年第3期。
② 李宗显、杨千帆：《数字经济如何影响中国经济高质量发展》，《现代经济探讨》2021年第7期。
③ 肖土盛、吴雨珊、亓文韬：《数字化的翅膀能否助力企业高质量发展——来自企业创新的经验证据》，《经济管理》2022年第5期。

入新活力,是构建新发展格局的关键力量。本书揭示了数字经济的四大特性,并多维度分析其对中国经济增长的深远影响,进而提出政策建议,旨在推动数字经济成为驱动中国经济增长的新引擎。[①]

通过整理分析最高被引文献,我们可以看出高质量发展提出并不断发展以后,关于高质量发展问题的研究主要集中于经济领域,其文献内容围绕现状、存在的问题以及高质量发展必要性进行研究,解决"为什么"要进行高质量发展的问题,随后揭示"怎样做"的战略方针政策。不仅集中在经济大领域上,而且细化到中小企业、煤炭行业、旅游行业等的发展上。

表1-1　　　　　　　　　　高被引文献分析

序号	被引数	作者	题目	期刊	发表时间
1	396	蔡跃洲、马文君	数据要素对高质量发展影响与数据流动制约	数量经济技术经济研究	2021-03-05
2	230	李宗显、杨千帆	数字经济如何影响中国经济高质量发展?	现代经济研讨	2021-07-06
3	226	刘琳轲、梁流涛、高攀等	黄河流域生态保护与高质量发展的耦合关系及交互响应	自然资源学报	2021-01-14
4	221	杜运周、刘秋辰、陈凯薇等	营商环境生态、全要素生产率与城市高质量发展的多元模式——基于复杂系统观的组态分析	管理世界	2022-09-05
5	215	董志勇、李成明	"专精特新"中小企业高质量发展态势与路径选择	改革	2021-10-09
6	214	刘晓龙、崔磊磊、李彬等	碳中和目标下中国能源高质量发展路径研究	北京理工大学学报(社会科学版)	2021-03-23

---

① 左鹏飞、陈静:《高质量发展视角下的数字经济与经济增长》,《财经问题研究》2021年第3期。

				续表
7	203	张祝平	以文旅融合理念推动乡村旅游高质量发展：形成逻辑与路径选择	南京社会科学	2021-07-13
8	179	康红普、王国法、王双明等	煤炭行业高质量发展研究	中国工程科学	2021-01-14
9	179	肖土盛、吴雨珊、亓文韬	数字化的翅膀能否助力企业高质量发展——来自企业创新的经验证据	经济管理	2022-05-15
10	178	左鹏飞、陈静	高质量发展视角下的数字经济与经济增长	财经问题研究	2021-03-11

二 高质量发展研究的关键议题

（一）高质量发展研究热点：关键词共现分析

关键词共现现象，是指在同一文献中多个特征信息的关键词相互伴随出现，此现象不仅揭示了关键词的频繁使用程度，还为我们深入洞察某一研究领域的热点议题提供了有力工具。通过运用 CiteSpace 等可视化分析软件，我们能够构建出关键词之间的图谱结构，这些图谱中的关键节点不仅是高频关键词的体现，更是连接并引领周边关键词，共同编织成该领域当前最活跃和受关注的研究主题网络。因此，对关键词共现图谱的解析，有助于我们精准把握研究领域的脉搏，洞悉其发展趋势与前沿动态。

如图 1-2 所示，关键词共现图谱反映了高质量发展相关领域的研究文献较为广泛，研究主题覆盖面较全，包括高质量发展与数字经济、产业结构、科技创新、共同富裕等大方向之间的关系。比如贾洪文、张伍涛、盘业哲[1]将产业结构、科技创新和高质量发展结合起来，探索三者之间的关系，他们提出产业结构升级能为经济高质量发展提供坚实的产

---

① 贾洪文、张伍涛、盘业哲：《科技创新、产业结构升级与经济高质量发展》，《上海经济研究》2021 年第 5 期。

业基础的正面作用，但是升级过程中存在的挑战与障碍也会对经济高质量发展产生负面影响。科技创新在推动经济高质量发展的进程中，扮演着至关重要的角色，它能够有效缓解并纠正产业结构升级过程中可能带来的对经济高质量发展的不利影响，进而间接地促进经济的持续优化与提升。具体而言，科技创新对经济高质量发展的影响路径呈现出双重特性：一方面，它直接作用于经济体系，通过技术革新、效率提高等手段直接促进高质量发展；另一方面，科技创新还通过诱导和加速产业结构升级这一中间环节，间接地对经济高质量发展产生深远影响。这种双重路径的存在，进一步凸显了科技创新作为经济高质量发展核心驱动力的战略地位。此外，还探讨了高质量发展与人才教育、就业、教育改革等具体领域的联系，如吴晓蓉、胡甜[1]系统阐述了教育高质量发展的内涵、标准与实践，以内涵进行解析，通过标准予以构建，为我们提供了一个实践框架和发展新路径。刘惠琴等[2]则在此基础上更进一步推动教育、科技与人才的协同发展，通过目前所面临的挑战提出对策，以期对高质量发展产生倍增效应，以及高质量发展在国际合作、国际比较、全球视野等方面所起的作用，在国际方面主要与"一带一路"和"双循环"发展格局相结合。范欣、蔡孟玉[3]主要对"双循环"新发展格局的内在逻辑进行分析，主张在协调发展中构建"双循环"新发展格局，加强国际和国内区域间的制度对接，以期推动高质量发展并且实现良性互动。李向阳[4]则在"一带一路"方面构建出一个统一的理论分析框架，并在此框架的基础上分析"一带一路"所遵循的基本原则以及任务目标，为其构筑一个经济与制度保障基础，最终实现高质量发展。

---

[1] 吴晓蓉、胡甜：《教育高质量发展：内涵、标准及实践》，《教育与经济》2022年第2期。

[2] 刘惠琴、牛晶晶、辜刘建：《倍增高质量发展：教育、科技、人才的协同融合》，《清华大学教育研究》2024年第3期。

[3] 范欣、蔡孟玉：《"双循环"新发展格局的内在逻辑与实现路径》，《福建师范大学学报》（哲学社会科学版）2021年第3期。

[4] 李向阳：《共建"一带一路"高质量发展的路径选择：一个分析框架》，《经济学动态》2023年第10期。

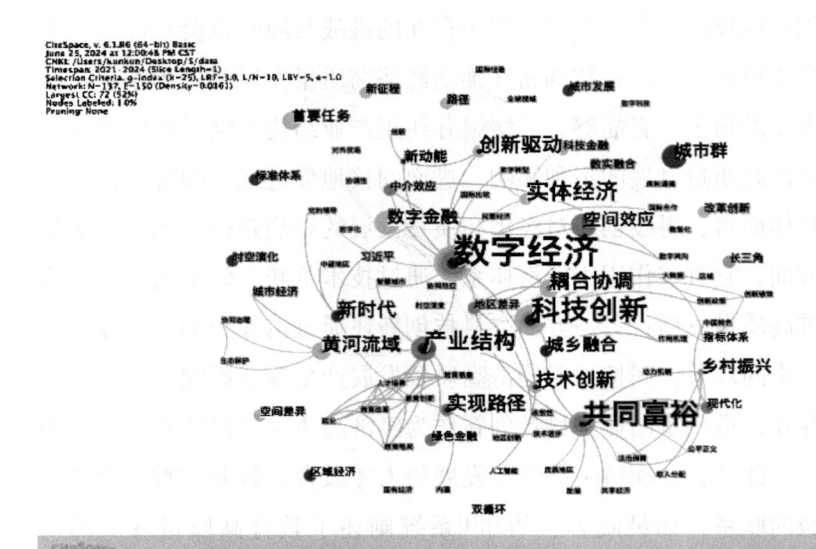

图 1-2 关键词共现分析

(二) 高质量发展研究内容：关键词聚类分析

为了更好地考察产业结构升级相关研究热点的知识结构，探析关键词的组合分类，使用对数似然比（LLR）对高频关键词进行聚类，通过多次调整阈值得到较为清晰的关键词聚类图谱，如图1-3所示。由图共得到五个聚类，分别为：#0 数字经济、#1 科技创新、#2 共同富裕、#3 产业结构、#4 新时代、#5 新动能。为了进一步使聚类合理化，现将聚类总结为三个方面进行关于高质量发展研究内容的分析。

1. 推动数字经济赋能高质量发展

首先，任保平、何厚聪[①]在理论逻辑、路径选择上分析了数字经济如何赋能高质量发展，为我们提供了整体性理论框架作为参考，再从提高整个供给体系的质量以及全要素生产率两方面入手，分析政策取向，

---

① 任保平、何厚聪：《数字经济赋能高质量发展：理论逻辑、路径选择与政策取向》，《财经科学》2022年第4期。

即我们应该怎样立足于数字经济赋能高质量发展。数字经济作为高质量发展的重要引擎，对高质量发展首先起创新驱动的作用，另外，数字化技术的渗透和应用（例如，人工智能、大数据、云计算等）为高技术制造业提供了新的生产方式和管理模式，这同样适用于更广泛的高质量领域。[1] 数字经济通过技术创新，不断推动产业升级和转型，为高质量发展提供持续动力，数字技术的应用也使得生产效率大幅提升，产品服务更加个性化、智能化，从而满足市场多元化需求。其次，李三希、黄卓[2]认为高质量发展意味着人民生活水平的不断提高和消费升级，这为数字经济提供了巨大的市场机遇。随着消费者对高品质、个性化产品和服务的需求日益增长，数字经济的发展空间变得更加广阔。数字经济也促进了产业结构的优化升级，推动了制造业、服务业特别是现代服务业等的快速发展。周申[3]等学者提出产业结构升级与供给效率提高蕴藏的经济效益能有效推动高质量发展。孟维福[4]等学者提出产业结构升级和消费结构升级是自主创新促进经济高质量发展的主渠道。最后，包国光、李宗芮[5]将数字经济高质量发展与中国式现代化结合起来，阐明了数字经济高质量发展为构建新发展格局提供了重要支撑，为现代化经济体系建设提供了重要引擎，为构建新时代国家竞争优势提供了新选择，为中国式现代化建设提供了新动力的优势。

2. 把握新时代新动能推动高质量发展

新时代要求我们必须转变经济发展方式，推动经济高质量发展。这需要我们不断寻找和培育新的动能，以驱动经济的持续发展。新动能可

---

[1]　任佳明：《数字经济对高技术制造业高质量发展的影响研究》，博士学位论文，山西财经大学，2022年。
[2]　李三希、黄卓：《数字经济与高质量发展：机制与证据》，《经济学（刊）》2022年第5期。
[3]　周申、任思蓉：《人力资本结构高级化、产业结构优化与高质量发展——基于中介效应模型》，《云南财经大学学报》2023年第11期。
[4]　孟维福、韩克勇、陈阳：《自主创新、结构优化与经济高质量发展》，《北京工商大学学报》（社会科学版）2024年第1期。
[5]　包国光、李宗芮：《中国式现代化进程中数字经济高质量发展的意义、原则与路径》，《学术探索》2024年第6期。

以来自科技创新、制度创新、管理创新等方面，这些创新能够推动产业升级、优化经济结构，从而提高经济发展的质量和效益。新动能是推动高质量发展的关键力量。在新时代背景下，传统的发展动力和模式已经难以适应经济社会发展的需要，必须寻求新的发展动能和模式来替代。新动能的出现，能够为经济发展注入新的活力和动力，推动经济实现更高质量、更有效率、更加公平、更可持续的发展。"新质生产力"的提出，正可谓恰逢其时，为我们增强发展新动能、构筑经济发展新引擎、塑造高质量发展新优势提供了重要指引，是推动高质量发展的内在要求和重要着力点。

徐政[1]等学者首先由新质生产力的理论内涵入手，分析其关键特征是以新发展理念为思想指引、以科技创新为根本驱动力和以产业培育为主要着力点。其次在此基础上探寻新质生产力与高质量发展之间的内在逻辑，即新质生产力有助于实现发展目标、增强发展动力、优化发展结构、拓展发展内容以及优化发展要素，赋能高质量发展。最后以解决现实困境为目的揭示实践构想。戴翔[2]、沈坤荣[3]、钞小静[4]等均从逻辑与路径出发探究新质生产力如何赋能高质量发展以及未来发展的战略重点和政策取向。范巧[5]、任保平[6]、刘莉[7]等将新质生产力与中国式现代化相结合，认为在中国式现代化视域下形成的新质生产力能为高质量发展

---

[1] 徐政、郑霖豪、程梦瑶：《新质生产力赋能高质量发展的内在逻辑与实践构想》，《当代经济研究》2023年第11期。
[2] 戴翔：《以发展新质生产力推动高质量发展》，《天津社会科学》2023年第6期。
[3] 沈坤荣、金童谣、赵倩：《以新质生产力赋能高质量发展》，《南京社会科学》2024年第1期。
[4] 钞小静、王清：《新质生产力驱动高质量发展的逻辑与路径》，《西安财经大学学报》2024年第1期。
[5] 范巧：《中国式现代化视域下加快形成新质生产力的逻辑阐释与机制建构》，《经济体制改革》2024年第2期。
[6] 任保平、王子月：《新质生产力推进中国式现代化的战略重点、任务与路径》，《西安财经大学学报》2024年第1期。
[7] 刘莉、任广乾：《新质生产力推进中国式现代化的价值意蕴、理论逻辑与实践指向》，《财会月刊》2024年第9期。

优化培育和提质增效。除经济领域之外，在哲学领域，任平[①]从人文逻辑出发，指出新时代"人文经济学"，内蕴引领和助推新质生产力高质量发展的"人文密码"，回答了新时代人文经济学何以助力新质生产力高质量发展的问题。杨渝玲[②]认为科学人文机制赋能高质量发展。在新质生产力拥有持续热度的当下，人工智能所带动的科技创新和理论探索热度居高不下，皆可视为科学人文价值凸显的佐证。因文化作为发展助力融入新质生产力中为高质量赋能，最终要归于"人"之发展和素质提升，因此，"科学人文"建设，对当前高质量发展语境下的科技良性运行具有根本意义。

3. 高质量发展与共同富裕

高质量发展是共同富裕的基础和实现路径。共同富裕包含增长和分配两大要素，而"富裕"则是共同富裕的前提。蔡昉[③]对共同富裕与高质量发展之间的关系进行了探究，从初次分配、再分配和第三次分配共三个方面阐述了二者之间的关系在经济学意义上的表现：实现生产率提高与共享的统一。要实现共同富裕，经济需要稳定增长，这就要求高质量发展作为基础，为经济的持续增长提供动力。高质量发展能够满足人民日益增长的美好生活需要，体现创新、协调、绿色、开放、共享的新发展理念，从而为实现共同富裕创造物质基础。邱海平[④]深刻洞察了共同富裕这一目标的长期性与复杂性，并强调了对其实现条件与深远意义的深刻理解的重要性。他指出，高质量发展不仅是推动共同富裕的明确目标与核心动力，更是引领我们扎实迈向共同富裕实质性进展的关键路径。通过这一视角，他为我们描绘了一幅以高质量发展为引领，逐步实

[①] 任平：《新时代人文经济学：新质生产力高质量发展的人文逻辑》，《武汉大学学报》（哲学社会科学版）2024年第4期。

[②] 杨渝玲：《当前中国高质量发展的科学人文赋能机制》，《自然辩证法研究》2024年第4期。

[③] 蔡昉：《共享生产率成果——高质量发展与共同富裕关系解析》，《中共中央党校（国家行政学院）学报》2022年第3期。

[④] 邱海平：《以高质量发展推动共同富裕取得实质性进展》，《社会科学辑刊》2022年第4期。

现全体人民共同富裕的宏伟蓝图。周绍东[①]等则在政治经济学方面探讨了二者之间的关系，和生产与分配关系的理论结合，从生产方式的微观、中观和宏观三个层面展开分析，探讨了通过缩小各类差距实现高质量发展下的共同富裕。高质量发展理念深刻体现了经济、政治、文化、社会及生态文明等多个维度的协调并进，尤为强调人民生活质量的全方位提高。这一理念与共同富裕的宏伟目标不谋而合，共同指向了一个更加均衡、和谐且繁荣的社会发展愿景。张辉、吴尚[②]则以当前备受瞩目的新发展理念为出发点，深刻阐述了如何通过全面统筹并践行创新、协调、绿色、开放、共享等核心要求，以推动区域间协调发展与加速实现共同富裕的宏伟目标。他们的研究不仅揭示了新发展理念在引领高质量发展过程中的重要作用，还明确指出了未来实践中的关键路径与方向。

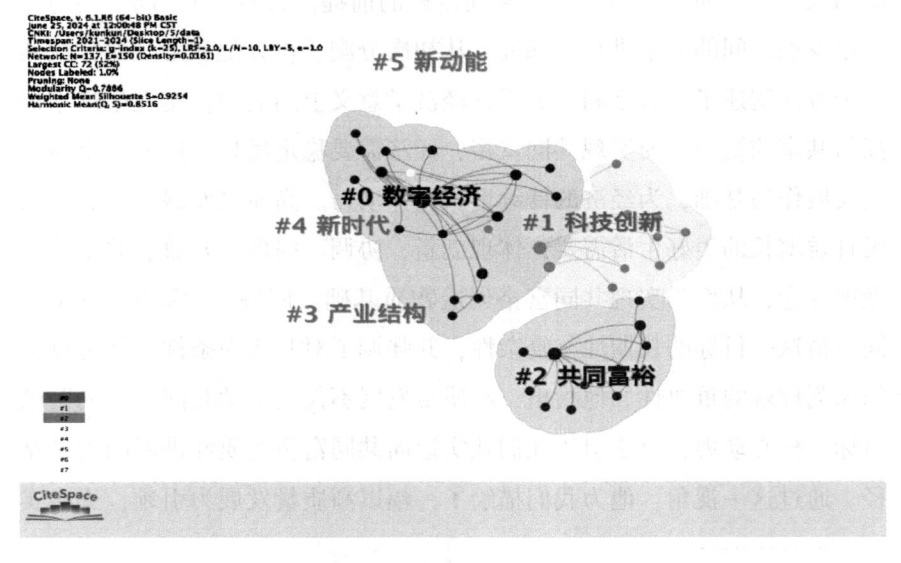

图 1-3　关键词聚类分析

[①] 周绍东、张毓颖：《在高质量发展中促进共同富裕：一个政治经济学的解读》，《新疆社会科学》2022 年第 4 期。

[②] 张辉、吴尚：《新发展理念引领高质量发展：成效、问题及推进方向》，《学习与探索》2021 年第 12 期。

（三）高质量发展研究趋势：关键词突现时间线图谱分析

关键词突现现象，是指在某一特定时间段内，某一关键词的使用频率突然显著上升的情况。通过对这一现象的观察与分析，我们能够清晰地描绘出高质量发展研究中，关键概念或议题爆发性增长的时间脉络。这一过程不仅揭示了高质量发展热点的动态变化，还为我们把握该领域发展的阶段性特征与趋势提供了有力的数据支持。如图1-4所示，由时间线图谱可知，突现词大致可以分为两个部分，以2022年为界。关键词均在2021年开始就已进行深入研究，2021年、2022年研究的核心主要放在国内高质量发展方面，注重区域性建设、空间效应与耦合协调、现代化以及乡村振兴。2023—2024年，眼光开始扩展到国外，注重数字化国际合作与对外贸易，而国内高质量发展热度同样不减，开始关注公平正义问题。突现词着重点的变化与我国发展现状和发展目标紧密联系，从关键词来看，高质量发展与数字经济、科技创新、共同富裕等关键词密不可分，重点放在经济领域。随着高质量发展的深入，学术研究也不断深化，从理论层面的性质研究转向实质性实施方面，也由国内扩展到国外。

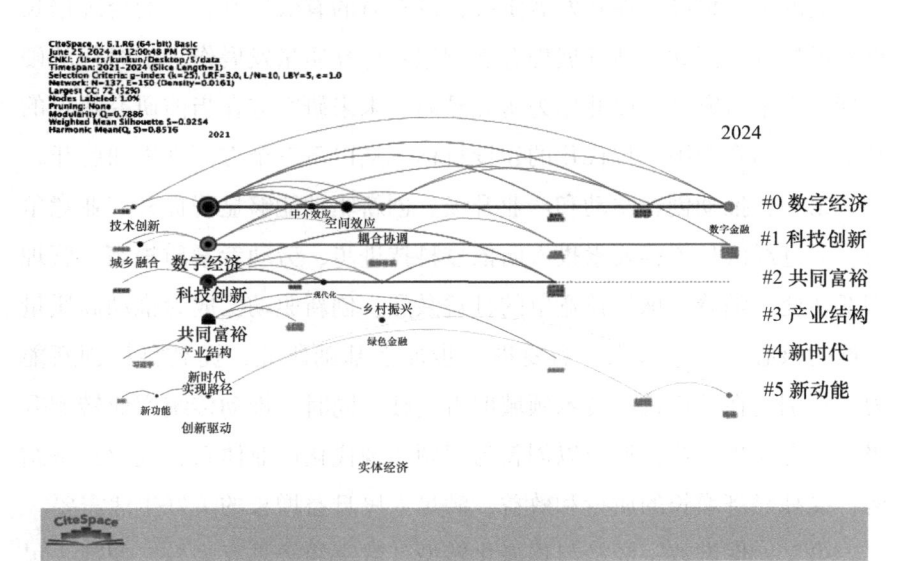

图1-4　关键词时间线

三 结论与趋势展望

(一) 研究结论

从发文特征来看，2021—2024年高质量发展研究发文量整体较为稳定，预计2024年下半年到2025年核心论文成果仍将保持在稳定状态，这为进一步研究高质量发展打下了坚实的理论基础。

从研究特征来看，可以归纳出以下三点显著趋势：第一，学者群体对高质量发展的关注展现出高度的稳定与持续，紧随国家重大战略部署与区域政策导向，成为其研究探索的核心指引。第二，研究焦点显著聚焦于经济领域，深入剖析高质量发展在经济层面的具体表现与实践路径。第三，研究论述紧密围绕现实社会中的紧迫问题与改革发展需求而展开，力求为实践提供具有针对性的理论支撑与策略建议。

(二) 研究趋势展望

随着发展的持续深入，学术研究不断深化。党的二十大明确提出把高质量发展作为全面建设社会主义现代化国家的首要任务，这是我国未来发展的重要指导。在新发展阶段，没有质的有效提升，量的合理增长将不可持续。因此，新发展理念强调把坚持高质量发展作为新时代的硬道理，学术研究可以以此作为研究导向。未来研究应在当前研究热点的基础上，结合中国式现代化的建设目标，从以下三个方面推进和展开。

第一，推动创新驱动和产业升级。创新驱动能够显著提升产业竞争力，促进经济从依赖要素投入向依靠科技进步、劳动者素质提高、管理创新转变。随着全球科技竞争的日益激烈，创新驱动已成为推动高质量发展的核心动力。未来，需要进一步加强基础研究，提高科技创新能力，特别是在关键核心技术领域取得突破。同时，推动传统产业转型升级，培育新兴产业，形成以创新为引领的现代化产业体系，优化经济结构，提高经济增长的质量和效益，满足人民日益增长的美好生活需要。

第二，促进数字经济与智能化转型。数字经济具有高效、便捷、灵活等特点，能够打破地域限制，促进资源优化配置和全球合作，现已成为全球经济增长的新引擎，智能化转型则是推动高质量发展的关键路径。未来，需要加快数字基础设施建设，推动数据资源开发利用，加强数字技术创新和应用，促进数字经济与实体经济深度融合。同时，推动制造业、服务业等行业的智能化转型，提高生产效率和服务质量。

第三，与共享发展相结合，实现共同富裕。共享发展是中国特色社会主义的本质要求，体现了发展出发点和落脚点的有机统一。高质量发展注重的是质量变革、效率变革、动力变革，二者相辅相成。高质量发展和共享发展相结合，可以更好地实现社会主义的根本特征和价值目标，即人的全面发展。中国共产党的长期愿景始终聚焦于实现共同富裕，这一目标在2020年脱贫攻坚战全面胜利后，更加清晰地指向了防止返贫与深化共同富裕的征途。在此过程中，高质量发展不仅构成了经济增长的强劲引擎，还成为推动区域均衡发展、助力乡村振兴等关键领域的正向力量。这些多维度、深层次的积极作用，相互交织、相互促进，共同铺就了一条通向共同富裕的康庄大道，成为推动中国式现代化进程不可或缺的重要路径。

第二章

共享：高质量发展的根本目的

共享是高质量发展的根本目的。经济高质量发展是中国特色社会主义进入新时代的鲜明特征，是支撑中国式现代化建设的重大战略。共享发展既是中国特色社会主义的本质要求，也是中国特色社会主义的发展底色，更是发展特色，没有共享就没有真正意义上的中国特色社会主义。

第一节 共享是一个"发展"命题

共享发展理念是以习近平同志为核心的党中央统筹"百年未有之大变局，中华民族伟大复兴战略全局"，立足新发展阶段、贯彻新发展理念、构建新发展格局，面对我国当前经济社会发展进程中存在的新趋势、新挑战与新矛盾，提出的为实现全体人民共享我国经济社会发展成果，增强我国全面建成社会主义现代化强国的内生动力，破解发展难题的全局性的发展理念。在推动中国经济迈向高质量发展的征途中，共享发展理念成为不可或缺的指导思想与行动纲领。作为构筑社会主义现代化国家宏伟蓝图的必由之路，它深刻体现了中国特色社会主义道路的内在优势，为经济社会实现质的飞跃提供了坚实的理论支撑与科学的导航方向。共享发展理念的深入践行，不仅是对发展成果全民共享原则的坚定维护，更是引领国家发展迈向更加均衡、包容与可持续道路的关键所在。

一 共享发展的"发展"要义

共享发展的提出，其首要之义在于发展本身的持续推进与深化。在此基础上，对共享发展的强调，核心目的在于破解发展难题，诸如发展成果分配不均衡的问题，以及发展过程中动力逐渐减弱的困境。共享，不是单纯的平均分配，而是在于通过这种共享机制，能够更为有效地推动发展的进程，使得发展成果能够惠及更广泛的人群，进而确保所追求的发展，是一种高质量、可持续的发展。共享发展观发展了"生产力是推动人类社会发展的决定性力量"这一观点。马克思主义发展观阐明了经济社会发展的基本规律，明确提出要将生产力的发展程度作为衡量社会发展的标准。中国共产党人在继承这一核心观点的基础上，结合我国基本国情，提出了"发展是第一要务"这一重要论述。只有先进的生产力，才能为实现共享奠定坚实的物质基础。新时代中国共产党的共享发展观将发展生产力作为实现共享的前提，丰富了马克思主义发展观的内容。共享发展理念深刻地将发展与共享融合，既是对马克思主义理论体系的传承，又是对其思想精髓的进一步发展。马克思主义致力于构建社会主义社会的核心目标，旨在帮助劳动人民摆脱旧制度下遭受剥削与压迫的困境，迈向富足、公平且充满希望的崭新生活。经典著作明确指出，建设社会主义应紧抓两大核心任务：一方面，要推动生产力的快速发展；另一方面，要实现社会的共同富裕。然而，如何切实有效地实施这两大任务，就需要在社会主义建设的实践中不断探索，持续提出并优化相应的理念与路径。

新常态下，"我国经济已由高速增长阶段转向高质量发展阶段……必须坚持质量第一，增强我国经济创新力和竞争力"[①]。快速发展生产力就要寻找经济增长新动力，避免陷入"中等收入"陷阱，保持经济持续健康发展。在推动经济高质量发展的背景下，我国的首要任务是加

---

① 《习近平谈治国理政》第三卷，外文出版社2020年版，第23页。

速产业结构的优化升级。这需要积极采取兼并重组的方式，推动产业间的深度整合，以有效节约成本和资源。通过这一过程，我国能够确保更多的资金、技术等关键生产要素被精准地投入到具有竞争优势的产业和企业中。同时还需要坚定不移地化解过剩产能，通过淘汰落后产能，提升全要素生产率，为经济的可持续发展注入新的动力。提高供给质量，增强有效供给能力。其次实施创新驱动发展战略，提升发展整体效能，提高创新能力，夯实科技基础，大力发展以创新为导向的新兴产业，激活新发展阶段的经济增长新动力，提高人才创新能力，培育人才创新意识，打造高素质人才团队。就目标追求而言，共同富裕是共享发展所追求的最终价值目标。一方面，共享发展是实现共同富裕的必由之路，共享发展凭借其人民主体性、覆盖全面性、成果共享性等优势，协调处理各方面利益问题，提高我国化解社会各种发展问题的能力，为实现共同富裕创造坚实的物质基础与良好的社会环境。另一方面，实现共同富裕是共享发展的目标追求，共享发展与共同富裕的要求高度契合，共享发展是共同富裕在新时代的具体表现，新时代共享发展的现实表现就是让广大群众共享改革发展成果，形成发展的良性循环，最终实现共同富裕。

二 共享发展的"长期性"要义

共享发展具有长远的历史基础和深刻的实践基础，随着社会发展和实践过程不断发展演变，共享和发展都是人类社会发展过程中的重要诉求，人类对于共享和发展的追求从未停息，其最初只是单独出现在人类历史的长河中，如中国古代的"大同"思想和西方社会关于公平正义的探讨，都蕴含朴素的共享发展思想。直到近代以来，西方工业革命带来的技术改革极大地提高了生产力，推动了社会的快速发展。与此同时，发展过程中带来的贫富差距、阶级对立等问题日益突出，引发了马克思等先进思想家的关注和思考，由此提出了共享发展的相关思想。

中国共产党人牢牢把握马克思主义的基本立场，始终坚持"以人民为中心"的发展观,进一步丰富和发展了共享发展思想。新民主主义革命时期与社会主义革命和建设时期,是以毛泽东同志为主要代表的中国共产党人对共享发展观的初步探索时期。这一时期虽未明确提出"共享发展"概念,但蕴含着共享发展思想的萌芽。1953 年,毛泽东同志第一次提出"共同富裕"这一概念,指出:"党在农村中工作的最根本的任务……就是要使农民能够逐步摆脱贫困取得共同富裕的生活。"① 1955 年,毛泽东指出:"现在实行这么一种制度,是可以一年一年走向更富更强的。这个富,是共同的富,这个强,是共同的强。"② 在毛泽东看来,我国实行社会主义制度,落实"一五计划"的目的就是实现国家与人民的共同富强。除此之外,毛泽东还清晰地认识到实现国家的富强需要每个人的参与,成果也自然由社会成员共同享有,要兼顾社会各界的利益。虽然我国当时的经济发展水平不能满足广大人民群众的共享需求,甚至一度陷入平均主义的误区,但毛泽东的这一主张仍然对当时我国经济社会的协调发展具有重要意义。

党的十一届三中全会以来,以邓小平同志为主要代表的中国共产党人对"共享发展"进行了全新探索。在这一时期,邓小平进一步深化对社会主义本质的认识,明确了共同富裕的目标,同时为实现共同发展提供了坚实的基础和保障。改革开放前,由于主客观条件的限制,走了不少弯路。邓小平在深刻总结社会主义建设的经验教训的基础上,深刻认识到要改善人民的生活水平,真正实现共同富裕,必须将发展生产力放在第一位。1987 年,邓小平从我国具体实际出发,提出"三步走"战略,并将其确立为实现我国经济和社会发展目标的战略步骤。除此之外,邓小平立足我国处于社会主义初级阶段这一基本国情,提出"先富带动后富,最终实现共同富裕"的思想,"让一部分地区、一部分人先富起来,带动和帮助其他地区、其他人,逐步达到共同富裕"③。在

---

① 《毛泽东文集》第六卷,人民出版社 1999 年版,第 442 页。
② 《毛泽东文集》第六卷,人民出版社 1999 年版,第 495 页。
③ 《邓小平文选》第三卷,人民出版社 2009 年版,第 64 页。

邓小平看来，一方面，先富者的经验与教训对于后富者有极大的借鉴和参考意义；另一方面，先富者对后富者起激励作用，可以在一定程度上提高共同富裕效率。同时，邓小平还十分重视防止两极分化，提出通过调节收入分配缩小收入差距，以解决贫富差距拉大的问题。事实证明，邓小平"先富帮后富"与防止两极分化的发展策略，改善了人民生活，进一步塑造了共享发展的目标与布局。

党的十三届四中全会以来，以江泽民同志为主要代表的中国共产党人在准确把握前人共享发展思想的基础上，进一步明确共享发展的主体，提出要让广大人民群众共享发展成果。强调发展成果由广大人民共享是江泽民在中国特色社会主义现代化建设探索过程中的重要理论成果。21世纪以来，随着经济的不断发展，我国的社会结构发生翻天覆地的变化，社会阶层日益分化，利益主体更加多元化，给社会的公平正义和人民共享建设成果带来了不小的挑战。对此，江泽民提出："在现代化建设过程中，要努力使广大群众共同享受到经济社会发展的成果。"① 只有这样，人民群众才能够拥有平等的地位与机会享有经济建设的成果，现代化建设才能够得到人民的支持和拥护，最终实现共同富裕。同样，要想将人民共享的发展成果落到实处，必须重视社会财富的分配问题。江泽民明确指出收入分配要坚持效率优先、兼顾公平，正确处理初次分配与再分配的关系，努力实现发展成果的公平共享。除此之外，江泽民还进行了许多促进共享的实践探索，例如，以集体主义原则处理各阶层利益、开发式扶贫等。这些实践使得人民享受到了经济发展成果，提高了人民在现代化建设过程中的积极性，为进一步实现共享发展增强了动力。江泽民指出，共同富裕不仅指人民物质生活的富裕，更指人民精神生活的充盈。在现代化建设过程中既要推进经济发展，提高人民物质生活水平，也要加强精神文明建设，充盈人民的精神世界，推进人的全面发展和社会的全面进步。江泽民的这一主张，既极大丰富了

---

① 《江泽民文选》第二卷，人民出版社2006年版，第262页。

共同富裕的内涵，将对共同富裕的认识提高到一定的高度，也为更深层次认识和了解共享发展提供了理论指导。

党的十六大以来，以胡锦涛同志为主要代表的中国共产党人进一步对共享发展观展开了一系列探索。"科学发展观"的提出完成了我国发展战略的关键调适。"发展是第一要义"再次强调了我国发展实践始终要坚持以经济建设为中心的原则。科学发展观的核心是以人为本，在发展观上确立"以人为本"，改变了以往将人纯粹看作发展手段的观点，而将人看作生产力发展的决定性力量和社会发展的最终目标，开始以促进人的发展为社会发展的目标，将人的发展作为衡量社会进步与否的标准，实现了发展观话语范式的突破。科学发展观的"全面发展"，就是要以经济建设为中心，全面推进经济、政治、文化、社会建设，实现经济发展和社会全面进步。"协调发展"就是坚持重点论和均衡论，在抓重点的同时，要重视非重点，带动非重点的发展。"可持续发展"就是要促进人与自然的和谐，并实现经济发展和人口、资源、环境相协调，坚持走生产发展、生活富裕、生态良好和文明发展的道路。"全面协调可持续"的提出使得发展观的话语较之前更加系统。科学发展观的根本方法是统筹兼顾，就是要正确认识和妥善处理中国特色社会主义事业中的重大关系。科学发展观对当代中国发展问题进行了长期深入的思考，将共享与发展相结合，既赋予了"共享"在"发展"层面的价值，又进一步提高了发展的普惠性与人民性，丰富了共享发展的内涵。

党的十八大以来，新时代中国共产党人吸收和借鉴历届领导人共享发展思想，结合我国具体实际，对共享发展思想进行了全面升华，将其提升到发展理念的高度。首先，"以人民为中心"的发展思想清晰回答了"为谁发展""靠谁发展""发展成果由谁共享"的关键性问题。党的十八届五中全会上审议通过的"十三五"规划建议指出："必须坚持以人民为中心的发展思想。"[①]"以人民为中心"的发展思想作为一个新

---

① 中共中央文献研究室：《十八大以来重要文献选编》中，中央文献出版社2016年版，第789页。

的时代命题被正式提出。党的二十大报告指出，维护人民根本利益，增进民生福祉，不断实现发展为了人民、发展依靠人民、发展成果由人民共享，使现代化建设成果更多更公平惠及全体人民。这一理念不仅深刻契合了中国共产党全心全意致力于人民福祉的根本宗旨，更在新时代背景下注入了鲜活的时代意义，彰显了新时代共产党人的历史使命与责任担当。其次，以习近平同志为核心的党中央，始终秉持"以人民为中心"的发展思想，通过一系列重大战略部署与实践探索，如决战决胜脱贫攻坚、推动共同富裕进程、深化社会主义民主政治实践、发展全过程人民民主、丰富社会主义先进文化以满足人民日益增长的精神文化需求、营造和谐稳定的社会氛围以增强人民的获得感、幸福感、安全感，以及推进生态文明建设以实现人与自然和谐共生的现代化愿景等，实现了理论与实践的双重飞跃与话语体系的创新升华。最后，"新发展理念"作为应对中国发展新挑战的战略指引，为明确新发展阶段、构建新发展格局提供了科学的行动框架。其中，共享发展理念作为核心理念之一，不仅确立了发展的根本价值取向，还精准把握了科学发展的内在规律，顺应了时代发展的必然趋势。它深刻体现了社会主义制度的本质要求与党的根本宗旨，是科学规划人民幸福，国家长治久安蓝图的关键所在。新发展理念的提出，为新时代中国经济社会的全面、协调、可持续发展提供了明确的方向指引与强大动力。

三 共享发展的"渐进性"要义

共享发展理念的推进是一项长期的事业，它是动态渐进共享在推进共享发展的进程中，需以客观实际为依据，紧密结合国情，审慎制定发展蓝图，以确保共享建设能够稳健有序地向前推进的事业。渐进共享的理念，旨在强调在实践过程中共享水平的逐步提升，它预示着共享的实现将经历由初级阶段向高级阶段、由非均衡状态向均衡状态的逐步过渡，从而明确构建共同富裕的实践路径。值得注意的是，渐进共享并非追求"一步到位"的全面共享，也非追求全民同步共享或全面同层共享，而是一个长期的过程，需要分步骤、分层次，允许差异性的共享方式。

首先，从共享时间的维度出发，渐进共享并非一次性完成的快速过程，而是一个长期的且不断深化的持续发展历程。其核心在于确保社会财富的公正分配，这一实践根植于生产关系的框架内，并深受生产力决定生产关系这一客观规律的制约。鉴于生产力发展的显著客观性，其进步必然随着历史的进程而逐步展开，无法一蹴而就。若企图通过片面调整生产关系，采取平均主义的分配方式来迅速达成全民共享社会发展成果的目标，尽管在短期内可能缩小贫富差距，实现表面的公平，但长远来看，这种做法极易陷入平均主义的陷阱。它排斥了按劳分配和按要素贡献的分配原则，将抑制人民的生产积极性，进而阻碍生产力的进一步发展。因此，共享发展理念的实践必须伴随生产力的逐步提升而稳步推进。

其次，从共享主体的视角审视，渐进共享并非全民同步共享，而是一个有序、分阶段的共享过程。共享发展理念的实践，亦需经历一个长期的历史积淀，其中，不同区域、不同行业的群体在共享发展成果上并非同步实现，而是呈现出一种有序、阶段性的渐进趋势。当前，我国实行以按劳分配为主体，多种分配方式并存的分配制度，这一制度明确确立了劳动、资本、技术、土地等生产要素在社会分配中的核心地位。该制度旨在全面激发人民的积极性和创新精神，从而推动生产力的稳步提升与发展。鉴于我国长期处于社会主义初级阶段的基本国情，这种分配方式具有其历史必然性和合理性。然而，我们须清醒地认识到，由于地域、行业间的显著差异，发展速度与质量处于非均衡状态。在这一分配框架内，发展条件更优越的地区与行业，其民众往往能够优先并更多地享受到发展带来的丰厚果实。因此，在共享国家发展成果的进程中，不可避免地会存在区域间、行业间乃至社会阶层间的时序错位与空间差异，这是我们需要正视并妥善应对的挑战。

最后，从共享客体的视角来看，渐进共享并非全面同层共享，而是体现为一种部分差异共享的状态。在贯彻落实共享发展理念的实践路径中，共享主体在享受发展成果方面呈现出明显的差异性和层次性；同时，共享客体即社会发展成果的共享亦非一蹴而就。这是一个在历史进程中逐步解决成果共享中的具体问题，也是不断拓宽和深化共享发展客体广度与深度的过程。对于违背发展成果共享的问题，其重要性和紧迫性存在显著差异，因此解决时间亦需有所区分。对于重要程度高、紧急性强的问题，将优先予以解决；而对于其他重要程度较低、紧急性较弱的问题，则可能相对滞后处理。此外，共享发展理念的实践离不开浓厚的共享文化氛围和健全的共享制度作为坚实支撑。这些支撑因素的形成和完善是一个长期且持续的过程，需要在理论与实践的深入互动中逐步培育和完善。

第二节　共享是一个"协调"命题

共享发展强调让广大人民群众共享改革发展成果，这体现了社会公平正义原则。在共享发展的过程中，需要平衡和协调各方面的利益和关系，确保不同群体都能公平地分享发展的成果。这种协调性不仅有助于缩小贫富差距，促进社会和谐稳定，还能激发全社会的积极性和创造力，推动经济社会的持续健康发展。

一　协调城乡和区域之间的发展差距

城乡和区域之间的发展差距是当前我国经济社会发展面临的一个突出问题。共享发展理念要求必须协调好城乡和区域之间的发展关系，推动城乡和区域协调发展。这包括加强农村基础设施建设，提高农村公共服务水平，促进农村产业转型升级；同时，加强区域合作，推动产业转移和区域协同发展，缩小地区之间的发展差距。

改革开放以来，我国城乡关系与区域空间格局经历了显著变迁，这一过程中涌现了丰富的理论创新成果。全面推进城乡、区域协调发展，旨在扩大国内大循环的辐射范围，这是我国区域发展政策连贯性的重要体现。我国城乡与区域发展政策的实施，始终致力于增强区域经济实力、缩小城乡与区域之间的差距，以确保现代化建设的成果能够更广泛、更公平地惠及全体人民，从而坚定不移地推动共同富裕的实现。全面推进城乡、区域协调发展，扩大国内大循环的覆盖范围，旨在打破区域壁垒，促进资源要素在各地区间的合理配置与高效聚集，从而畅通国内大循环，真正形成全国性的统一大市场，这充分体现了我国城乡与区域发展政策的核心价值。此举亦彰显了构建全国统一大市场的现实逻辑。经济理论与实际发展状况均显示，地区发展不均衡是一种普遍现象。目前，城乡间资源要素流通渠道尚需完善，区域内部一体化水平有待提升，区域间发展战略协同性不强，这些因素均在一定程度上影响了资源要素在不同区域的有效流动，进而加剧了城乡居民收入差距和区域间发展差异。因此，全面推动城乡、区域协调发展，扩大国内大循环的覆盖范围，对于提高资源要素流通效率、释放城乡融合发展活力、优化区域空间结构具有重大意义，有助于解决区域发展不平衡不充分的问题。

畅通城乡经济循环，作为夯实国内大循环的核心环节，应聚焦于以县域为单位，积极促进国内经济的全面循环，以县城为纽带，有效联结城市与乡村，充分发挥其桥梁与服务作用。必须坚持将强县与富民目标相统一，构建城乡经济循环的稳固基石。消费作为国内大循环的基石，其增长依赖于收入的增加。因此，我国应坚守以人为本、追求共同富裕的发展理念，将农村居民增收置于优先地位，通过完善产业发展利益联结机制，确保广大群众能够切实分享产业繁荣带来的红利。在策略上，应积极引导县城引进具备巨大发展潜力和强大带动力的优质企业，探索委托招商、轻资产招商、资本招商、平台招商等多元化模式，以吸引行业领军企业和关键配套项目。同时，深入了解县城产业发展的现状，明晰产业高质量发展的脉络，为把握产业重点发展方向、实现精准化提质增效奠定坚实基础。另外，需有效拓宽城乡居民收入增长的渠道。持续推出创业富民工程，强化对中小微企业的扶持政策，促进就业、保障就业，构建城市居民收入增长的长效机制。深化农村集体产权制度改革，壮大集体经济实力，并深化拓展消费帮扶行动，以持续提高农村居民的收入水平。同时，应着力巩固脱贫攻坚成果，确保低收入群体的生产生活得到切实保障。

为全面拓宽和深化国内大循环，我国必须紧紧依托中心城市和城市群的核心引领作用，积极构建现代化都市圈，以此激发有效投资和潜在消费需求，进而构建支撑高质量发展的国土空间布局与体系。城市，尤其是中心城市，作为生产与消费活动的关键载体，其人口与产业的集聚效应显著。在构建新发展格局、稳固国内大循环主体地位的征程中，需进一步强化中心城市的核心地位，全面释放其引领与带动功能。具体而言，在提升中心城市的核心能级方面，应坚定不移地推动规模与质量的双重提升。首要任务是加快高端制造业、高端服务业及重大新兴产业的集聚布局，以强化中心城市的产业基础。在提高中心城市综合实力的过程中，致力于完善公共服务体系与基础设施网络，旨在丰富其品质内涵与服务功能的全面跃升。我国通过聚焦产业引领、创新策源及改革示范等核心战略，旨在构建区域发展的强劲引擎，驱动区域经济实现繁荣兴盛。与此同时，应充分挖掘并发挥中心城市的辐射效应与带动作用。在促进资金、产业及人才等关键要素高效流动的基础上，进一步强化中心城市在企业服务、科技支撑、教育医疗等公共服务领域对周边地区的辐射与赋能，以此提升中小城市的吸引力与竞争力，促进区域整体协调发展。此举旨在构建创新示范、辐射引领、高质量协调发展的新格局，推动区域经济的均衡发展。同时，应不断优化中心城市的发展空间与布局形态。完善城市内部空间结构，推动中心城区与远郊区的协调发展，实现良性互动与互补。这将有助于提升中心城市的整体发展水平，进一步巩固其在区域经济发展中的核心地位。

二 协调经济和社会各方面的发展

经济社会发展是一项复杂的系统工程，需要协调好经济、政治、文化、社会、生态等各方面的发展。共享发展理念要求在推动经济发展的同时，注重保障和改善民生，加强社会建设，推动文化繁荣，保护生态环境。共享发展的协调性要求发展过程更加彰显整体性和全面性。中国特色社会主义现代化建设的总体布局是"五位一体"的，经济建设、政治建设、文化建设、社会建设、生态文明建设都需要协调发展。只有全面把握社会主义事业总体布局，统筹兼顾，妥善处理好发展中的各项重大关系，才能促进发展的整体性。

在过去的发展中，有些领域发展很快，但有一些领域重视不够。比如，在经济快速发展的同时，社会事业发展相对滞后，包括教育、科技、文化、卫生、体育等事业发展滞后于经济发展，"一头重、一头轻"问题比较明显。对此，共享协调发展要求在发展空间上要注重发展的整体性，也就是说，既要破解发展难题，补齐短板，又要巩固原有优势，并不是不允许发展差别的协调，而是发展基础上的协调，尊重实际情况，遵循市场经济的客观规律，通过不断实现体制创新来进行科学协调，既统筹兼顾，又有所侧重，实事求是地贯彻落实协调发展理念，将缺失的内容或者薄弱环节补足，才能尽可能地实现均衡协调的整体发展。协调发展，目标在发展，核心在协调，其最突出的特征就是强调全面发展，主要体现在，在注重大力开展经济建设的同时，不断推动社会事业的发展，充分发挥社区和社会组织的调节作用，积极弘扬社会主义核心价值观，引导公众用道德规范约束自身行为，不断健全社会信用体系和公共安全体系，实现经济增长与社会进步的同向发展；在政治建设方面，要健全社会主义民主政治，完善制度体系，充分保障人民当家作主；强调经济建设与国防建设的融合发展，以国防建设为经济建设提供安全保障，以经济建设为国防建设提供物质基础。采取军民融合发展模式，推动多领域、全要素、高效益的军民融合发展，打造一批军民融合示范区，健全军民融合发展体制机制，推进国防和军队建设，深化国防科技工业体制改革，建立国防科技协同创新机制，加强军工与民用的渗透合作，实现富国与强军的有机统一；主张物质文明与精神文明共同发展，杜绝"一条腿长、一条腿短"的失衡问题，也就是说，经济发展必须与文化发展和人的发展相统一，才能使整个经济社会获得系统性和可持续性发展。协调发展要求物质文明与精神文明"两手抓，两手都要硬"，坚定文化自信，加强文化自觉，将社会效益摆在第一位，注重保护文化资源，挖掘传统文化的当代价值，鼓励人们创造更多优秀的文化产品，加强文化人才的培养，推动文化体制改革，以创新精神推动社会主义文化繁荣，努力建设文化强国，促进硬实力和软实力整体发展；在生态文明方面，要大力建设美丽中国，打造人与自然命运共同体，实现人与自然和谐共生；等等。

三　协调分配结构实现共同富裕

共同富裕的核心要素涵盖两个关键层面。第一，"富裕"这一要素严格遵循生产力的标准，代表人们在满足温饱、小康目标后所向往的更高层次追求。它集中体现了人民群众在物质生活和精神文化生活方面追求的高水平供给与高品质消费的质量追求。第二，"共同"则凸显了生产关系的本质特征，它强调了分配形态中的普遍参与和公平正义，彰显了共同劳动、共同创造财富以及共同享有发展成果的价值理念。这两个层面相互交融，共同构成了共同富裕的核心内涵。

首先，应构建一套基础性制度安排，旨在确保初次分配、再分配与第三次分配之间实现高效协调。初次分配基于国民总收入，直接依据生产要素如劳动、资本、土地、知识、技术、管理、数据等进行分配，其报酬由市场依据各要素的贡献程度来决定。在此过程中，必须兼顾效率与公平，确保二者并行不悖，以免给后续的再分配过程带来过大压力。尤其要重视提高一线劳动者的劳动报酬比重，确保他们得到公正合理的回报。再分配则是基于初次分配的结果，通过现金或实物在各收入主体间进行转移，以实现对收入的有效再分配。这一环节应更加注重公平，是缩小收入差距、强化政府调控的关键所在。国家通过税收、社会保障、转移支付等手段，合理调节城乡、区域、不同群体间的收入分配关系。第三次分配，作为初次分配与再分配体系中的自愿性财富流转环节，是对既有分配机制的有效补充与深化。其核心体现在社会捐赠、民间互助行动及志愿服务等多元化慈善公益形式中，这些活动不仅彰显了公民对于公益事业的积极投身，对弱势群体的深切关怀，还体现了个人道德修养与社会责任感的同步提升，是推动社会文明进步的重要力量。为促进第三次分配的蓬勃发展，政府亟须构建完善的捐赠激励机制，营造一个鼓励性强、限制少的政策氛围。同时，应充分尊重并激发企业家回馈社会的强烈意愿，通过优化社会组织参与公益事业的制度框架与运行机制，旨在最大限度地激发企业界与个人领域的慈善捐赠潜能，共同推动社会公益事业的繁荣与发展。

其次，在构建社会分配结构时，应着重形成中间大、两头小的橄榄形结构。这种结构有助于社会的稳定，同时激发社会活力，增强消费能力，并减少社会矛盾，成为各国普遍追求的理想分配模式。为了达成此目标，关键在于培育一个庞大的中等收入群体。一方面，应当全力提升低收入家庭的综合收入水平，增强其财富累积的能力，并通过增加劳动者报酬、适度提高财产性收入比例等方式，实现收入的稳步增长；另一方面，需要采取有效措施降低养老、教育、医疗、住房等生活成本，并切实减轻中等收入群体的综合税费负担，以缓解他们的生活压力。为了保持社会的流动性和活力，需要防止社会阶层固化，积极创造并畅通向上流动的通道，使整个社会充满积极向上的发展希望。在构建橄榄形分配结构的过程中，尤其需要关注"两头"的调节。针对低收入群体，首要任务是构建稳固的收入保障机制，通过实施长效性解决相对贫困问题的策略，尤其聚焦贫困边缘家庭、失业者、创业受挫者及非标准就业者的生计难题，不断优化最低生活保障标准、强化大病医疗救助力度以及扩大和提高社会救助体系的覆盖面与效率。同时，针对高收入群体，需实施合理调节，严厉打击非法所得，倡导并激励富裕阶层积极承担社会责任，营造有利于高收入群体及企业回馈社会的良好氛围。针对行业内存在的不合理高收入现象，政府应采取综合性治理手段，确保收入分配的公正与合理。在调控收入分配的进程中，应灵活运用经济杠杆，特别是强化税收的调节功能，精心设计个人所得税、房产税等税种的制度框架，以实现有效调节。此外，金融政策亦需发挥积极作用，为低收入群体及工薪阶层提供低成本的信贷支持，旨在减轻其经济负担，同时激发创业活力，促进创业收入的稳健增长，进而形成更加均衡、和谐的社会收入分配格局。

最后，构建形成合理且有序的国民收入分配格局。国民收入分配，实质上是将国家物质生产领域内劳动者在特定经济周期内创造的新增价值总和，在社会各成员及集团间进行科学分配的过程。评估这一过程的关键维度，涵盖了两大核心标准：一是在国民收入核算框架下，劳动者报酬、政府税收及企业留存利润之间的比例构成；二是国民收入在居民、政府与企业三者之间的分配格局。近年来，得益于三次分配调节机制的强化与精准脱贫战略的深入实施，我国国民收入分配结构已大致契合了经济发展、社会和谐及民众福祉提升的总体要求。当前，优化国民收入分配结构聚焦于"双提升"战略：一是提高居民收入在国民总收入中的占比；二是增强初次分配中劳动报酬的比重。为达成此目标，需采取一系列综合措施，秉持系统性视角，推动跨领域的深层次改革。首要任务是强化三次分配的调控效能，确保新增财富更多地向劳动报酬倾斜，加大对人力资本投资的激励，同时增强居民收入的稳定性与增长性。这要求构建以人力资本和技术创新为引领的经济发展模式，并配套以高端化的产业结构，促使经济增长更多地依赖于人的创造力与贡献。同时，应加速科技自立自强的步伐，提升自主创新能力，力求在关键核心技术领域取得重大突破，以在全球经济价值链中占据更高端位置，实现从低附加值向高附加值分配的跨越，进而提升产业链的整体增值分配能力。此外，还需建立健全的工资集体协商机制、优化劳动关系、强化劳动法律监督、切实保障劳动者在薪酬谈判中的权益与话语权。同时，营造更加优越的创新创业生态，不断优化营商环境，降低创业门槛与成本，提高科技成果的转化效率，完善知识产权保护与交易体系，为拥有知识、技能与经营才能的人才开辟更广阔的财富增长途径。

第三节 共享是一个"民生"命题

党的十八大以来，以习近平同志为核心的党中央明确提出了全面建成小康社会的发展目标，推进社会主义现代化强国建设，提出了经济社会发展成果由全体人民群众共享，实施精准扶贫政策坚决打赢脱贫攻坚战的重要论断，是满足人民群众对于美好生活的向往，提升人民群众获得感、幸福感与满足感的重要理论与方略。共享发展是让广大人民群众共享改革发展的成果，既是中国特色社会主义的内在要求，也是社会主义制度优越性的重要表现。

一 共享发展的民生导向

党的十八届五中全会提出了包括共享发展理念在内的新发展理念，深刻回答了"发展为了谁、发展依靠谁、发展成果由谁共享"这个发展观的根本问题，为新时代实现更高质量、更有效率、更加公平、更可持续的发展提供了基本遵循，也成为新时代解决民生问题的重要价值导向。作为新时代坚持和发展中国特色社会主义的重要内容，民生建设的最终目标是实现共同富裕，因此，在保障和改善民生的具体实践中要坚持共享发展原则，使每个人都能享受到经济社会的发展成果。

中国共产党始终坚持以马克思主义为指导，将实现好、维护好、发展好最广大人民群众的根本利益作为根本任务。从"全心全意为人民服务是党的根本宗旨"到"坚持以人民为中心的发展理念"无不体现出中国共产党坚定的人民立场。从主体维度来看，共享发展理念坚持以人民为中心的价值旨归，阐明了人是社会发展的主体。习近平总书记明确指出："共享发展理念实质就是坚持以人民为中心的发展思想。"[1] 人民性是马克思主义的本质属性，人民本位是中国式现代化的根本立场和基本方略，也是共享发展理念的价值遵循。共享发展旨在解决经济社会发展中出现的不平衡、不协调、不可持续等问题，更好地满足人民对美好生活的向往，更全面地促进社会公平正义，更充分地体现社会主义优越性，这些都是以人民为中心的发展思想的具体要求和实际体现。坚持一切为了人民是中国共产党始终如一的理想目标与价值原则，"共享理念的实质就是坚持以人民为中心的发展思想"。共享发展理念深刻回答了中国特色社会主义现代化建设和经济社会发展的根本目的，发展的主体动力以及发展成果的归属问题。共享发展要将推动经济社会高质量发展与满足人民美好生活需要的奋斗目标有机结合起来，充分保障人民当家作主的主体地位，维护最广大人民群众的根本利益。

共享的主体是占社会总人口绝大多数的劳动人民，而不是少数人或部分群体，这从根本上是由社会主义国家性质决定的。我国是人民民主专政的社会主义国家，这决定了人民群众在国家治理中的主体地位，决定了政府必须充分发挥人民群众的智慧才干，以确保人民主体地位得到全面展现。社会主义制度下的民生发展成果具有真正意义上的共享性质，它的主体是"所有人"，即：随着保障和改善民生实践的推进，全体人民的基本民生需求得到不断满足，生活水准也相应地得以显著提高。在我国当前阶段，"人民"这一范畴涵盖所有支持、拥护党的领导，并积极参与社会主义现代化建设事业的阶层、集体和个人。关于民生发展成果共享的范畴，从横向维度审视，涵盖了广泛的社会群体，包括城市与农村群体，高、中、低收入群体，西部地区、中部地区、东部地区群体以及不同职业的群体等，均应享有民生发展成果的权利，以确

---

[1] 习近平：《在省部级主要领导干部学习贯彻党的十八届五中全会精神专题研讨班上的讲话》，《人民日报》2016年5月10日第2版。

保其基本生存条件与发展需求得到满足。从纵向维度来看，共享不仅限于当代社会成员，亦包括前代社会成员和后代社会成员。社会的进步与发展依赖于世世代代的共同努力，因此，每一代人在贡献的同时，亦应享有社会发展的成果。对于前代社会成员，尤其是已进入老年阶段的人群，在新时代的发展环境中，他们可能在主动共享方面处于不利地位，容易边缘化，因此，应给予特定的政策关怀与补偿。对于后代社会成员，作为未来的社会主义建设者，他们自然应享有社会发展的成果，这就要求民生建设必须具备可持续性，确保福祉惠及后世子孙。党的十八大以来，党中央反复申明人民至上的价值取向，要求各项政策举措必须体现人民意志，一切成果必须由全体人民共同享有。从这个意义上说，坚持以人民为中心，就必须实现人民共享，必须为人民带来更多福利。以人民为中心作为共享发展的逻辑起点，鲜明地回答了发展源于谁、发展为了谁等关乎社会发展的重大问题，明确了价值创造的主体。因此，只有重视人民主体作用，更好地保障人民共享发展成果，才能继续铸就伟大事业。

二 共享发展契合了改善民生的现实需求

人总是有多样性的需求，需求的不断满足推动历史的进步。马克思和恩格斯从不否认人的正当利益和需求，满足人的正当需求，包括物质的和精神的，包括人的生理需求、安全需求、社交需求和自我实现需求等是任何社会制度设计的基本原则。马克思和恩格斯强调人的社会属性，强调从人的社会关系入手来研究人的本质及其作用。人的社会关系是一个复杂的系统，其中包括人的经济关系、政治关系、意识关系等，解决人的生存和发展，不可避免地要触及这些多样的关系。恩格斯在《反杜林论》中反复强调了必须关注那些广大群众长久地对历史起作用的思想动机，研究人的意志、社会意识对社会发展的能动作用。因此，关注人的存在，解决人的发展问题就必须考虑作为国家意志体现的民生观念和作为个人意识的精神需求，包括意识形态的各种形式以及人们的社会心理。从这个意义上来说，现实的个人全面而自由发展也是民生的最终落脚点和价值旨归。

改革开放初期，社会发展的核心任务首先是解决民众的基本温饱，因此强调的是经济发展优先，也就是常说的坚持"一个中心，两个基本点"。这一时期，改革是摸着石头过河，顶层设计相对比较模糊，不够明晰。党的十六大以后，生态建设和人民的精神需求成为民生建设的重要内容。以前，生态建设只是民生的条件，是实现民生建设的充分而非必要条件。按照马斯洛的需求层次论，这一时期的民生建设主要是安全层面和生理层面的。党的十六大提出"整个社会走上生产发展、生活富裕、生态良好的文明发展道路"、党的十七大提出"加强能源资源节约和生态环境保护，增强可持续发展能力"等论述，都是强调温饱问题解决后如何实现更好地发展，包括人与自然的和谐、社会的和谐等，以此满足人民群众更高层次的需求。随着物质文化的不断提升，人民的精神文化需求也日益提升，因此，精神文化需求也被纳入民生建设的内容。党的十六大报告提出加强文化建设，满足群众精神需求，构建完善的公共文化服务体系成为当时的民生建设目标。党的十八大以来，民生建设进入新阶段。近年来，由于生态环境的不断恶化，空气、水、食品等安全严重威胁民众的生产生活，因此，党的十八大把生态建设作为"五位一体"总体布局的重要一面，赋予生态建设以突出的地位和作用。具体而言，"美丽中国"全新命题的提出，就是对生态文明建设的具体化、形象化的表述。党的十八大将生态文明建设作为提高人民生活质量的重要途径，既充盈了民生建设内容，反映了人和自然关系的实际状况，又使生态文明建设理论有了可靠的实践支持，因而更为完整。党的十八大以来，党中央深刻认识到随着物质生活需求被基本满足后，人民群众对更高质量的物质生活、更高层次的精神文化需求日益强烈。因此，提高生产发展的质量，创造更丰富的精神文化产品，满足人民群众多方面需求的任务也就更为迫切。供给侧结构性改革成为党的十八大以后经济领域改革的新动向。与此同时，精神文化的产出也有质的提升和量的发展,"文化自信"就是对文化精神生活领域改进的最新表述。也就是说,"丰富人民精神世界,增强人民精神力量,满足人民精神需求"是新时代的题中应有之义。党的十九大关于中国社会主要矛盾的新论述,给新时代的民生建设提出了更高的要求。人民群众在解决温饱问题和总体进入小康社会以后,不仅对物质文化生活提出了更高要求,而且在涉及政治、法治、公平正义、国家安全、环境保护等方面时也有所要求。这些诉求符合并反映了时代发展的基本特点,丰富发展了民生建设的内容,也在一定程度上体现了中国社会发展所取得的最新成就。

三 共享发展推进民生改善与福祉增进

在新时代背景下,为了确保民生在发展中得到切实保障和改善,进而持续推进全体人民共同富裕目标的实现,党的领导在民生建设实践中,必须严格遵循人民群众多层次、多元化的民生需求。政府应将解决人民反映最强烈、与人民切身利益最紧密相关的民生问题作为工作重心,推动民生各领域的体制机制改革,补齐民生短板。在具体民生实践中,坚持共享原则即确保民生建设所提供的所有服务和产品能够惠及全体人民,以满足人们的基本生存需求,并促进生活质量的持续提高。共享民生发展成果不仅是新时代民生建设的基本原则,更是民生发展的根本目标。同时,共享的前提在于共建,即必须调动所有积极因素,共同应对民生问题,以实现共享发展的长远目标。需要明确的是,民生共享的实现并非一蹴而就,而是一个逐步推进、持续发展的过程。

解决民生问题需要调动一切积极因素。"共建才能共享,共建的过程也是共享的过程。"① 共享作为共建的必然结果与核心价值,其实现深植于共建的坚实土壤中,二者共同诠释了社会主义权责相济的核心理念,并紧密联结了人类社会进步的驱动力与终极愿景。在当前民生事业发展的征途上,需警惕两大偏颇思潮:一是极端享乐主义,表现为个体

---

① 中共中央文献研究室:《十八大以来重要文献选编》下,中央文献出版社 2018 年版,第 170 页。

过度沉迷于民生权益的索取，忽视甚至逃避共建之责，依赖心理泛滥，催生了社会惰性现象；二是过度禁欲主义，则是一味强调义务履行，忽视或排斥正当权益的享有，压抑了人性中的合理需求，二者均背离了社会主义的精髓。为奠定共享民生的坚实基础，首要策略在于做大民生"蛋糕"，即增强民生资源的总量与品质。这要求全面激发民众的创造力与参与热情，深入挖掘其内在潜能，将智慧与汗水融入民生政策的规划与实施中，形成全民共建共享的生动局面。我们倡导"勤勉奋斗，拒绝懈怠"的积极态度，鼓励每位社会成员通过诚实劳动与自主就业，为民生福祉的增进贡献力量。在民生"蛋糕"不断膨胀的同时，必须高度重视分配的公平性与合理性，致力于缩小收入差距，优化公共服务资源配置，让民众在共享中产生实实在在的获得感，以稳步迈向全体人民共同富裕的宏伟目标。这一进程，正如辩证唯物主义所揭示的，是量变引发质变的渐进过程，需根据民生问题的复杂性与我国发展的阶段性特征，采取分阶段、有重点地推进策略。特别是面对区域间、城乡间在教育、就业、医疗、社保等领域的显著差距，我们需保持耐心与定力，持续不懈地推进民生改善工作，确保每一步都坚实有力，每一个阶段都成果显著，最终绘就一幅全民参与、共同奋斗、共享成果的美好社会图景。

第四节 共享是一个"平等"命题

共享发展注重的是解决社会公平正义问题，实现公平正义是中国特色社会主义的本质要求。坚持问题导向是推进实践基础上的理论创新所必须坚持的立场、观点和方法，也是理解和贯彻共享发展理念的必然要求。新发展理念精准聚焦中国经济社会发展进程中的突出问题和主要矛盾，既相互贯通，又相互促进。

一 共享的平等性以维护人民权利为导向

全体人民平等公正地享有基本权利，既是社会主义属性的具体体现，也是社会主义的本质要求。实现公平正义更是中国共产党作为马克思主义政党的追求和责任。共享发展理念中，全面共享对全体人民的基本权利予以切实保障，从最本质意义上实现中国共产党一切以人民为中心的基本宗旨。基本权利关系到人民是否安居乐业，如生命权、受教育权、社会保障权、平等就业等权利。

"人"是马克思主义的核心部分，人对于马克思主义来说不仅仅是区别于动物的存在，马克思主义关照人的人格，注重维护人的权利和尊严。我国是人民民主专政的社会主义国家，国家的一切权利属于人民，发展成果理应由全体人民共享，这是广大人民利益的根本所在，是对广大人民基本权利的维护。这里的人民是以普通人物为主体的全体人民，权利则是指人民基本的生存权、发展权、平等权。共享发展成果是对人民生存权的保障。生存权作为人的基本权利之一，是人所享有的最基础的权利。没有物质基础作为支撑的个人权利的实现仅仅是奢侈品，社会成员根本生活利益的实现，是实现人生价值，追求自由平等的基础。只有在社会物质财富不断增多，财富分配在注重效率的同时注重公平，人民有尊严地活着才成为可能。强调共享发展成果，不是社会一部分人的福利，而是全体社会成员的共同富裕。共享发展理念本着坚守底线，保证民生的原则实施脱贫攻坚工程，帮助弱势群体，促进全民进入小康社会。共享发展成果是对人民发展权的维护。发展权的享受主体既包括民族、国家，也包括个人，是指人民有权参与发展的过程并享受发展成果的权利。共享发展成果是对人民发展权维护的最直接体现。它首先要求每个人都是社会建设的主体，参与生产实践活动是享受生产成果的前提，这是社会主义社会为广大人民群众提供发展机会和自由的体现。在资本主义社会，由于异化劳动，人们被物质财富所奴役，劳动产品不为劳动者服务，劳动者却成为劳动产品的附属品，所以，每个人的自由选择、自由发展以及发展机会的平等都是痴心妄想。但是在马克思构建的理想社会中是以人为最高价值目标，在其指引下的社会主义共享发展的理念必然是从人的发展需要和幸福需求出发，给人以平等参与发展过程的机会，和自由选择劳动和享受发展成果的权利。共享发展成果是对人民平等权的保护。在公民的基本权利中生存权是基础，公平权是生存权和发展权的保障。平等权是指我国全体公民平等地享受权利，平等地履行义务。"社会也是由人生产的，活动和享受，无论就其内容或就其存在方式来说，都是社会的活动和社会的享受。"既然社会的一切成果是由人生产，那么一切享受必然归人所有。共享发展成果体现了人民平等地享受权利，同时人民也有参与社会发展建设的义务。这种权利和义务的统一，体现了共享发展对于人民平等权的保护。

二 共享的平等性蕴含分配公平的价值主张

在公正平等的核心价值下，个人自由权利的充分尊重是平等自由分配的前提。因此，共享的公正性首先体现在分配正义的落实上。共享并非等同于均享，无论是全民共享还是全面共享，共享都不意味着无差别的、绝对平均地享有。过度追求平均享有会导致社会陷入平均主义，从而丧失发展的动力。就个体层面而言，因生理条件、成长环境和教育水平的差异，个体在收入和社会财富分配上必然存在差异。鉴于我国当前处于社会主义初级阶段，社会产品相对有限，因此，无法在成果数量上实现平均分配，这对贡献更多劳动、创造更多社会价值的人来说，是一种不公正现象。同时，人民群众对美好生活的追求具有动态性和差异性，因此，不能采用绝对、完全统一的标准来衡量民生成果的共享情况。然而，需要强调的是，承认共享存在差距并不意味着这种差距可以无限制地扩大，而是必须控制在合理的范围内。在共享原则的指导下，民生建设应通过社会保障、公共服务体系等手段，有效调剂社会资源，确保相对低收入群体的生活水准与社会发展水平保持同步，从而解决当前民生福利与经济社会发展水平之间的不平衡问题，使个人的付出与实际收益相匹配，实现各得其所的公平局面。

平等性是共享发展的一个重要特征，它代表人与人之间的关系，通过克服发展成果分配的无序性，确保发展成果能不分行业、不分地区、不分城乡地汇流到每一位社会成员身上。这意味着人与人之间的社会关系不应当差别对待，而应当平等有序。这种平等性在实践中具体表现为两方面。第一，人民作为社会的重要成员，应当拥有平等的生存权利和发展权利；一方面，人民为了生存，要满足自身基本需求，这就需要公平正义的环境让人民能够满足最基本的利益诉求；另一方面，人民需要平等的机会去实现自我发展，这种机会平等突出反映了要给予人民充足的条件去发展自身潜在的能力，从而确证自身价值。第二，人民作为社会的建设者，应当平等地享有社会劳动成果，这些发展成果应当一视同仁地为全体人民服务。当然这种平等并不仅仅指当代人与当代人之间的平等，还应包括当代人与后代之间的平等。共享发展深刻丰富了社会主义平等观的理论体系和实践路径。在历史长河中，关于平等的本质、受益群体及实现路径等问题，存在过多种阐释。马克思主义以其科学性，为人类社会提供了全新的平等观。马克思主义并不局限于抽象人性的讨论，而是立足于"社会的经济结构以及由经济结构所制约的社会的文化发展"，深刻剖析平等的基础，将消灭阶级、解放全人类视为实现平等的根本前提。

三 共享的平等性在于坚持社会公平正义

共享发展的理念，将平等的追求从经济、政治、社会领域进一步拓展至发展层面。这一理念明确昭示：政治权利、法律地位、社会关系等方面的平等，必须建立在坚实的发展基础之上。若无共享发展所保障的平等地位与权利、经济、政治、社会的平等将难以得到真正落实。共享发展是逐步实现共同富裕这一中国特色社会主义本质要求的具象化表达。它深刻揭示：普遍的贫困并非真正的平等，而收入差距的过分悬殊亦非平等的体现。要将社会主义平等根植于国强民富的土壤中，这不仅是理想中的价值追求，更是需要通过现实可行的行动加以实现的目标。因此，共享发展在走向共同富裕的道路上，起桥梁的作用，体现了实践中的平等与发展中的平等。

公平正义是人类社会普遍认为的崇高价值和永恒追求，其主要包括"权利公平、机会公平、过程公平、分配公平"四个方面的内容。共享发展强调人人都可以参与发展、人人都可以享有发展成果，人民拥有均等的政治、经济、文化等方面的发展机会，并可以公平公正地享有社会各方面的发展成果，其本身就蕴含着公平正义性。从过去到现在，人类社会对于资源的分配享有多存在偏差，底层劳动群众多不能公平公正地享有政治权利、发展机会和成果分配，是社会发展过程中的弱势群体，其权利和成果是最容易被抢占的，在经济、政治、文化、社会和生态等方面享有的权益和成果多与其付出不成正比。而共享发展，强调共建与共享，进而推动社会的公平正义，其本身就具有公平正义性。但需要注意的是，公平正义并不要求平均享有。每个人所具备的劳动技能及技能水平的高低，以及其他客观因素的限制，使每个人的劳动也是存在差别的，因此，对于社会发展成果的享有与分配也是有差别的。平分社会发展成果实际上是一种不公平，是对那些劳动者的不公平对待。因此，共享发展的公平正义性是为了公平缩小差距，而不是要平均消除一切差距，所谓的共享发展是在公平公正的环境下允许的差异性共享发展。

实现发展成果由人民共享正是社会公平正义的体现，习近平总书记在党的十八届五中全会第二次全体会议上指出："共享发展注重解决的是社会公平正义问题。"[①] 实现共享发展必须坚持公平正义的要求，实现好、维护好每一个人民群众的基本生存需求与发展权利。坚持共享的公正性，首先，要坚持分配正义。习近平总书记在党的十八大会议上还指出："要坚持社会主义基本经济制度和分配制度，调整收入分配格局，完善以税收、社会保障、转移支付等为主要手段的再分配调节机制，维护社会公平正义，解决好收入差距问题，使发展成果更多更公平惠及全体人民。"[②] 其次，要坚持公益性共享，利益的本位是公共利益，而非

---

① 习近平：《在党的十八届五中全会第二次全体会议上的讲话》，《求是》2016年第1期。
② 习近平：《在省部级主要领导干部学习贯彻党的十八届五中全会精神专题研讨班上的讲话》，《人民日报》2016年5月10日第2版。

个人。人的社会性决定了利益的公共性以及公共利益的存在，人的个体性与独立性决定了利益的私有性以及私人利益的存在。就公共利益的本质而言，公共利益是一种共享性的利益。坚持公益性共享，一要国家承担起在公共服务中应有的责任；二要确保公共服务的公共性不受侵犯；三要维护社会制度规章的道德性。最后，共享的平等性追求的是实质平等而非仅仅形式上的平等，仅有形式上的平等而实质不平等的平等不是真正意义上的平等。

第三章

共享发展的思想渊源

理论的产生都离不开其存在的时代背景，现实也呼唤着理论的出场。共享发展理念是在新的时代条件下，马克思主义与中国具体实践相结合的创新性理论产物。

随着经济社会的快速发展，中国进入了新的发展阶段，即从高速增长阶段转向高质量发展阶段，社会主要矛盾转化为人民日益增长的美好生活需要和不平衡不充分的发展之间的矛盾。"美好生活"不仅意味着人民群众对物质生活条件的向往，还意味着在物质生活逐渐得到满足之后，渴望更高层次的物质满足和精神满足。历史实践证明，过去让一部分人和一部分地区先富起来的发展方式激发了人们生产生活的积极性，经济效益得到空前提高，但传统发展观和分配观造成的贫富差距也给人民群众带来了心理上的挫折感和被剥夺感，亟须改变。新时代带来了发展机遇，我国综合实力和国际地位快速上升，拥有夯实的制度基础、物质基础、人力基础，拥有中国共产党领导的执政优势、中国特色社会主义制度优势和强大的市场发展优势。在此优势基础上，为实现全面建成小康社会，全面建成社会主义现代化强国，逐步实现共同富裕，打下了坚实的基础。当前，我国社会的一部分人、一部分地区先富起来的目标已经实现，全面建成小康社会的宏伟目标也已实现。当前新阶段的主要任务是实现全体人民共同富裕"取得更为明显的实质性进展"的目标。为了回应时代要求，必须加快实施促进共同富裕战略，促进社会公平正义，让"广大人民群众共享改革发展成果"，以实现共同富裕。党的十八届五中全会上提出了"创新、协调、绿色、开放、共享"的新发展理念，并强调"共享是中国特色社会主义的本质要求。……使全体人民在共建共享发展中有更多获得感，增强发展动力，增进人民团结"①。"共享"发展理念是中国共产党不断总结中国社会历史发展的经验教训形成的新发展观，是对马克思共享发展思想的传承与创新，符合中国社会发展和时代发展的客观规律，契合新时代中国实现高质量发展的内在需要，它倡导通过全体人民的共同参与和共同建设，实现发展成果的广泛共享，全体人民都能享受社会发展的红利，促进中国社会主义公平正义的实现。

作为新发展理念中的重要一环，实现共享发展既是社会主义发展的目的和归宿，也体现了中国特色社会主义的本质要求。共享发展理念是对马克思和恩格斯关于公平正义思想、中华优秀传统文化所蕴含的共享思想以及历届中国共产党领导集体的共享发展思想的继承与创新，尽管当时并未直接使用"共享"这一现代概念，但是其思想理论中却蕴含着丰富的共享精神，具有深厚的马克思主义学理根基和文化底蕴。新时代条件下，共享发展理念显示出强大的生机与活力，研究共享发展理念的理论渊源，厘清共享发展的理与路，具有重要的现实意义。

第一节 马克思恩格斯的公平正义思想

公平正义关乎资源的合理分配、权利的平等享有以及个体与集体间的和谐共存。然而，在资本主义发展的特定历史阶段，这一理想却常常被市场的盲目性、资本的贪婪以及阶级的对立所侵蚀，导致贫富分化加剧、社会矛盾激化。正是在这样的背景下，马克思和恩格斯通过对资本主义社会的深刻剖析，提出理论框架，为实现更高级别的公平正义社会

---

① 《中共中央关于制定国民经济和社会发展第十三个五年规划的建议》，《人民日报》2015年11月4日第1版。

奠定了理论基础。

马克思虽然没有专门研究过正义问题，但他从未停止过对资本主义的批判，更没有停止过对社会公平正义的追求。他在研究西方学者关于公平正义思想的基础上，吸收了其理论中的合理性内核，超越了传统资产阶级理论的局限，为人类社会指明了前进的方向。马克思恩格斯公平正义思想基于对德国古典哲学、空想社会主义的吸收借鉴，在对资本主义伪正义的批判中以政治经济学生产与分配理论为逻辑支撑，以共产主义社会的美好愿景为目标指引探索，形成了丰富的内容体系。

一　马克思恩格斯公平正义思想的理论渊源

马克思恩格斯公平正义理念蕴含着深远的意义和丰富的哲理，在构建理论体系时，借鉴并升华了前人的思想。其中包括德国古典哲学、亚当·斯密在经济伦理领域的贡献以及空想社会主义者的思想。在此基础上，马克思和恩格斯通过深刻的理论反思与实际经验的积累，超越前人，发展出一套关于公平正义的科学理论。马克思和恩格斯经过严谨的理论探索和实证研究后，实现了对公平正义概念的创新性阐述。

（一）马克思和恩格斯对德国古典哲学进行了批判性分析与继承

德国古典哲学，特别是黑格尔和费尔巴哈的哲学体系，为马克思和恩格斯提供了丰富的理论资源。在公平正义这一重要议题上，马克思和恩格斯站在历史唯物主义和辩证唯物主义的立场上对德国古典哲学进行了深入的批判性分析与继承。马克思和恩格斯认为德国古典哲学虽然在一定程度上探讨了公平正义问题，但由于其唯心主义立场和抽象思辨的方法，未能真正揭示公平正义的本质和根源。

首先，德国古典哲学在探讨公平正义问题时，往往从抽象的理念和概念出发，忽视了社会现实和历史条件的影响。马克思和恩格斯认为，这种唯心主义立场无法真正揭示公平正义的本质和根源。他们指出，公平正义是具体的、历史的，它随着社会生产方式的变化而变化。因此，必须从社会现实和历史条件出发，才能真正理解和把握公平正义。黑格尔的哲学体系建立在客观唯心主义基础上，他强调理念和精神的发展是推动历史进步的根本动力。在探讨公平正义问题时，黑格尔往往从抽象的哲学概念出发，试图通过逻辑推演来揭示其本质。然而，这种方法忽视了社会现实和历史条件对公平正义的具体影响，使其理论显得过于抽象和脱离实际。马克思和恩格斯意识到其观点受限于特定阶级立场和历史时代的框架，本质上偏向唯心主义，并采用了一种颠倒的辩证逻辑，未能准确把握公平正义的根本实质。

其次，德国古典哲学在探讨公平正义问题时，往往采用抽象思辨的方法，将公平正义视为一种超越社会现实的普遍原则。康德在探讨公平正义时，以抽象的"善良意志"为起点。他认为，"善良意志"是一种极致的善，是最高尚的道德律令，超越了人们普遍的经验范围。这种出发点本身就是抽象的，因为它不基于任何具体的社会现实或历史条件。从"善良意志"出发，康德进一步提出，公平正义就是保障和实现每个人的自由。他认为，一个公平正义的社会应当是一个理想状态的社会，其中每个人的自由都得到了平等的保障。这种观念将公平正义抽象化为一种普遍的、超越社会现实的原则。然而，康德的这种公平正义观忽视了社会现实和历史条件的影响。他没有深入探讨在不同社会历史条件下，公平正义的具体内涵和表现形式可能会有所不同。他的理论更多地停留在抽象思辨的层面，未能充分结合社会现实来探讨公平正义的问题。马克思则认为，公平正义来源于物质生产实践，它不是抽象的、普遍的原则，而是与社会生产方式密切相关的。马克思在《资本论》中明确指出，公平正义的本质是由经济基础决定的，它随着社会生产方式的变革而变化。他认为，在不同的社会形态下，公平正义的内涵和表现形式会有所不同。例如，在资本主义社会中，公平正义往往被资产阶级所操纵，成为维护其阶级利益的工具。而在社会主义社会中，公平正义则应当体现广大人民的根本利益。只有站在无产阶级的立场上，才能真正理解公平正义的本质和内涵。

最后，在费尔巴哈的思想体系内，其人本学的哲学观念为马克思和恩格斯的理论发展带来了关键性的启发。人们一切积极健康的追求都是为了幸福。这构成了他眼中公平正义的核心，且这种追求被视作无条件的普遍适用原则，一个健全的社会追求必然是以实现社会公平正义为基础，进而实现全体人民共同幸福。在此基础上，马克思和恩格斯在融合德国古典哲学精髓的同时，对蕴含其中的唯心主义观念进行了深刻的批判，并且超越了传统西方哲学的固有思维模式，从而在公平正义的理论构建上迈出了创新性的步伐。

（二）马克思和恩格斯对亚当·斯密公平正义思想的批判性继承

就英国古典政治经济学本身的性质来看，虽然其服务对象是资产阶级，但其中亚当·斯密的两部经济学代表著作对马克思和恩格斯从政治经济学角度研究公平正义思想产生了重要影响。

《国民财富的性质和原因的研究》（简称《国富论》）是马克思和恩格斯的分配公平思想的理论来源。亚当·斯密在这部著作中提出了劳动价值论，他认为劳动是衡量一切商品交换价值的真实尺度，商品的价值取决于获得商品的辛苦与麻烦程度，并强调劳动是国民财富的源泉，劳动分工将能大幅提高劳动效率。这一观点为马克思深入研究和论证劳动价值论提供了理论基础，马克思以此在古典政治经济学论证的基础上发现了剩余价值的存在，提出了剩余价值论。这一理论揭示了资本主义生产的本质，即工人通过劳动创造出剩余价值，却被资本家无偿占有，从而揭示了资本主义社会的不公。

在对剥削的本质解释中，《国富论》在分析工资、利润以及地租的性质及其变动规律时，尽管没有明确提出"剥削"这一概念，但是实际上揭示了资本主义社会中资本家通过占有工人的剩余劳动来获取利润的过程。马克思和恩格斯就明确提出了资本主义剥削的本质，即资本家通过占有工人的剩余劳动来获取利润，从而实现资本的积累和扩张，其说明了资本主义社会盛行的公平正义理论的虚假性和伪善性。这些观点在一定程度上启发了马克思和恩格斯对资本主义制度的批判，尤其是对资本主义分配制度不公的批判。

《道德情操论》是马克思和恩格斯道德正义的理论来源。《道德情操论》在阐述人们评判自己的情感和行为的基础时，特别强调了责任感的重要性。亚当·斯密认为，责任感是道德情操的重要组成部分，是人们对自己行为负责的重要体现。马克思和恩格斯在探讨公平正义时，也强调了正义与责任感的关系。他们认为，一个公平正义的社会必须建立在个体对自己的行为负责的基础上，只有每个人都能够对自己的行为负责，才能够实现社会的公平正义。虽然《道德情操论》是一本资本主义时代的伦理学著作，但其对道德情操、同情心、正义感等概念的深入剖析，无疑为马克思和恩格斯思考社会主义公平正义思想提供了宝贵的思想资源。马克思和恩格斯在批判资本主义制度、构建社会主义社会时，充分吸收了《道德情操论》中关于人性、道德情感、责任感等方面的思想，并结合自己的社会实践和理论创新，形成了独具特色的公平正义思想。马克思和恩格斯成功借鉴了其经济伦理学说，实现了社会主义经济正义与道德伦理正义的有机统一，从而为形成科学的公平正义思想打下坚实的基础。

（三）马克思和恩格斯对空想社会主义者公平正义思想的继承和发展

在审视资本主义社会的种种不公与矛盾时，空想社会主义者展现了非凡的批判精神，他们将矛头对准了资本主义制度。圣西门指出：应当"规定所有制，使它既兼顾自由和财富，又造福于整个社会"①；这一规定既要确保个体的自由和财富的积累，又要实现整个社会的繁荣与福祉，并在保证个人权益的同时促进社会整体进步与和谐。傅立叶指出：资本主义"实际上是复活了的奴隶制度"②；这一观点揭示了资本主义制度下工人阶级与资本家的剥削与被剥削关系，以及这种关系如何导致

---

① ［法］圣西门：《圣西门选集》第一卷，王燕生等译，商务印书馆1979年版，第188页。
② ［法］傅立叶：《傅立叶选集》第一卷，王耀三等译，商务印书馆1982年版，第117页。

社会不公与阶级矛盾的加剧。欧文认为,"财产公有制较之引起灾祸的财产私有制,具有无可比拟的优越性"①。他坚信只有通过公有制,才能消除社会不公和贫富差距,实现社会的真正公正与和谐。可见,空想社会主义者均将资本主义制度作为损害公平正义的根源,并提出了自己的公平正义主张,即废除私有制、建立公有制,这些观点后来在马克思和恩格斯的理论中得到进一步继承和发展。

二 马克思和恩格斯公平正义思想的主要内容

马克思和恩格斯公平正义思想内容丰富,他们站在无产阶级立场上,运用唯物史观,总结人类社会对公平正义认识发展的成果,批判了资本主义伪正义的本质,展望未来社会实现公平正义的美好理想,并就公平正义的经济、政治、制度等方面给予重点论述。

(一) 马克思和恩格斯公平正义经济思想

恩格斯指出:"社会的公平或不公平,只能用一种科学来断定,那就是研究生产和交换的物质事实的科学——政治经济学。"②马克思在继承古典政治经济学的基础上,开创了无产阶级的政治经济学,以科学的剩余价值学说,揭露了工人创造的剩余价值被资本家无偿占有的事实和真相,从而说明了资本主义社会不是公平正义的社会。

在对资本主义生产方式的深度剖析中,马克思与恩格斯共同揭示了一种深层次的伪善,这种伪善根植于资本主义所标榜的公平正义观念中,他们认为这种观念本质上是一种欺骗性和虚伪性的体现。马克思和恩格斯通过犀利的批判,揭露了资产阶级如何巧妙地利用表面的平等与合法外衣,如商品交易的自由和平等、雇佣关系中的工资制度,来掩饰其对工人阶级实施的残酷剥削与压迫,从而实现了对劳动者剩余价值的

---

① [英] 罗伯特·欧文:《欧文选集》第二卷,柯象峰等译,商务印书馆2017年版,第7页。
② [德] 恩格斯:《做一天公平的工作,得一天公平的工资》,《马克思恩格斯全集》第19卷,人民出版社1963年版,第273页。

无代价占有。这一过程不仅揭示了资本主义经济结构中的深刻矛盾，也对西方社会普遍接受的公正理念提出了根本性挑战。

劳动是人得以生存和发展的前提，是人类的本质，但在资本主义生产条件下，劳动却成为异己的存在物，反过来压迫和统治工人。马克思尖锐地将资本家的剥削行为认为是"非法获取"以及"使用暴力或威胁手段夺取"，他认为资本积累的实质在于"非法侵占他人劳动时间"，资本的不断膨胀并非基于等价交换原则，而是源于一种不对等的掠夺，即从工人那里无偿夺取的"劳动果实"。在他看来，资本家的财富积累，实际上是建立在对工人劳动价值的系统性剥夺之上，这种剥夺不仅体现在对物质成果的占有上，更是一种对人类劳动尊严的侵犯。

恩格斯则进一步补充，指出在资本主义体系下，资本家享受着由工人劳动创造的财富，却往往忽视了工人群体的基本生存需求与福祉。工人尽管付出辛勤劳动，却常常陷入贫困，无法保证家庭的基本生活需要。工厂内部的工作环境恶劣至极，工人健康受损，甚至生命安全都得不到有效保障，在这种背景下谈论公平正义显得尤为讽刺。此外，恩格斯强调，工人阶级在经济上遭受剥削的同时，还面临着政治上的压迫，他们的声音被边缘化，权利被剥夺，资产阶级所宣扬的公平正义理想国，实则是建立在对工人阶级实行阶级压制与公开侮辱的基础上的体制。

随后，马克思和恩格斯通过对现实社会生产关系的研究，发现并创立剩余价值学说，他们认为资本主义社会的不公正，根源在于私有制和阶级。在探讨社会经济结构的深层矛盾与公平正义议题时，马克思和恩格斯的理论贡献无疑是里程碑式的。他们深刻剖析了资本主义体系下，资本家如何通过暴力与非对等交换的机制，实现了对物质生产资料的私人占有，进而构建了一套系统性的剥削框架。这一框架不仅限于经济层面，其影响力也渗透社会的各个角落，包括分配、交换、消费乃至政治权力的分布，从而形成了一个全方位的不公体系。首先，资本主义下的不公本质。马克思指出，资本主义的核心矛盾在于生产资料的私人占有与社会化生产之间的对立。在这个体系中，资本家凭借初始积累的财富，掌握了生产资料的所有权，这包括土地、工厂、机器等关键资源。他们利用这些资源作为杠杆，雇用工人进行生产，而工人则因缺乏生产资料，不得不出卖自己的劳动力以求生存。这种雇佣关系看似基于自愿原则，实则是工人在没有其他选择下的被迫接受。工人创造的剩余价值——超过劳动力再生产成本的价值，被资本家无偿占有，成为资本积累与利润的源泉。这种"无偿占有"的现象，马克思称之为"剥削"，它是资本主义内在不公的直接体现。其次，不公平的多维度表现。不公平不仅体现在生产过程中，还广泛存在于经济活动的其他环节中。在分配领域，尽管工人是价值创造的主体，但他们获得的工资往往仅能维持基本生活，而大部分剩余价值则集中到了资本家手中，导致收入差距悬殊。在交换领域，市场看似自由平等，但实质上，大资本凭借其市场力量能够操纵价格，进一步加剧了不公。在消费方面，工人阶级受限于有限的购买力，无法享受到社会总产品中的丰富多样性，而资本家却拥有过度消费的能力。此外，这种经济上的不平等逐渐渗透到政治领域，资本家利用其经济优势影响政策制定，维护自身的利益，从而形成政治上的不平等。

马克思和恩格斯通过这些深刻的批判，不仅揭露了资本主义内在的不公，也为后来的社会运动与理论发展奠定了基础。他们指出，真正的公平正义不应仅停留于形式上的平等交易和法律条文，而应深入社会生产关系的核心，确保劳动者的权益得到尊重与保护，实现人与人之间实质上的平等。

(二) 马克思和恩格斯公平正义政治思想

政治公正是指在特定的政治环境中，国家管理者为最大限度地保障其全体成员的自由民主权利，对各种社会政治利益的合理分配以及对社会政治秩序的合理设定。它强调权力分配和利益界定的合理性，是国家行为的重要体现。马克思和恩格斯公平正义政治思想是在批判资本主义社会不公正现象的基础上产生的，主要集中于阶级与政治权利方面的探讨，消除一切政治特权是其主要实现途径。

在马克思看来，阶级是资本主义社会的产物，是由生产资料私有制导致的经济不平等而形成的。阶级的形成是随着社会分工和商品经济的发展而逐渐显现的。在资本主义社会，阶级关系主要表现为无产阶级和资产阶级的对立。无产阶级是没有生产资料、只能依靠出卖劳动力来维持生活的阶级；而资产阶级则是占有生产资料、通过剥削无产阶级来获取利润的阶级。资产阶级凭借经济实力、身份地位等优势在社会生活的不同领域拥有特殊权利或权力。这样的特权在阶级社会则是建立在人对人的剥削与压迫的基础之上的，特权很重要的一个表现在于政治权力被少数人不正义地拥有和分配。① 由于生产资料私有制的存在，资产阶级掌握国家政权和大部分社会资源，他们通过制定有利于自己的法律和政策来维护自己的利益。而无产阶级则处于被统治地位，他们的政治权利往往受到限制和剥夺。这种政治权利的不平等是资本主义社会不公平现象的重要表现之一。

剥削阶级社会与政治特权现象二者是相互共生的，只要存在剥削阶级和阶级对立，就必然会存在特权现象。封建社会是典型的剥削阶级社会，政治特权现象在这一社会中表现得尤为明显。在封建社会，贵族阶层通过世袭制度、官职制度等方式垄断了政治资源，享有特权地位。他们不仅在政治上享有特权，还通过占有土地、征收赋税等手段剥削农民阶级。例如，在欧洲中世纪的封建社会，贵族阶层通过领地制度垄断了土地资源，农民阶级只能依附于贵族阶层生活，遭受剥削和压迫。这种政治特权现象加剧了社会矛盾和阶级斗争，阻碍了社会的发展和进步。在资本主义社会，资本家阶层通过控制经济命脉、影响政府决策等方式享有政治特权。他们利用自己的财富和影响力干预政治决策，维护自己的利益。同时，资本主义社会中的选举制度也往往被大资本家所操控，导致政治资源的分配不公和政治权力的滥用。除了上述提及的方面，资

---

① 李守庸、彭敦文：《特权论纲》，《武汉大学学报》（社会科学版）2001年第6期。

产阶级巧妙地利用了他们在国家权力机构中的主导地位，严密掌控国家的意识形态领域。他们根据自身的利益诉求，精心构建了与资产阶级利益相契合的教育体系，确保教育始终紧密服务于资产阶级的利益。在这种资本主义教育模式下孕育出的知识分子，虽然被灌输自由、平等、公平的价值观，但他们的思想行动实际上被限制在资产阶级所设定的政治框架内，难以真正实现自由与平等的理想。

因此，消除政治特权是马克思恩格斯公平正义政治思想的实现途径。马克思认为，要消除政治特权，首先，必须推翻资产阶级的统治。无产阶级获取政治自由的途径只能是建立属于自己的政权，这样才能打破资产阶级社会中存在的政治特权，才有机会在实现政治自由的前提下追逐自己的权力和利益。通过无产阶级革命，由无产阶级掌握国家政权，才能从根本上消除政治特权，先实现政治自由才能够进一步实现人的自由发展。其次，建立以公有制为主体的社会经济制度，使生产资料归全体社会成员共同所有，消除生产资料私有制带来的不平等现象，为公民的政治权利提供坚实的物质基础。最后，政治统治的公平正义一方面体现在能否满足最广大社会成员的需要；另一方面体现在其效果要同其成本相匹配，也就是说，不仅要消除特权，还要减轻人民的负担。

三 马克思恩格斯公平正义思想的特征

在深入理解马克思恩格斯公平正义思想的核心内容后，我们可以更为精准地提炼出其独特性。与历史上那些从各自阶级立场和利益出发探讨公平问题的思想家不同，马克思和恩格斯以当时社会的真实状况为出发点，将视角扎根于无产阶级的根本利益，对人类社会发展的历史脉络进行了全面且系统的审视。他们的目标在于通过推动无产阶级的解放，最终实现全人类的解放，并在生产资料的社会公有制基础上，构建一个真正公平和正义的社会。这使得马克思恩格斯公平正义思想在与其他剥削阶级思想家的观点相比较时，展现出更鲜明的独特性。

(一) 阶级性

在不同阶级的背景下，人们基于自身的利益诉求，对公平的理解和价值判断呈现出多样性。马克思和恩格斯洞察到公平正义观念自诞生以来便带有鲜明的阶级性，其作为意识形态的存在，核心目的是维护阶级的利益。在资本主义体系中，资产阶级所宣扬的公平理念，本质上并未赋予广大劳动者真正的公平权益，而是少数剥削阶级独享的特权，这种公平观念因此显得片面且虚伪。恩格斯深刻揭示，现代资本主义社会并未脱离历史中其他剥削制度的本质，当代资本家获取利润和进行资本原始积累的方式，与奴隶社会和封建社会的统治阶层并无二致，他们同样是通过对劳动者劳动力的无情压榨来获取收益。因此，当这些资本家大张旗鼓地宣扬所谓现代社会的公平正义和权利平等时，这些言辞便显得苍白无力，失去了其应有的理论支撑。在此背景下，现代资本主义社会的真实面目被无情地揭露出来：它依然是一个少数人剥削多数人的社会形态，只不过在形式上更隐蔽。马克思则进一步揭穿了占据社会财富主体的统治阶级所宣扬的公平背后的虚伪，他坚决反对资本家对工人的剥削，致力于寻求被压迫阶级的解放和自由。马克思表明，他的理论是围绕无产阶级的利益而构建的，是为绝大多数人谋求利益的。这一表述清晰地揭示了马克思恩格斯公平正义观念的根基——立足于广大人民的根本利益。

(二) 历史性

社会是处于不断发展和变化中的，马克思所理解的社会公平并非一个抽象不变的概念，而是随着历史变迁不断演进的、具体的、历史的范畴。马克思强调："每一个历史时期的观念和思想也可以极其简单地由这一时期的经济的生活条件以及这些条件决定的社会关系和政治关系来说明。"[①] 这意味着马克思主义主张从历史唯物主义即经济基础决定上

---

① 中共中央马克思恩格斯列宁斯大林著作编译局：《马克思恩格斯选集》第 1 卷，人民出版社 2012 年版，第 411 页。

层建筑出发去看待公平正义的历史性。基于这一原理，我们来分析社会公平的内涵及其实现途径。

在封建社会，公平正义的概念主要维护奴隶主贵族的利益，广大平民及奴隶往往被排除在权利体系之外。这一时期的公平并未涵盖所有劳动者，而是具有明显的阶级局限性。进入资本主义社会，由于生产资料主要集中于资本家手中，资产阶级掌控社会的生产活动，并占据大量财富。因此，资本主义社会的法律、制度往往是为维护资产阶级利益而设定的，工人阶级很难享受到真正的公平权利。然而，在社会主义生产方式下，生产资料公有制和按劳分配制度的建立，使得劳动价值得到了体现，激发了人们的劳动积极性。这种制度为公平正义的实现提供了可能性，因为它让所有人都有可能参与到社会生产中，并根据自己的劳动贡献获得相应的报酬。当社会步入高级阶段，阶级差异将不复存在，人们劳动的目的将仅仅是实现自我发展。在这个时期，每个人都能平等地享有物质生产资料，私有制所带来的利益竞争和占有关系将彻底消失，这将是社会真正实现公平的时刻。

(三) 人本性

马克思恩格斯公平正义思想体现了追求人的全面发展、强调人的平等参与和权利保障的人本性。

首先，马克思恩格斯认为，公平正义的实现不能脱离人的现实需要，强调公平正义必须建立在满足人们物质生活需要的基础上，这是公平正义的出发点和落脚点。在《资本论》中，马克思详细分析了资本主义生产方式下工人的悲惨境遇，指出工人不仅无法获得应有的劳动报酬，而且连基本的生活需求都难以满足。这种不公正现象违背了人的本性，需要通过变革生产方式来实现公平正义。其次，公平正义的实现应以人的全面发展为价值目标。他们强调，人的发展应该是全面的、自由的，而不是片面的、被压迫的。在资本主义社会，人的发展往往受到物质条件的限制和阶级关系的束缚，导致人的畸形发展。而在社会主义和共产主义社会，人们将摆脱这些束缚，实现全面的自由发展。在《共产党宣言》中，马克思和恩格斯提出了"各尽所能，按需分配"的原则，这一原则旨在保障每个人的发展需求得到满足，从而实现人的全面发展。最后，公平正义的实现需要保障每个人的平等参与和权利。反对任何形式的剥削和压迫，主张建立一个公正、平等的社会制度。在生产、交换、分配等各个环节，都应体现公平正义的原则。马克思和恩格斯将共产主义社会作为公平的最终目标，共产主义社会中实现了人全面而自由的发展，人的自由发展被界定为共产主义社会的基本特征，是马克思和恩格斯对人的发展所设定的目标[①]，也是对尊重人本性的完美诠释。

第二节 中华优秀传统文化中的共享思想

我国传统文化中虽然并不存在严格意义的"共享"概念，但其深邃的民本观念与大同理想，实则蕴含了丰富的共享精神与意蕴。这些思想跨越时空，持续激发人们对平等与共享社会的深切向往，以及对于构建公正社会的不懈探索。中华优秀传统文化，作为共享思想的深厚土壤，为当代共同发展理念的培育提供了丰富的精神给养，彰显了其在构建该理念中的独特价值。共享发展的理念，深深植根于我国悠久的历史文化中，是对古代共享智慧的一种现代诠释与升华。为了全面构建并理解新时代背景下的共享发展理念，我们有必要深入挖掘中国传统文化中蕴含的共享理论资源，这些资源不仅是历史的见证，更是推动社会进步与和谐发展的重要思想源泉。通过细致的梳理与阐释，我们可以更加清晰地看到，共享发展不仅是对现代社会发展趋势的回应，更是对中华优秀传统文化中共享思想的继承与发展。

一 "天下为公"的社会理想

阶级社会中的封建压迫和剥削使广大劳动人民不得不奋起抗争，在

---

① 张立鹏：《马克思人的全面发展理论及其在当代中国实现条件研究》，博士学位论文，苏州大学，2015年，第57页。

此抗争过程中形成了一系列追求天下大同和社会共享的相关思想,向世人展示了共享的美好愿景,共同构成中国早期共享相关思想的雏形。

（一）先秦时期的共享思想

《诗经》是中国最早的一部诗歌总集,其多数篇章源自劳动人民的真挚吟唱,字里行间流露出对摆脱贫困、迈向小康生活的深切渴望。《魏风·伐檀》① 以其犀利之笔,无情揭露了那些不劳而获的贵族,他们轻易地将民众辛勤耕耘的谷物、粮食据为己有,堆积于自家仓廪之中；它揭示了劳动与成果的错位,诗歌开篇即描绘了伐木者"坎坎伐檀兮,置之河之干兮"的艰苦劳动场景,他们砍伐檀树,用于造车等生产活动,付出了大量的体力和汗水。与此形成鲜明对比的是,剥削者"不稼不穑,胡取禾三百廛兮？不狩不猎,胡瞻尔庭有县貆兮？"他们不从事任何生产劳动,却占有了伐木者和其他劳动者的劳动成果,过着富足的生活。诗歌通过"彼君子兮,不素餐兮！"的呼喊,直接对剥削者不劳而获的行为进行了控诉。这里的"不素餐"即指不白吃饭,是对剥削者占有他人劳动成果的不满和抗议。诗歌反映了伐木者等劳动人民对公平、共享社会的渴望。他们希望自己的劳动成果能够得到合理的分配,而不是被少数剥削者所独占。这种对共享理念的呼唤,体现了他们对社会公正的追求和向往。共享缺失带来的后果是贫富差距的加剧与社会矛盾的激化,剥削者的不劳而获导致社会财富集中在少数人手中,而大多数劳动者则生活在贫困中。这种贫富差距的加剧,不仅影响了社会的稳定和发展,也违背了共享理念的基本精神。伐木者等劳动人民对剥削者的不满和怨恨日益加深,他们通过诗歌等艺术形式表达自己的愤怒和抗议。这种社会矛盾的激化,正是共享缺失所带来的严重后果之一。

《唐风·鸨羽》② 中也有对共享理念的隐含体现,主要控诉了繁重

---

① 马飞骧：《诗经缵绎》,中央编译出版社2019年版,第133页。
② 马飞骧：《诗经缵绎》,中央编译出版社2019年版,第143页。

徭役给人民带来的痛苦，农民长期在外服役，无法回家耕种以养活父母，这反映了劳动人民对于安定生活和家庭团聚的深切渴望。在共享理念中，人们期望能够共同享有劳动成果，过上安居乐业的生活，这与诗歌中农民对于回归家庭和土地的愿望是一致的。诗歌中提到的"王事靡盬，不能蓺稷黍"等句，揭示了统治者对劳动人民的过度剥削和徭役的繁重，导致农民无法从事正常的农业生产，田地荒芜。这实际上是对资源分配不公的一种控诉。在共享理念中，资源的分配应当公平合理，确保每个人的基本生活需求得到满足。虽然《唐风·鸨羽》没有直接描述共同劳动的场景，但农民对于回归农田、从事正常农业生产的渴望，实际上隐含了对共同劳动、共享劳动成果的向往。在共享社会，人们通过共同劳动创造财富，并共享这些财富带来的成果。诗歌中对统治者繁重徭役的控诉，反映了对社会公正的追求。在共享理念中，社会公正是实现共享的重要前提。只有当社会制度公正合理时，人们才能够平等地享有劳动成果和生活资源，从而实现社会的和谐稳定。

《小雅·何草不黄》① 中强调了对和平生活的渴望：征夫们对战争的厌恶和对和平生活的向往，可以看作是对共享安宁、稳定生活的渴望。在共享理念中，和平稳定是共享的基础条件之一，只有在和平稳定的社会环境中，人们才能共同享有发展的成果和幸福的生活。对公平对待的诉求：自己如同草芥般被统治者随意驱使，不被当人看待，这反映了对公平对待的强烈诉求。在共享理念中，公平是共享的重要原则之一，它要求社会资源的分配和使用应当公正合理，确保每个人都能够平等地享有发展的机会和成果。对民生福祉的关注：因长期征战而疲惫不堪，生活困苦，这实际上是对民生福祉的深切关注。共享理念强调"以人民为中心"的发展思想，致力于解决人民最关心、最直接、最现实的利益问题，提高人民的生活水平和幸福感。

《魏风·硕鼠》② 中蕴含着反抗剥削，追求平等的思想，以"硕鼠"

---

① 马飞骧：《诗经缵绎》，中央编译出版社2019年版，第306页。
② 马飞骧：《诗经缵绎》，中央编译出版社2019年版，第134页。

比喻贪婪的剥削者，表达了劳动人民对剥削者的愤恨和反抗。首先，诗中"无食我黍""无食我麦""无食我苗"等句，直接控诉了剥削者对劳动成果的侵夺。这种反抗精神与共享理念中反对不公、追求平等的原则相呼应。虽然诗中并未直接提出"共享"二字，但劳动人民对剥削的反抗，实际上是对资源平等分配、劳动成果共享的一种渴望。他们希望通过反抗剥削，实现资源的公平分配，从而过上更好的生活。其次是向往乐土，追求美好生活的思想，诗中"逝将去女，适彼乐国；乐国乐国，爰得我直"等句，表达了劳动人民对美好生活的向往和追求。他们渴望逃离剥削者的压迫，寻找一个没有剥削、没有压迫的"乐土"，过上安定、自由的生活。这种对乐土的向往，实际上是对一种共享生活的愿景的描绘。在乐土中，人们共同劳动、共同享有劳动成果，实现生活的富足和幸福。这与现代共享理念中强调的共同创造、共同享有的精神是一致的。

（二）春秋战国时期的共享思想

春秋战国时期，各派思想家纷纷著书立说，逐渐形成了更加丰富的共享相关思想。其中以孔孟为代表的儒家学派阐发"均无贫"的思想，以墨子为代表的墨家倡导"兼相爱，交相利"的思想，以庄子为代表的道家主张"无为""共给""共利"等，向世人描绘了一个美好的未来社会。

（1）儒家

孔子，作为儒家学派的奠基者，其思想精髓深植于对人性平等的深切关怀中。他构想了一个以"仁爱"为灵魂，倡导"四海之内皆兄弟"[①]的崇高社会愿景。孔子倡导的社会模式，不仅追求物质上的富足与平衡，更注重精神层面的和谐与升华，鼓励人们以宽容、理解和互助的心态面对彼此，共同营造一个充满爱与温暖的社会环境。孔子还在社会公平与资源分配方面提出了均平的思想。孔子在《论语·季氏》中

---

① 罗安宪主编：《论语》，人民出版社2017年版，第80页。

提出"不患寡而患不均"①，这一观点体现了孔子对于社会公平和资源分配的重视。他认为，社会的不稳定往往源于资源分配的不均，因此，他主张通过合理的分配制度来避免贫富差距的扩大，实现社会的和谐稳定。这种均平思想在某种程度上也体现了共享的理念，即社会财富和资源应该得到公平合理的分配，让每个人都能享受到社会发展的成果。孔子在礼制规范方面也提出了共享的思想，孔子认为"礼"是社会秩序和等级制度的体现，它规范了人们的行为方式和社会关系。在孔子的思想中，礼制不仅是一种外在的规范，更是一种内在的道德修养。通过礼制的实践，人们能够培养良好的道德品质和社会责任感，进而促进社会的和谐与共享。例如，在礼制的规范下，人们会尊重他人的权利和利益，遵守社会公德和职业道德，共同维护社会的稳定和繁荣。

同为儒家学派的孟子继承发展了孔子的仁政与德政，主张把仁义之心推广到老百姓之中。首先，孟子提出了"民为贵""君为轻"②的思想，他认为统治者能不能得天下、管好天下，关键在于能不能顺从民意，得到人民的拥护，要时刻关注民生，保障人民生活。在财富分配上，孟子主张通过赋权、救济和减免税赋等方式实现君民财富的共享。他强调，君主应该通过合理的经济政策，确保民众的基本生活需求得到满足，从而实现社会的共同富裕。这种财富共享的理念，不仅体现了孟子对民众福祉的关怀，也反映了他对社会公平正义的追求。在教育领域，孟子认为伦理教育和成圣的机会不应被某个社会阶层所独占，而应当被所有人共享。他主张通过普及教育，提高民众的道德素质和文化水平，从而推动社会的整体进步。这种教育共享的理念，为后世的教育普及和公平发展奠定了重要的思想基础。其次，孟子还主张社会资源的共享。他认为，君主和民众应该共同享有社会资源，如土地、水源、森林

---

① 罗安宪：《论语》，人民出版社 2017 年版，第 119 页。
② 杨伯峻译注：《孟子译注》，中华书局 2010 年版，第 304 页。

等。这种共享不仅有助于缓解社会矛盾，还能促进社会的和谐与稳定。孟子通过"制民之产"，即保证民众有稳定的收入来源，来实现社会资源的共享。他强调，只有让民众拥有足够的财产，才能确保他们的基本生活需求得到满足，进而激发他们的生产积极性和社会责任感。孟子的共享理念还体现在保民所有和恤民疾苦上。他主张保护民众的私有财产安全，确保他们的基本生活不受侵犯。同时，他还关注弱势群体的利益，主张通过政策和制度来关爱和救助他们。这种对弱势群体的关怀和救助，也是孟子共享理念的重要组成部分。

儒家经典著作《礼记》对大同社会的描述也体现出共享的思想。第一，权力与资源的公有化。大同社会的首要特征是权力的公有化，即"天下为公"。这意味着社会的最高权力不属于任何个人或家族，而是由全体民众共同拥有。这种公有化不仅体现在政治权力上，也扩展到社会资源和财富上，实现了真正的全民共享。第二，选贤与能的制度。在大同社会中，管理社会的是被选举出来的贤能之士，而非世袭的贵族或统治者。这种选举贤能的权力在于"天下"，即全社会的民众。这种政治制度确保了社会领导层的公正性和代表性，也体现了社会资源的共享原则。第三，社会关系。大同社会强调人与人之间的诚信及和睦相处。人们不仅亲爱自己的父母子女和亲戚朋友，还像亲爱自己的家人那样去亲爱天下所有的人。这种和谐共生的社会关系是实现社会共享的重要基础。在大同社会，每个人都能得到合适的安排和照顾。老年人有所养，壮年人有所用，年幼的孩童得到养育和照顾。特别是那些鳏寡孤独废疾者，也都能得到社会的关怀和照顾。这种对个体需求的关注和满足，体现了社会资源的共享和公平分配。第四，经济生活的共享。大同社会实行财物公有制度，人们珍惜劳动产品，但无私利之心，不会将其据为己有。这种经济生活的共享不仅减少了社会矛盾和冲突，也促进了社会的和谐稳定。在大同社会，人们都以高度的责任心和自觉性投入到生产和劳动中并各尽其力，不追求个人私利而是致力于社会的整体发展。这种各尽其力的精神体现了社会资源的充分利用和共享。

(2) 墨家

墨家的"兼爱""非攻"等主张反映了被压迫人民的心声，由此成为战乱时期名声最大的"显学"之一。墨家主张"兼爱"，即无差别、无私的普遍之爱。这种爱超越了家庭、血缘、等级等界限，要求人与人之间互相友爱，利益共享。墨子认为，只有实现兼爱，才能避免社会矛盾和冲突，达到社会的和谐与稳定。这种兼爱理念建立在所有人平等的基础上，强调人与人之间在权利和利益上的平等。这种平等不仅体现在社会地位上，更体现在资源分配和财富共享上。墨子认为，社会成员应该共同享有社会资源和财富，通过互助合作实现共同发展。在频发的战争面前，墨家提出"非攻"主张，即反对不义战争和侵略行为。墨子认为，战争是破坏社会和谐、剥夺人民生命财产的最大罪恶。他主张通过和平手段解决国际争端和冲突，以实现国家之间的和谐共处和共同发展。在非攻理念的基础上，墨家倡导国家之间应相互尊重、平等相待、和平共处。这种和平共处不仅体现在政治和军事上，更体现在经济、文化等各个领域的交流与合作中。通过和平共处和共同发展，国家之间可以共享资源、技术和成果，实现互利共赢。在社会实践中墨子主张构建一种不分亲疏薄厚的平等劳动关系和分配关系以改良社会，主张"赖其力者生，不赖其力者不生"①，也就是说，不管是劳动还是社会管理活动，每个人都必须参与和贡献自己的力量，坚决反对"不与其劳，获其实"②的剥削与掠夺现象。同时，墨子提出各自从事自己擅长的行业，发挥其所长，从而激发人们的劳动热情和兴趣，有能力的人应该积极帮助那些困难的人。墨家还主张富有的人应该慷慨解囊、分享财富。这种财富共享的观念有助于缩小社会贫富差距、促进社会公平和正义。同时，它也鼓励人们树立正确的财富观和价值观，追求精神上的富足和内心的平静。这种互助精神是墨家共享理念在社会实践中的具体体现。通过互助合作，社会成员可以共同应对困难和挑战，实现个人和社会的共

---

① 方勇评注：《墨子》，商务印书馆2018年版，第295页。
② 方勇评注：《墨子》，商务印书馆2018年版，第261页。

同发展。此外，墨家还强调"尚贤"和"节用"的理念。尚贤即选拔和任用有德才兼备的人担任领导职务和社会要职；节用则倡导合理利用和节约资源、反对奢侈浪费。这些理念有助于推动社会进步和可持续发展，为共享理念的实践提供有力支持。

（3）道家

道家的思想中也蕴含着关于共享的元素，体现在其独特的哲学思想和社会理想中。道家的核心思想之一是"天人合一"的宇宙观，即：认为天地万物是一个有机的整体，自然物质与人类共同组成世间万物，人类也是自然的产物，因此归于自然。这种思想体现了道家对于宇宙间万物相互依存、共生共荣的深刻理解。在这种宇宙观的指导下，道家强调人类应该尊重自然、顺应自然，与万物和谐共处，共同享受自然的恩赐。道家在社会理想方面，提出了"小国寡民"的构想，如老子在《老子》一书中描述的："小国寡民，使有什伯之器而不用，使民重死而不远徙……甘其食，美其服，安其居，乐其俗。"这一构想展现了一个没有战争、没有剥削、衣食无忧、互不干涉的原始部落的小社会情景。老子所向往的实际上是一个传统封闭、安于现状的小农社会，其中蕴含着平均主义思想。他反对财产私有，奉行"损有余而补不足"的原则，希望实现社会财富的均衡分配，让每个人都能享受到基本的生活保障。道家的另一位代表人物庄子也提出了他所追求的理想社会。他认为现实社会充满了丑恶，提倡逃避现实，回归自然与和谐。在庄子的理想社会中，物质丰富且自然获取，没有财产私有观念的存在。他提出"四海之内共利之之谓悦，共给之之谓安"，即社会上的财富为大家共同拥有，每个人的财富都是平均分配的，实行共同享有原则。这种思想体现了道家对于社会公平和共享的深刻追求。

二　"至平、至公、至仁"的大同思想

近代以来，随着西方文化的传入和先进知识分子的觉醒，中国思想文化领域发生了深刻的变革。人们开始接触和了解西方的民主、科学、

自由等价值观，对愚昧落后的思想观念进行了深刻的批判和反思。这种思想文化的启蒙为大同思想的产生提供了重要的思想基础。同时，各种社会运动此起彼伏。随着洋务运动的蓬勃兴起与近代资本主义在中国土壤的萌芽，中国民族资产阶级逐步登上历史舞台。时至19世纪末期，以维新派为代表的先驱们，毅然发起了戊戌变法运动，这是一场旨在挑战封建桎梏、倡导社会进步的深刻变革。他们不仅勇敢地批判了旧有的政治体制，还积极提出了一系列维新改良的蓝图，诸如倡导民权、兴办新式教育等，这些举措为近代中国带来了前所未有的思想解放与社会进步的动力。在这一历史洪流中，康有为的大同思想尤为引人注目，它深刻表现了对理想大同社会构建的政治憧憬。康有为所构想的大同社会，蕴含了丰富的共享理念，从政治、经济到文化，均体现了对公平正义与和谐共生的追求。这一思想不仅是对传统儒家理想社会的继承与超越，更在中国近代思想史上树立了一座新的里程碑，引领无数仁人志士向更加光明平等的未来迈进。

《大同书》是康有为1901—1902年写作完成的一部经典著述。康有为在其中描绘了一个"至平、至公、至仁"[①]的大同社会。首先，关于"至平"，康有为主张废除封建制度，倡导平等主义。康有为强烈谴责封建制度，认为这种制度是导致社会不公和人民苦难的根源。倡导人人平等，他主张在太平之世，人人平等，没有君臣、奴隶之分，也没有君主统领和教主教皇的权威，人人和睦相处，过着平等而富裕的美好生活。其次，关于"至公"，康有为重视发展生产，以期实现社会繁荣。他描述了一个具有高度物质文明和精神文明的社会，主张废除私有制，建立财产公有制，以消除社会贫富差距。农业、工业和商业均由政府管理。他还设想通过全面实行机械化、自动化和电气化，推动社会生产力的高度发展，从而实现社会的全面繁荣。最后，在"至仁"方面，重视教育，培养公民素质，他强调教育的重要性，认为教育是推动社会进

---

① 康有为：《大同书》，汤志钧导读，上海古籍出版社2005年版，第8页。

步的重要力量，他特别重视学校教育在大同世界中的作用。他设想了从慈幼院到小学、中学、大学的完整教育体系，使每个人都能够接受良好的教育，从而提高整个社会的文明程度。他还倡导男女平等，婚姻自主，提出了"专家界"的概念，即实行男女平等、婚姻自主，打破封建家族宗法关系和纲常名教的束缚。实现人权、自由、平等。他主张通过废除封建礼教和家族制度，实现资产阶级的人权、自由、平等、独立和个性解放，使人类文明高度发展。除此之外，康有为还创造性地提出了废除国家、走向"去国界合大地"[①]的盛世构想。他主张先倡导国家间息兵停止战争，进一步发展出现几个实力相等的国家联盟状态，结成联邦之后，再成立公议会来管理国家之间的公共事务。他设想最终各个国家会消除国号，统一于公政府，国界逐渐消失。公政府将代表人民权益，根据经纬度将世界划分，每一度设立一个小型政府，农场、工厂可以作为基本的生活单位，分设公政府、纬度政府、地方自治三个部分，层层下设，实现全面的自治和平等。

康有为的大同思想提出了"天下为公"的政治理念，主张建立一个没有国界、没有阶级、没有私人所有制的理想社会，这种追求社会公正与平等的思想不仅深刻揭示了旧社会的矛盾，有力批判了腐朽的封建制度，为人们描绘了一个超越封建主义与资本主义的理想大同社会，而且对于现代社会的建设和发展具有重要的启示意义。诚然，康有为对于大同世界的构想确实蕴含了浓厚的改良主义色彩，他寄望于通过和平渐进的方式达成大同理想，这一愿景虽美好却难免带有乌托邦色彩，在现实中难以实现。然而，这一思想的光芒却照亮了先进中国人追求民族复兴与平等社会的道路。康有为的大同思想，虽植根于幻想的土壤，却以其深邃的洞察力和前瞻性的思考，为中华民族注入了强大的精神动力。它不仅是那个时代对理想社会形态的一次勇敢探索，更是激励后世中国先进分子不断前行、勇于创新的宝贵精神财富。在这一思想的指引下，

---

① 康有为：《大同书》，汤志钧导读，上海古籍出版社2005年版，第53页。

无数仁人志士前赴后继，从戊戌变法的英勇尝试，到辛亥革命的伟大实践，再到新中国成立，中华民族在追求平等、自由、繁荣的道路上从未停歇。

三 "为天下人所共享"的民生思想

戊戌维新运动的挫败，标志着中国改革路径的一次重大转折，促使资产阶级革命派毅然决然地踏上了中国资产阶级革命的历史征途，开启了崭新的篇章。在这一波澜壮阔的进程中，孙中山提出了具有划时代意义的"三民主义"，这一思想体系不仅超越了传统农民小生产者朴素的均贫富愿景，也摒弃了单纯理论探讨的改良主义局限，展现出前所未有的现实指导力和革命彻底性。在民权主义和民生主义方面体现出共享的某些元素。

在民权主义方面，孙中山倡导实行为一般平民所共有的民主政治，强调人民有选举、罢免、创制、复决四权（政权）以管理政府，而政府则有立法、司法、行政、考试、监察五权（治权）以治理国家。这种对权力的分配与共享理念相呼应，因为它确保了人民在一定程度上参与和分享政治权力，实现了权力的制衡与民主决策。在民生主义方面，孙中山提出了平均地权和节制资本原则，旨在缩小贫富差距，实现社会财富的相对均衡分配。通过平均地权，可以减少土地兼并现象，让更多人能够享有土地资源。而节制资本则防止私人操纵国民生计，保护了劳动者的利益，促进了社会的公平与共享。

第三节 马克思主义中国化时代化进程中的共享源流

中国共产党人在不同历史时期都对共享思想进行了探索，成为不同时期社会主义建设的思想基础和理念指引。在社会主义革命和建设的探索中，中国共产党人对共享发展思想进行了初步思考，在改革开放的实践中，共享发展的基本要义逐步丰富深化，呈现出理论的继承性和创新性，这些思想成为新时代共享发展理念形成的重要来源。

一 关于共享"人民性"的总体关照

在社会主义革命和建设实践中，对于共享发展的探索已从理论问题上升为实践问题，党的历任领导集体始终坚持人民群众的主体地位、充分调动人民群众的主观能动性，带领人民群众共同创造更丰富的发展成果。

为了实现社会主义的发展成果能够真正由全体人民共同分享，中国共产党人坚持"一切为了群众、一切依靠人民群众"，并以此作为社会主义各项事业的出发点和立足点。这一理念深植于历史唯物主义的土壤中，它认识到人民群众是历史的主体和创造者，是推动社会发展的根本力量。因此，将群众的利益放在首位，不仅是社会主义的本质要求，也是实现社会公平与正义的关键所在。

群众路线，作为中国共产党在长期革命实践中逐步探索并完善的重要理念，已经超越了单纯的工作方法层面，上升为一种深刻的思想认识路线。它不仅是中国共产党在革命时期取得胜利的重要法宝，更在社会主义建设和改革过程中发挥了举足轻重的作用。从学理角度来看，群众路线体现了马克思主义关于人民群众创造历史的观点，强调了人民群众在社会变革中的决定性作用。在社会主义建设和改革的进程中，中国共产党人始终坚持群众路线，不断倾听群众的声音，了解群众的需求和期望，并以此为基础制定和调整政策。这种以人民为中心的工作方法，不仅加强了党同人民群众的联系，也为社会主义事业的发展注入了源源不断的动力。同时，群众路线还蕴含着深刻的民主理念。它强调人民群众的参与和监督，使得政策的制定和执行更加透明与公正。这种民主理念的实现，不仅有助于提升人民群众的政治参与感和归属感，也为社会主义民主政治建设奠定了坚实基础。总的来说，群众路线是中国共产党人在长期实践中总结出的宝贵经验，它融合了历史唯物主义、民主理念以及科学的工作方法，为实现社会主义的发展成果由全体人民共同分享提供了有力的理论支撑和实践指导。

共享"人民性"的总体关照还体现在中国共产党人对共同富裕的追求和实践上。毛泽东思想的科学体系中亦包含关于共同富裕的思考和探讨，如毛泽东在1929年起草的《古田会议决议》中批判"均平"这一传统思想，以及从1939年开始领导开展的大生产运动等，都体现了其对共同富裕思想的初步探索。中华人民共和国成立后，毛泽东对共同富裕的探索更加深入，提出了按劳分配制度、社会主义建设总路线等一系列政策和方针，为共同富裕的实现奠定了制度基础，创造了便利条件。此外，毛泽东还强调人民民主共和的政治理念，将消灭剥削和实现共同富裕作为社会主义经济平等的核心内容，这进一步推动了共享发展思想的实践。邓小平理论将共同富裕作为社会主义的本质特征，并围绕其进行了深入的理论思考和实践总结。"三个代表"重要思想强调代表最广大人民的根本利益，不断通过发展来满足人民群众日益增长的物质文化需要，不断推进改革开放，促进经济发展和社会进步。科学发展观强调发展必须以人为本，关注人的全面发展，并且发展成果应由人民共享，不仅体现了社会主义的本质要求，也反映了中国共产党立党为公、执政为民的政治理念。习近平新时代中国特色社会主义思想将"坚持人民至上"作为其根本价值立场，将广大人民群众共享改革发展成果作为共享发展的目的，形成发展的良性循环，最终实现共同富裕，这一理念与党的宗旨和社会主义的本质要求高度契合。

二 关于共享"全面性"的深化认识

在社会主义建设及改革开放的初期阶段，受限于相对滞后的生产力水平，我国首要关注的是解决民众的温饱问题，以满足人们的基本生活需求。然而，经过四十余年的不懈奋斗，我国实现了从基本的温饱走向全面小康的目标。这一过程中，共享的层次也从初级的物质层面，基础保障型共享，逐步升级为更高质量、更广泛领域的共享。在新时代呈现出来的新特征中，共享发展的内涵也越发丰富，涵盖了经济发展、公平正义、民生保障、文化传承、生态保护等多个维度。这标志着中国的发展观念已从单纯追求经济总量的增长转变为更加注重以人民为中心的综合发展。

随着改革开放实践的深入推进，党和国家对共享发展理念的认识与理解日益深化，实现了从单一的物质共享到多元化资源共享的转变。党的十二大报告提出物质文明与精神文明的统筹协调，党的十二届六中全会通过的首个社会主义精神文明建设纲领性文件，强调了物质文明与精神文明并重的重要性。文件中明确提出"两手抓，两手都要硬"的发展方针，指出两个文明都是实现共同富裕的重要组成部分，必须在实现共同富裕的过程中保持协调发展。党的十五大报告中提出"人民共享经济繁荣成果"，这是中国共产党历届党的代表大会中第一次出现"共享"一词。这一时期，共享的内涵不再是简单地聚焦于物质财富的共同享有，而是发展成果与促进人的全面发展联系起来，共享的客体更加丰富。党的十六大报告在社会主义物质文明、精神文明的基础上，进一步将社会主义政治文明纳入社会主义现代化全面发展的目标中。党的十七大报告首次提出了"建设生态文明"理念，并将其提到实现工业化、现代化发展战略的突出地位。

从单一的物质共享拓展至经济、政治、文化、社会、生态全方位的"五位一体"共享，这一过程呈现出理论的接续性特点，旨在逐步实现社会主义现代化，确保更多的人能够共享发展的果实，最终实现全体人民的共同富裕，初步形成了共享发展的基本要义。这一理念的演进不仅彰显了社会主义制度的优越性，也体现了我们党对于发展理念的深刻理解和不断创新。

三 关于共享"均衡性"的动态协调

在社会主义革命、建设、改革的各个历史时期，中国共产党人始终围绕发展问题进行不断探索，从以结果平等为前提、以物质财富生产为主要内容的共享到兼顾公平与效率、多元资源的共享，从追求经济发展速度到经济发展与社会资源均等共享协调,在渐进、可持续的发展中共享发展的内涵进一步丰富和深化。

邓小平理论强调实施社会主义现代化建设的"三步走"发展战略,这一战略遵循了从温饱到小康再到富裕的渐进式发展轨迹,充分体现了对中国国情的深刻理解和尊重,以及对中国特色社会主义发展规律的精准把握。为实现均衡发展与防止两极分化,针对市场经济条件下存在的收入差距和区域发展差距,邓小平提出了先富带动后富最终实现共同富裕、东西部"两个大局"的发展思想。这些思想都充分展现了从不均衡到均衡发展的共享理念,旨在确保全体人民能够共享改革开放的成果。党的十五大报告所提出的新"三步走"战略,为推进共享发展勾勒了明晰的阶段性实施框架。党的十六大报告进一步明确了建设更高水平的小康社会的目标,这一目标的设定,不仅将人民共享发展成果作为全面建设小康社会的核心任务,也使得共享发展有了更明确的阶段性追求。全面建成小康社会与社会主义现代化建设的理论体系,为共享发展的落地提供了更具现实性和可操作性的指导。随着中国经济在新世纪的持续高速增长,广大人民群众的生活总体上达到了小康水平,人民普遍享受到了发展带来的红利。然而,发展过程中的不平衡与不协调问题日益凸显,特别是收入分配不公逐渐演变为机会不公,贫富差距的扩大引起了社会的广泛关注。科学发展观强调可持续发展的核心地位,"基本要求是全面、协调、可持续,而根本方法则是统筹兼顾"[①]。这一理念要求在发展过程中必须注重环境保护,实现经济、社会和环境的和谐共生。这也是共享发展思想的重要组成部分,即发展不仅要让当代人受益,更要为子孙后代的福祉着想。这样的发展观念不仅深刻揭示了共享发展的阶段性特征,更是基于中国实际国情的考量,没有违背历史发展的自然规律。

---

① 胡锦涛:《高举中国特色社会主义伟大旗帜 为夺取全面建设小康社会新胜利而奋斗》,《人民日报》2007年10月15日第1版。

第四章

共享发展的实践探索

在马克思主义的理论框架下,世界被视为一个动态交织的"过程集合体",其本质在于无尽地变迁与演进。这一哲学视角同样深刻地映射于主观世界的核心——思想观念之上,它们并非静态地陈列,而是随时代发展进行塑造与升华。共享发展的理论内涵,作为这一洪流中的成果,其诞生与成熟亦非一蹴而就,而是历经了复杂多变的形塑过程。

以毛泽东同志为代表的中国共产党人,带领全国各族人民建立了社会主义制度,这一创举不仅翻开了中国历史的新篇章,更为实现人民共享发展奠定了坚实的制度基石。它标志着国家发展道路的根本转变,为后续的共享实践开辟了广阔空间。在改革开放的壮阔征程中,以邓小平、江泽民、胡锦涛同志为代表的中国共产党人,接力前行,成功书写了中国特色社会主义和社会主义经济发展的新篇章。通过一系列改革开放的重大决策和战略部署,极大地解放和发展了社会生产力,为推进人民共享发展奠定了坚实的物质基础。这一时期,人民生活水平显著提高,社会各项事业蓬勃发展,共享发展的理念在实践中逐渐萌芽并生长。进入新时代,以习近平同志为主要代表的中国共产党人,面对国内外环境的深刻变化和社会发展的新要求,深刻把握时代新脉搏,历史新方位,积极回应人民期待,提出了共享发展的新理念。这一理念不仅是对传统发展观念的超越与升华,更是对中国特色社会主义发展规律的深刻把握和具体运用。习近平总书记系统阐释了共享发展的丰富内涵、重大意义和实践要求，逐步构建了一个逻辑严密、内涵丰富的共享发展理论体系。在这一理论体系的指导下，致力于解决社会发展不平衡不充分的问题，以推动全体人民朝着共同富裕的目标稳步前进。

第一节　奠定共享发展的政治前提与群众基础

近代中国，面对西方列强的侵略，民族危机深重，中国共产党一经成立，就将实现民族独立和人民解放作为自己的政治理想与价值追求，带领中国人民不断推进革命事业。中国共产党人始终把为群众谋利益放在第一位，不断推进民族独立与解放事业，致力于实现全体人民群众在政治、经济、文化等各项事业上的彻底解放与权利享有，为共享奠定政治前提。

一　奠定共享发展政治条件

在构建党的领导体系的过程中，首要任务是确保权力服务于人民、根植于人民。自中国共产党成立初期，便开始探索集体领导制度，这一制度为社会主义建设、改革时期践行共享发展奠定了坚定的组织基础，促进了公平正义。

党的一大上，中央执行委员会的构想初现端倪，预示着集体领导机制的萌芽。随后，党的二大进一步明确了中央及地方执行委员会作为集体领导的核心架构，为党的组织体系奠定了基石。党的三大通过的中央执行委员会组织法，更是从制度层面确立了集体领导的原则与程序，明确了中央执行委员会的责任与权限，强调了其对全党大会的负责态度及在两届大会间的最高指导地位。

党的五大在集体领导制度建设上迈出了关键一步，不仅强调了集体指导的重要性，还提出了设立中央政治局常务委员会的创新构想，并通过党章予以固化，增强了党的领导核心的凝聚力与决策效率。此后，随着党的不断发展壮大，集体领导制度逐步完善。1927 年的党章修正，将中央执行委员会调整为中央委员会，以适应党的工作需要和负责日常事务的处理。

进入抗日战争时期，党的集体领导制度得到了进一步强化与规范。1937年的《中央书记处工作规则和纪律草案》以及党的六届六中全会通过的《关于中央委员会工作规则与纪律的决定》，不仅细化了中央书记处、中央委员会、中央政治局等机构的职权与运作规则，还明确了各级党组织的工作纪律与要求，为党的集体领导提供了更有力的制度保障。通过集体讨论决定重大事项，而非个人独断，确保了决策的公正性和科学性。这种制度为后来的共享发展奠定了坚实的组织基础，确保了权力不被滥用，促进了公平和正义。

在构建党的领导体系中，明确各级党组织之间及其与其他组织之间的领导关系，是确保党的领导制度有效运行的关键环节。

通过明确党组织上下级之间以及党组织与其他组织之间的关系建立了有效的信息、反馈机制和决策执行机制。这确保了基层的声音能够传递到领导层，领导层的决策也能够得到基层的有效执行。党的二大党章明确规定了下级机关必须严格执行上级机关命令的原则，并赋予上级机关在必要时进行干预的权力。随着革命实践的深入，党进一步认识到集中领导的重要性，强调在保持组织灵活性的同时，必须确保全党在重大问题上的一致性和行动的统一性。党的四大及后续文件，如《中国共产党第三次修正章程决案》，不仅重申了这一原则，还细化了党员及下级机关对上级决议的异议处理机制，确保了党内民主与集中的有机统一。请示报告制度作为反映上下级组织关系的重要工具，在党内得到了广泛推行和完善。从建党之初的初步构想，到逐步明确的时间、格式和内容要求，请示报告制度不仅提高了组织的纪律性和执行力，也促进了信息的及时传递和问题的有效解决。1948年毛泽东同志起草的《关于建立报告制度》的党内指示，更是将这一制度推向了新的高度，为党在复杂多变的革命环境中保持高效运转提供了有力保障。在军队中，党通过"支部建在连上"等创新举措，实现了对军队的绝对领导，确保了军队成为党领导下的人民武装力量。同时,党还加强了对青年团等群众组织的领导,通过思想引领和组织建设,广大青年紧密团结在党的周围,为革命事业源源不断地输送了生力军。

二 凝聚共享发展的群众基础

(一) 为人民争取政治权利

1919年,毛泽东在《湘江评论》创刊宣言中就意识到人民群众的力量。[①] 早期中国共产党人深刻认识到,保障人民群众的政治权利是实现其他一切权利不可或缺的基石与前提。若这一基础不牢固,前提未达成,那么探讨其他权利便如同空中楼阁,缺乏实际意义。

为此,中国共产党不懈努力,于1931年在瑞金建立了苏维埃政府,并颁布了具有里程碑意义的《中华苏维埃共和国宪法大纲》。该大纲鲜明地宣告,在苏维埃政权的管辖范围内,无论性别、民族、宗教信仰或职业差异,所有民众均享有平等的地位与权利,共同沐浴在政治民主的阳光下。这一举措不仅彰显了中国共产党对人民权利的深切关怀,也为后续的革命斗争和政权建设奠定了坚实的政治基础,确保了人民群众在政治上的主体地位和广泛参与权,推动了中国民主政治的向前发展。

(二) 为人民争取民生福利

为了稳定民生,满足广大群众幸福生活的愿望,同时确保抗日战争拥有足够的物质基础,中国共产党在抗日根据地内开展大生产运动。通过组织民众进行生产自救,提高了他们的生活水平,也为抗战提供了必要的物质保障。针对斗争形势的新变化,中共调整了土地政策,实行减租减息,以保证农民的人权、政权、地权、财权,从而改善农民的生活。毛泽东在《抗日救国十大纲领》中提出了优待抗日军人家属的主张,以及救济失业者的措施。这些政策体现了党对抗日军人的关心和支持,也体现了党对弱势群体的关怀。在面对粮食短缺和自然灾害时,中

---

① 《毛泽东选集》第二卷,人民出版社1991年版,第708页。

国共产党采取了调节粮食和赈济灾荒的措施，通过合理分配粮食资源，救助受灾群众，保障了民众的基本生活需求。

中国共产党还采取了一系列措施来保障人民的物质福利。首先，党通过制定和实施相关法规与政策，确保人民的基本生活权益。例如，党发布了《劳动法大纲》，规定了实行 8 小时工作制、最低工资制和保护女工、童工等；在抗日战争时期，为了实现广大群众幸福生活的愿望，党积极促进国防建设，消除人民的苦难和提高人民的生活水平，进行大生产运动、减租减息和厉行民生政策，以此稳定民生，改善人民生活。其次，党还提出了"劳资两利"思想，为后来实行的社会保险奠定了理论基础。在东北地区等局部解放区，甚至颁布了具体的劳动保险条例，将几乎所有公营企业职工都纳入保障体系。

总的来说，新民主主义革命时期的中国共产党通过各种方式努力保障人民的民生福利，这些实践和经验为后续的社会保障制度建设提供了重要基础和借鉴。

(三) 为人民争取教育机会

在中国近代历史中，文化教育权曾长期被贵族与资本家垄断，成为他们专属的特权，而广大普通民众则被排斥在教育体系之外。这种教育资源的极度不均，不仅剥夺了民众自我提升的机会，更在无形中局限了他们的视野与思维，导致国民思想趋于狭隘，进而深刻影响了近代中国社会的整体进步与发展轨迹。教育的不普及，成为旧中国阶级社会深刻不平等与闭塞落后的重要推手之一。

1940 年，毛泽东明确阐述了新民主主义文化的民主性与人民性，强调这一文化应当深深扎根于广大工农群众中，为他们所拥有、所创造、所享用。这一理念，前所未有地将全体人民群众纳入了文化教育权的主体范畴，赋予了他们平等追求知识、享受文化的权利。在此期间，中国共产党进行了一系列教育改革。第一，教育观念变革。以马克思主义为指导，推动教育观念变革。这包括唤起人民的革命觉悟，以及推动教育为革命战争与阶级斗争服务，使教育与劳动联系起来。第二，教育制度化和规范化。中国共产党通过设立专门的教育管理机构，制定一系列教育政策法规，如《中华苏维埃共和国宪法大纲》《苏维埃教育法规》等，来推动教育事业发展，使教育逐步进入制度化和规范化轨道。第三，教育实践探索，进行了新型学校的尝试，如创办了湖南自修大学等，这些学校以培养革命干部为目标，注重社会实践，是中国共产党对传统教育改革的尝试。第四，为了满足人民群众学习新知识的需求，还开展了大规模的"扫盲运动"，极大地提升了国民文化素质。第五，学制改革和课程教学改革。为了满足人民群众的学习需求和新民主主义革命的需要，对学制和课程教学进行了改革。例如，为了满足工农群众的学习需求，设立了预科教育，使他们能够接受更高层次的教育。第六，加强思想政治工作，在教育改革中，也强调了思想政治工作的重要性，提出了开展思想政治工作的富有特色的方法，如启发式、由浅入深等教学方法，以提高教育效果和质量。

在中国革命过程中，中国共产党人立足实际，充分预计中国革命取得胜利的艰巨性与长期性。毛泽东表示，在将来，社会主义革命会代替民主主义革命，至于什么时间、什么条件下能够发生转变，时间可能会持续得比较长。在不具备这些条件的前提下，不应当轻易去谈起这种转变。这是因为他们并没有真正看清楚中国到底是怎么样一个处境的国度，并不知道中国要真正在政治经济等方面完成民主革命，需要更加漫长的时间和更加艰辛的付出。[①] 中国共产党人深刻认识到，革命事业的成功与人民民主权利的全面实现，离不开人民群众的广泛参与和实践。正是人民群众的力量，汇聚了推动革命洪流滚滚向前的磅礴动力。然而，革命之路并非坦途，它是一场漫长而艰巨的征程，需要分阶段、有步骤地逐步推进，每一步都需脚踏实地，以解决不同阶段的问题，达成阶段性目标。

在这一过程中，中国共产党人对于革命的动力机制与推进策略有了

---

① 《毛泽东选集》第一卷，人民出版社1991年版，第160—161页。

清晰而深刻的理解，其中蕴含着共建共享的核心理念与渐进发展的战略眼光，这些思想精髓对当前共享发展理念的形成具有深远的理论指导意义。在革命实践中，中国共产党紧密团结并带领广大人民群众，历经风雨洗礼，最终取得了革命的伟大胜利，并建立了新民主主义制度，这一历史性的成就不仅让中华民族和中国人民实现了"站起来"的重大飞跃，更为全体中国人民共享政治成果奠定了基础。

第二节 确立共享发展的制度保障与物质基础

一 确立共享发展制度基础

1952年年底，我国国民经济实现了初步恢复，极大地改善了物质匮乏、基础薄弱的局面，为后续的社会主义发展奠定了坚实的基石。然而，随着国民经济的逐步复苏，贫富差距问题日益凸显，成为不可忽视的社会现象。毛泽东同志敏锐地洞察到这一现象，特别是在农村地区，富农与贫农之间的鸿沟日益加深，而在城市，贫富分化同样严峻，迫切要求通过社会主义改造来平衡社会财富分配。

鉴于这一现实挑战，1953年，党中央高瞻远瞩地制定了过渡时期的总路线，旨在从根本上消除私有制与剥削现象，巩固并发展社会主义的经济基础。这一总路线明确了两大核心任务：一是加速社会主义工业化进程，作为过渡时期的头等大事。鉴于我国当时工业基础薄弱、国民经济总体落后的现状，唯有大力发展工业，才能迅速提升国家生产力，为改善人民生活和实现国家现代化奠定坚实的物质基础。二是深入推进社会主义改造，这是过渡时期的关键所在。面对贫富差距拉大的严峻形势，党中央深刻认识到，只有通过农业、手工业和资本主义工商业的社会主义改造，彻底消灭生产资料私有制，才能从根本上解决分配不公问题，遏制贫富分化趋势，逐步迈向共同富裕的社会主义道路。总体来说，过渡时期的总路线为党和人民指明了前进的方向，不仅规划了从新民主主义向社会主义转变的具体步骤与路径，更为中国这样一个经济文化相对落后的农业大国顺利转型提供了科学指导，展现了中国共产党领导人民探索社会主义道路的坚定决心与智慧。

1956年年底，随着社会主义制度的全面确立，我国经济社会发展的崭新篇章得以开启，为全体人民共同追求富裕生活奠定了最坚实的制度基石。在这一历史性的转型中，我国现代工业迎来了前所未有的快速发展时期，工业化进程显著加速，一个初具规模、门类渐趋完备的工业体系逐步成型。这一成就不仅标志着我国在经济建设上的重大飞跃，也深刻改变了国家的经济结构与社会面貌。社会主义制度的建立，从根本上铲除了阶级不平等的土壤，使得全体人民在平等的基础上共同参与国家建设，享受发展成果。这种前所未有的社会平等，极大地激发了社会各界的凝聚力和创造力，创业热情空前高涨，人们以更加饱满的热情投入到社会主义事业中，共同推动国家向前发展。随着工业化的深入推进和工业体系的不断完善，社会主义的物质财富日益丰富，为实现共享发展奠定了坚实的经济基础。这一过程中，国家不仅注重经济总量的增长，更致力于经济结构的优化和人民生活质量的提高，确保发展成果更多更公平地惠及全体人民。

综上所述，1956年年底，社会主义制度的建立，不仅为我国经济社会的持续健康发展提供了强大的制度保障，更为实现全体人民的共同富裕创造了有利条件。

二　夯实共享发展的经济基础

社会生产力，作为人类社会进步的根本动力，无疑是驱动经济社会飞速发展的决定性因素。构建一个现代、高效的国民经济体系，则是激发这一潜力、加速经济繁荣的关键所在。革命胜利后，中国共产党便肩负起领导人民建设国家的重任，聚焦于工农业生产的全面振兴。

党的八大报告进一步指出，中国共产党目前的任务就是充分利用一切对我们有用的条件,组织那些解放的人民参与到社会主义国家建设中。① 在党的坚强领导下,全国人民齐心协力,展开了大规模的生产建设活动,不仅迅速恢复了因长期战乱而受损的国民经济,还初步搭建起支撑国家长远发展的物质基础。这一过程不仅标志着国家经济实力的显著增强,更为后续提高人民生活质量、丰富社会物质财富奠定了坚实的基础。

在国民经济恢复的过程中,工农业生产大幅增长,1952 年年底,全国工农业总产值为 810 亿元,比 1949 年增长 77.5%,其中工业总产值增长 145%,农业总产值增长 48.5%。主要工农业产值都达到并超过中华人民共和国成立前的最高水平。财政状况根本好转,1952 年,全国财政总收入达 183.7 亿元,比 1950 年增长 181.7%。财政状况的根本好转,有力地支持了建设事业和各项经济恢复,保证了市场的稳定。人民生活水平提高,随着工农业生产的恢复和发展,劳动人民的物质生活水平也有了显著提高。1952 年,全国职工平均收入比 1949 年增长 70%,各地农民平均收入一般增长 30%。社会商品零售总额 1952 年比 1949 年增长 97%。文化教育事业取得成就,1952 年全国高等院校学生达到 19.1 万人,全国中学和中等专业学校学生 312.6 万人,全国小学生 5110 万人。此外,卫生保健、科学研究、新闻出版、电影广播等事业也都有较大的发展。

国民经济的恢复为后续的共享发展奠定了坚实的物质基础。工农业生产的增长和财政收入的增加,为政府提供更多的资源用于改善民生、发展社会事业和推动经济社会的全面发展。人民生活水平的显著提高是共享发展的重要体现。随着收入的增长和物质条件的改善,人民的基本生活需求得到满足,为后续的共享发展奠定了更加坚实的基础。文化教育、卫生保健等社会事业的进步为共享发展提供了更加全面和多元的支

---

① 中央档案馆、中共中央文献研究室:《中共中央文件选集(一九四九年十月——九六六年五月)》第二十四册,人民出版社 2013 年版,第 49—50 页。

持。各项事业的发展不仅提高了人民的文化素质和健康水平，也为社会的和谐稳定和可持续发展提供了有力保障。

第三节　共同富裕目标下共享发展的初步探索

在改革开放的推动下，中国经济实现了持续快速增长，社会主义共享的物质基础日益雄厚。同时，党和政府致力于构建更加公正、有效的权益保障机制，确保人民群众在经济、政治、文化等各个领域的权利得到切实保障。这一系列举措，不仅极大地丰富了社会主义共享的内涵，也大幅提升了人民群众的获得感、幸福感和安全感。中国共产党在领导人民进行社会主义建设的过程中，始终坚持"以人民为中心"的发展思想，积极总结经验、调整策略，努力推动社会主义共享事业不断向前发展。

一　丰沛共享发展的物质条件

邓小平同志以深邃的洞察力，对"社会主义的本质及其建设路径"这一时代课题进行了深刻思考。他高瞻远瞩地指出，经济建设应成为党和国家所有工作的核心，并果敢地引领中国踏上了改革开放的壮阔征途。这一历史性的决策，如同强劲的东风，为我国经济社会的发展注入了蓬勃活力，提供了坚实的政策支撑。

进入20世纪90年代，随着改革开放的深入和经济的快速发展，一些新的社会问题逐渐显现，其中区域发展不均衡、贫富差距扩大等问题尤为引人关注。面对这些挑战，邓小平同志再次强调，共同富裕才是社会主义的本质追求，是不可动摇的目标。这一重要论断，不仅指明了经济社会的发展方向，也激励全国人民在追求经济发展的同时，更加注重社会公平与正义。

在改革开放的伟大实践和社会主义市场经济体制的强力推动下，我国经济发展效率显著提升，经济社会各领域都实现了前所未有的飞跃。这不仅夯实了国家的物质基础，也为共享发展提供了坚实的保障。从城市到乡村，从东部沿海到中西部内陆，每一个角落都感受到了改革开放带来的巨大变化。人民群众的生活水平显著提高，教育、医疗、养老等社会保障体系不断完善，人民群众的获得感、幸福感、安全感不断增强。邓小平同志关于社会主义建设和改革开放的一系列重要论述和决策，不仅深刻改变了中国的面貌，也为今天继续推进共享发展、实现共同富裕提供了宝贵的经验和启示。

(一) 以改革开放破除体制机制障碍

党的十一届三中全会，是中国历史上一次具有重大转折意义的关键会议。在这次会议上，中国共产党作出改革开放和将国家工作重心转移到经济建设上来的决定。此后，在实践中，中国共产党积极调动一切力量参与社会主义建设与发展，为经济社会发展注入强劲动力。

面对社会主义建设初期我国经济社会发展的各种体制机制障碍，邓小平提出了体制机制的全面改革。首先，在市场机制改革中提出完善市场体系，构建全国统一大市场，打破地区封锁和行业壁垒，促进商品和要素的自由流动。同时，深化要素市场化改革，推动土地、劳动力、资本、技术等要素由市场来决定价格和配置。同时放宽市场准入，打破行政性垄断和市场壁垒，营造公平竞争的市场环境。鼓励民营企业发展壮大，激发企业创新活力，推动各种所有制经济共同发展。在放宽市场准入的同时也要加强反垄断和反不正当竞争执法力度，防止市场垄断和不正当竞争行为损害消费者权益和破坏市场秩序。同时，加强知识产权保护，激励技术创新和品牌建设。在发挥市场机制作用的同时，政府要加强宏观调控和政策协调，保持经济运行在合理区间。通过财政、货币等政策工具，稳定市场预期，引导市场行为。其次，在经济体制方面，中共中央从我国农村经济发展现状出发，鼓励各地大胆探索，肯定包产到户，并提出根据各地不同情况采用不同的方针。1982年1月，中共中央进一步强调家庭联产承包责任制的社会主义属性。① 这是一种重大的制度创新，极大地调动了农民的生产积极性，促进了农业生产的发展。通过赋予农民更多的经营自主权，农民的劳动成果与自身的利益更加紧密地联系在一起，从而提高了生产效率。紧接着，在城市，国有企业的自主经营权得到了明显改善，这有助于激发企业的活力和创新力，提高其市场竞争力。通过改革，企业能够更好地适应市场需求，优化资源配置，提高经济效益。中国逐步建立了社会主义市场经济体制，这意味着市场在资源配置中起决定性作用，同时政府也发挥重要的宏观调控作用。这种经济体制既充分发挥了市场优势，又确保了经济的稳定和可持续发展。随着改革的深入推进，我国不断完善相关政策措施，加强制度建设和监管机制，确保经济体制改革的顺利进行。同时，还积极推动科技创新和产业转型升级，以提高经济增长的质量和效益。通过各领域的全面改革，我国各行各业实现了快速发展，整个社会呈现出一派欣欣向荣的景象。

不仅要对内改革，邓小平同志也提出了对外开放这一伟大举措。在国内要提升生产力水平，对外要秉持开放的态度，② 将对外开放与对内改革共同作为中国经济建设的两条重要道路。首先，中国实行了更加积极主动的开放战略，形成更大范围、更宽领域、更深层次的对外开放格局。这意味着中国不仅在经济领域，而且在科技、教育、文化等多个领域都实行对外开放政策，以吸引更多的外资和技术，促进国内经济的发展。其次，中国在对外开放的过程中，坚持以高水平开放促改革促发展。通过高水平的对外开放，中国不断深化改革，完善社会主义市场经济体制，提高经济活力和竞争力。最后，在对外开放的实践中，中国注重发挥自身优势，积极利用外资，学习国外先进的技术和管理经验，推动国内产业的升级和转型。同时，中国也注重保护外商投资者的合法权

---

① 中共中央文献研究室：《新时期经济体制改革重要文献选编》上，中央文献出版社1998年版，第95页。

② 《邓小平文选》第三卷，人民出版社1993年版，第64—65页。

益,营造良好的投资环境,吸引更多的外商投资。

在改革开放的进程中,中国人民以满腔的热情与不懈的干劲,积极投身于这一伟大的社会变革中,彰显了作为社会主义事业核心动力的主体地位。人民不仅是改革的参与者,更是建设中国特色社会主义伟大事业的推动者,共同掀起了一股前所未有的社会主义建设热潮。这股浪潮汇聚了亿万人民,激发了社会各个层面的活力与创造力。人民生活水平在这一过程中显著提升,从温饱不足迈向全面小康,享受改革开放带来的丰硕成果。这一历史进程充分证明,人民是推动历史发展的决定力量。正是有了全体人民的积极参与和不懈努力,我们才能够在改革开放的道路上不断前行,取得一个又一个胜利。

(二)提出社会主义的本质是共同富裕

在改革开放的伟大征程中,邓小平不仅引领中国走向现代化的道路,更对"社会主义"这一根本命题进行了深刻而独到的思考与实践。他敏锐地洞察到,贫穷绝非社会主义的题中应有之义,而是与社会主义的初衷和理想背道而驰。在邓小平看来,社会主义的优越性,恰恰在于其能够从根本上消灭贫穷,让全体人民在物质文化生活方面得到持续而不断地改善与满足。邓小平深刻洞察了社会主义与资本主义之间的本质差异,其中之一便是能否实现全体人民的共同富裕。在他看来,若我们选择资本主义道路,尽管可能催生局部地区少数人的迅速致富,但这仅仅是人口中的少数——大约一成,而剩余九成的人群则可能仍深陷贫困中,甚至基本的温饱问题都难以解决。这种贫富差距的极端化,正是资本主义内在矛盾的鲜明体现。相反,社会主义制度则从根本上保障了财富属于全体人民,这不仅是理论上的宣告,更是对贫富不均、两极分化等资本主义弊病的深刻批判。社会主义社会所追求的,正是全体人民的共同富裕,这是中国共产党人坚定不移的信念与追求。

基于这样的认识,邓小平在1992年的南方谈话中,对社会主义的本质进行了精辟的概括:"社会主义的本质,是解放生产力,发展生产

第四章 共享发展的实践探索

力，消灭剥削，消除两极分化，最终达到共同富裕。"① 这一论述，不仅深刻揭示了社会主义制度的内在逻辑和必然要求，更将共同富裕作为社会主义的归宿和根本目标，为全党和全国人民指明了前进的方向。

为实现这一宏伟目标，邓小平明确指出了前提条件与制度保障。他强调，解放和发展生产力是首要任务，只有通过不断提高生产力水平，创造丰富的社会产品与物质财富，才能为广大人民群众的富裕奠定坚实的物质基础。同时，他还指出，要不断优化社会主义生产关系，通过消灭私有制与剥削，确保社会财富能够公平、合理地分配给每一位社会成员。

在改革开放初期，我国面临着生产力水平普遍偏低、共同富裕的物质基石尚显薄弱，以及地域间自然资源与经济社会发展水平显著不均的挑战。针对这一现实国情，邓小平创造性地提出了"先富带后富"② 的战略构想，旨在通过一种渐进而有序的方式，逐步实现全体人民的共同富裕。他深刻认识到，在生产力尚不发达时期，单纯追求公平而忽视效率，非但不能加速共同富裕的进程，反而可能挫伤人民群众投身社会主义建设的积极性，阻碍共同发展，最终陷入"共同贫穷"的困境。因此，邓小平主张在确保共同富裕大方向不变的前提下，允许并鼓励一部分地区、一部分人先富起来，以此作为经济发展的"引擎"，带动整体社会经济的活跃与增长。"先富带后富"的理论，既体现了对国情的精准把握，又蕴含了深刻的社会主义本质思考。它倡导在效率与公平之间寻求动态平衡，既充分利用市场机制激发社会活力，促进资源高效配置，又强调通过政策引导和社会责任，确保先富群体能够积极回馈社会，带动后富地区与人群的发展。这一过程中，地方特色与优势的充分发挥，以及人民群众生产积极性与创造力的广泛调动，共同为社会主义物质财富的积累奠定了坚实基础。这一战略构想，不仅符合我国经济社会发展的客观规律，也彰显了社会主义制度在促进共同富裕方面的独特

---

① 《邓小平文选》第三卷，人民出版社1993年版，第373页。
② 《邓小平文选》第三卷，人民出版社1993年版，第374页。

优势与强大生命力。

(三) 在"三步走"战略中稳步推进共同富裕

社会主义建设的宏伟蓝图绝非一蹴而就,同样地,共同富裕的愿景也需要历经不懈的努力才能实现。党的十一届三中全会后,党中央明确认识到实现人民群众的共同富裕、提升民主权利与科学文化水平,是一项长期而艰巨的任务。这一认识,标志着党在探索中国特色社会主义道路上迈出了更加稳健的步伐。自此,党坚持实事求是、稳中求进的原则,强调必须脚踏实地、循序渐进地完成每一阶段的发展任务与目标。这种务实的态度,为人民群众共享发展成果奠定了坚实的基础,确保了共同富裕的征程能够稳步前行,不断向更加美好的未来迈进。

1980年,邓小平在《目前的形势和任务》中深刻剖析了我国国情,指出中国人多地少,并且国民的劳动生产率、国家的财政收支和进出口外贸在短期内无法提升迅猛,因此,国民的收入也不可能很快提升。[①]这一论断清醒地认识到,我国的社会主义现代化建设是一场持久战,无法一蹴而就,必须分阶段、有步骤地推进。

在此基础上,邓小平初步勾勒了实现现代化的蓝图,呼吁全国人民齐心协力,力争在20世纪末期将国内生产总值提升至人均1000美元的小康水平,这一目标成为当时激励全国上下的重要动力。同年12月,他进一步细化了这一愿景,强调在达到小康水平后,仍需不懈努力,以加速迈向更高层次的现代化。

1982年9月,党的十二大确立了现代化建设的分步走战略,明确将20世纪的现代化建设划分为两大阶段,并设定了阶段性目标:从1982年至1990年,首要任务是实现工农业生产总值的显著增长,即翻一番;而后的十年,即从1990年至20世纪末,则需在此基础上再翻一番,以巩固并扩大现代化建设的成果。

到了1987年10月,党的十三大对现代化建设战略进行了更详尽和

---

① 《邓小平文选》第二卷,人民出版社1994年版,第259页。

深远的规划,提出了著名的"三步走"战略。① 这一战略将社会主义现代化发展及共同富裕的实现过程细化为三个阶段,每个阶段都设定了清晰的目标,从解决温饱问题,实现小康水平,到最终达到中等发达国家水平,为全国人民描绘了一幅波澜壮阔的发展蓝图。这一战略安排不仅体现了对国情的深刻洞察,也彰显了中国共产党领导人民实现共同富裕的坚定决心和战略智慧。

简言之,以邓小平为核心的中国共产党人,在矢志不渝地追求全体中国人民共同向往的现代化目标时,亦深入探索了实现这一宏伟蓝图的阶段性路径与策略。他们提出了分阶段、渐进式地推动全体人民共同富裕的理论构想,这一构想既摒弃了空洞口号与不切实际的幻想,又规避了脱离国情、急功近利的陷阱。他们深刻认识到,我国实现现代化的征途上充满了挑战与风险,需要持之以恒的努力与智慧。在这一过程中,"实事求是、量力而行"成为引领中国特色社会主义共享发展实践的核心理念与指导原则。这一原则不仅体现了中国共产党人立足国情、尊重规律的科学态度,也彰显了改革开放初期对共同富裕与共享发展"渐进性"特征的初步而深刻的探索。正是基于这样的认识与实践,中国逐步走出了一条符合自身国情、具有鲜明特色的现代化与共同富裕之路。

二 凝练共享发展成果论断

(一)重视共同富裕问题

改革开放以来,我国经济社会步入了快速发展的轨道,在"先富带后富"的战略指引下,各地区竞相迸发活力。然而,这一过程中也伴随着速度与质量的不均衡现象。东部沿海地区凭借其得天独厚的地理位置优势和较为坚实的经济基础,实现了经济的飞跃式增长。相比之下,中西部内陆地区则因自然条件相对恶劣、经济基础薄弱,发展速度较为滞缓,且发展质量有待提高。这种区域间的发展差距逐渐拉大,成为经济

---

① 《中国共产党第十三次全国代表大会文件汇编》,人民出版社1987年版,第17页。

社会发展中一个不容忽视的突出问题。面对这一挑战，如何有效缩小区域发展差距、促进经济社会全面协调发展，成为党和政府工作的重中之重。这要求我们在继续深化改革开放的同时，更加注重区域协调发展战略的实施，加大对中西部地区的政策支持和资金投入，改善其基础设施条件，增强其自我发展能力。同时，还要加强区域间的合作与交流，推动资源要素在更大范围内优化配置，实现优势互补、互利共赢。只有这样，才能逐步解决区域发展不平衡的问题，推动经济社会持续健康发展。

面对我国不同地区间显著的发展差距，特别是贫富分化问题日益严峻的社会现实，江泽民同志于1993年3月召开的党的十四届二中全会上深刻指出，建设具有中国特色的社会主义，其核心大原则便是要在持续壮大社会生产力的基石上，不仅提升我国的综合国力，更要坚定不移地实现全体人民的共同富裕。这一论述，鲜明地凸显了共同富裕在社会主义事业发展中的战略高度与核心地位。会议不仅重申了共同富裕作为中国特色社会主义不可动摇的基本原则，还进一步强调了其在社会主义现代化建设全局中的引领作用。它告诫我们，在追求经济快速增长与生产力飞跃的同时，绝不能忽视社会的公平与正义，不能让发展成果仅仅惠及少数人或少数地区。相反，我们应以更加广阔的视野和更加坚定的决心，致力于合理分配社会财富这块"蛋糕"，确保每一个社会成员都能分享到发展的红利，共同迈向更加繁荣富强的未来。

为了促进经济社会发展，并解决不同地区的发展差距问题，中国共产党人不断探索实现社会主义现代化的有效路径。首先，提出建立以公有制为主体、多种所有制经济共同发展的社会主义市场经济体系，这有助于解放和发展生产力，为共同富裕创造物质基础。其次，倡导效率优先、兼顾公平的原则，确保经济发展成果能够更广泛地惠及全体人民。再次，抓住机遇加快发展，大步推进中国经济体制改革，以适应时代要求和满足人民期待，推动经济持续健康发展。最后，积极构建社会主义初级阶段发展成果共享、促进社会公平的制度机制，以实现社会公平正义和共同富裕。

(二) 精准把握人民需求

20世纪末至21世纪初，随着改革开放的深入推进，我国生产力水平实现了质的飞跃，人民群众的物质生活条件显著改善，国家面貌焕然一新。这一时期，随着物质基础的日益坚实，人民群众的需求结构也悄然发生转变，不再仅仅局限于基本的物质满足，而是向更加多元化、深层次的方向拓展，涵盖了精神文化、教育医疗、生态环境、公平正义等多个领域。面对这一新的历史阶段，中国共产党站在世纪之交的交汇点上，深刻认识到满足人民日益增长的美好生活需要，不仅是党的宗旨和使命的必然要求，也是推动党的事业在新的历史条件下取得更大胜利的关键所在。因此，如何精准把握人民群众的新需求、新期待，不断创新发展理念、完善政策举措，成为党必须着力解决的时代课题。在此背景下，中国共产党以高度的历史责任感和使命感，积极回应人民群众的新需求，致力于构建更加全面、更加均衡、更加可持续的发展格局。我党通过深化改革开放、推动高质量发展、加强社会建设、促进公平正义等一系列有力措施，不断满足人民群众在物质文化、精神文化、生态环境、社会公平等方面的多样化需求。

面对人民群众日益丰富和多元的需求，党中央高瞻远瞩，将提升人民生活水平确立为改革发展的核心价值追求，强调在推进共同富裕的征途中，必须确保经济社会发展的每一份成果都能惠及全体人民，让人民群众在物质与精神的双重维度上共享繁荣。这意味着，我们的发展不仅要聚焦于物质财富的积累与分配，更要深刻关注并满足人民在精神文化、政治权利、社会福祉等多方面的权益与诉求，实现物质与精神共同富裕的和谐统一，以此促进人的全面发展迈向新高度。

2002年11月，党的十六大胜利召开，明确全面建设小康社会要在经济、政治、文化、社会等方面实现更高水平的发展，充分维护全体社会成员的各方面权益。① 会议强调，确保发展的成果能够公平、公正地惠及每一个人，让人民群众在更加宽裕的经济条件下，享有更加丰富的精神文化生活，拥有更加坚实的政治保障，以及更加和谐的社会环境，从而共同迈向一个更加繁荣、公正、文明的小康社会。

中国共产党秉持"以人为本"的发展理念，致力于全面满足全体人民的多样化权益需求，推动人的全面发展达到新高度。为此，党的十六大明确提出了全面建设小康社会的宏伟蓝图，并强调在经济、政治、文化三大领域的协同发力。

在经济层面，党坚定不移地推动社会主义市场经济繁荣发展，致力于构建更加完善的社会主义物质文明。通过持续优化基本经济制度与分配制度，激发社会各界的活力与创造力，汇聚起推动国民经济持续快速健康发展的磅礴力量。在这一过程中，不仅促进了物质财富的极大丰富，更为人民群众提供了更多元化的就业机会与生活选择，奠定了坚实的物质基础。

在政治领域，党高度重视社会主义政治文明建设，将维护和保障人民的民主权利视为核心要务。通过深化政治体制改革，拓宽民主渠道，加强法治建设，确保人民当家作主的权利得到充分实现。这一系列举措，不仅增强了人民群众的政治参与感与获得感，也为社会稳定与和谐提供了坚实的政治保障。

在文化维度，党大力倡导并推动社会主义现代化文化的繁荣发展，积极构建社会主义精神文明新高地。通过丰富文化产品供给、提升文化服务质量、促进文化交流互鉴，更好地满足了人民群众日益增长的精神文化需求。在这一过程中，不仅弘扬了中华优秀传统文化，也吸收了世界文明的有益成果，为人民群众提供了丰富多彩的精神食粮。

综上所述，这一时期，中国共产党通过经济、政治、文化等多方面的共同努力，为维护人民的各方面权益提供了全方位、深层次的保障。

---

① 《江泽民文选》第三卷，人民出版社2006年版，第543页。

这些举措不仅推动了我国各项事业的蓬勃发展,也为实现共享发展成果奠定了更加坚实的基础,让人民群众在物质与精神双重维度上共享国家繁荣富强的成果。

(三) 重视新"三步走"中细化现代化建设的规划

中国改革开放和社会主义现代化建设不断深入,以及中国经济实力、综合国力和国际竞争力显著提升,但当时的社会生产依然是低水平和不全面的,人民实际生活水平总体上仍然不高。党中央清楚地认识到要建设更高水平、更加全面、发展均衡的小康社会仍然有很长的路要走,因此,在实践进程中进一步细化和具体化社会主义现代化的路线蓝图。在这个背景下,1997年9月,党的十五大召开,江泽民同志站在历史的新高度,对迈入21世纪的中国式现代化建设目标进行了全面而深远的总体规划。他深刻继承了邓小平同志"三步走"发展战略的宏伟蓝图,并以其敏锐的洞察力和深远的战略眼光,对第三步战略规划进行了更细致入微的阐述与拓展。这一战略细化,不仅为中国在新世纪的发展指明了方向,也注入了新的动力与活力。随后,党的十六大再次聚焦于国家发展的长远规划,提出了一系列旨在提升国家综合实力、改善民生福祉的具体目标。这些目标涵盖了经济结构的优化升级、经济效益的显著提升、城乡区域发展差距的逐步缩小、社会保障体系的日益健全、社会主义民主的广泛实践、全民文化素质的普遍提高以及生态环境的持续改善等多个维度。这一阶段,进一步明确了社会主义现代化建设的渐进性,是21世纪初期对全面建成小康社会与"渐进"实现共享发展成果的有力探索。

三 突出共享发展人文性

面对我国经济社会发展的阶段性新特征,胡锦涛深入思考"实现什么样的发展,怎样发展"的历史性课题,积极回应人民群众对共同富裕的追求、对共享社会发展成果的向往,提出了"以人为本"的科学发展观。

科学发展观的核心在于发展，这一理念深刻体现了我国改革开放数十年来经济社会取得的辉煌成就与人民生活水平的显著提升。然而，面对新的历史起点，发展依然是党和国家工作的重中之重，它不仅是国家进步的引擎，也是人民福祉的源泉。科学发展观所倡导的发展，是一种更高层次、更加科学的发展模式。它强调在追求经济增长的同时，必须注重发展的全面性、协调性和可持续性。这意味着，我们不仅要关注经济总量的增长，更要注重经济结构的优化、社会事业的进步、生态环境的保护以及人民群众生活质量的提高。在这一理念的指引下，我国社会主义事业的发展呈现出更加清晰的整体布局。通过推动经济、政治、文化、社会、生态等各方面的全面发展，我们不断夯实经济社会发展的基础，为实现人民共享发展成果创造更加有利的条件。

科学发展观的核心精髓在于"以人为本"，这一原则深刻回应了21世纪初期我国社会发展所面临的多元挑战与复杂矛盾。它不仅重申了发展作为国家战略基石的重要性，更将人民的福祉与尊严置于发展的核心地位，彰显了中国共产党源自人民、根植人民、服务人民的宗旨。首先，"以人为本"强调的是以全体人民为根本。这意味着社会发展的最终目标不是为了特定群体或少数人的利益，而是旨在增进全体人民的福祉与幸福。在这一过程中，我们尤为关注那些生活困难群体的生存与发展，致力于通过改革与发展，让发展成果惠及每一个个体，确保人民共享社会进步的果实。其次，"以人为本"还体现在对人民利益的全面关怀上。这要求我们在追求经济发展的同时，必须充分保障人民的各项权益，包括但不限于经济、政治、文化、社会及生态等各个方面。我们需要构建一个全方位、多层次的权益保障体系，确保人民在各领域的需求都能得到合理满足。最后，我们还需妥善处理个人与集体、局部与整体、当前与长远之间的利益关系，以实现社会整体的和谐与可持续发展。

科学发展观巧妙地将经济社会的发展与人民福祉的增进紧密相连，它倡导在全面推动社会进步的基础上，充分满足人民的多样化需求，进而促进人的全面发展。这一理念将发展的主体广泛界定为全体社会成员,明确地将发展的终极目标锁定在满足人民的全方位需求之上,既紧扣了时代的脉搏,又洋溢着人文关怀。

在科学发展观的指引下,中国人民物质生活持续改善、政治地位逐步提升、文化生活日益丰富、社会保障水平稳步提高、生态环境持续改善,生活幸福感不断增强、幸福指数大幅提升。

第四节 共享发展理念的正式提出与内涵拓展

步入新时代,中国社会的发展画卷上既绘满了辉煌的成就,也面临着不容忽视的挑战,机遇与风险交织并存。经济领域,我们取得了诸多具有里程碑意义的进步,人民的生活品质实现了质的飞跃,迈入了新的发展阶段。然而,在这光鲜亮丽的背后,仍存在着经济发展的不充分性,生产力整体水平有待进一步提升,支撑经济社会发展的物质基础尚显薄弱。

与此同时,经济社会发展的不平衡性和不充分问题成为制约发展的主要因素。城乡之间、区域之间、不同群体之间的收入差距持续存在,甚至在某些情况下呈现扩大趋势,利益关系错综复杂,多元化特征显著。这些问题不仅关乎社会公平正义,也直接影响到人民的获得感、幸福感和安全感。面对这一系列新特征、新挑战,习近平总书记正式提出了共享发展理念,为新时代中国社会的发展指明了方向。这一理念不仅是对传统发展观念的深刻反思与超越,更是对人民主体地位的坚定捍卫与彰显。它强调发展成果应由全体人民共同享有,要求我们在推动经济社会发展的同时,更加注重社会公平与正义,努力缩小收入差距,促进城乡、区域、群体之间的协调发展。

一 正式提出共享发展理念

共享发展理念的提出,标志着中国社会发展进入了一个全新的阶段。在这一理念的指引下,我们将开启共享发展理论与实践探索的新征程,不断推动经济社会发展向更高水平迈进,让人民群众在共享发展中拥有更多获得感、幸福感和安全感。

2012年,习近平总书记在会见中外媒体时,坚定地阐述了中国共产党肩负的崇高使命——不懈追求生产力的解放与发展,矢志不渝地解决人民群众面临的种种难题。他的话语中,透露出对人民福祉的深切关怀,明确指出教育、就业、收入、社会保障、医疗及居住环境等民生领域,是人民热切期盼改善的关键所在,为党的工作指明了方向,即聚焦民生痛点,回应人民期待。次年,习近平总书记再次发声,强调倾听百姓心声、回应社会期许对于国家发展的重要性,特别指出在经济社会发展的进程中,公平正义是不可或缺的基石。他倡导在保障人民权益时,必须秉持公平原则,确保发展的普惠性,让每个人都能感受到社会的温暖与公正。同时,他满怀自豪地指出,生活在新时代的中国人民是幸福的,因为他们拥有展现自我、实现梦想的广阔舞台,以及随国家强盛而不断增多的成长机遇。在此,习近平总书记虽未直接提出"共享发展"之名,但"共同享有"的核心理念已呼之欲出,彰显了他对人民主体地位的深刻理解和推动社会共享的坚定信念。

2015年,党的十八届五中全会正式提出将"共享发展"作为经济社会发展的核心理念和价值目标,这标志着共享发展理念正式登上历史舞台,开启了中国发展理念的新篇章。随后的"十三五"规划,更是将共享明确为中国特色社会主义的本质要求,既强调了发展的根本目的是人民,发展成果应由全体人民共享;又突出了人民是推动发展的根本力量,共享发展事业必须紧紧依靠人民,让人民群众在参与共建共享的过程中,产生获得感与幸福感。

为实现共享发展的宏伟蓝图,"十三五"规划精心设计了实施路径,通过精准脱贫、教育提升、就业促进、健康中国建设等一系列具体措施,力求在各个领域实现均衡发展,确保不让一个人掉队,携手全体人民共同迈上全面建成小康社会的康庄大道。这一系列战略部署,不仅是对共享发展理念的生动实践,更是对人民主体地位的深刻践行,展现了中国共产党人立党为公、执政为民的初心与使命。

二 清晰厘定共享发展理念的基本内涵

从党的十八届五中全会正式提出共享发展理念后,中国共产党不断深入理论研究与实践探索,使共享发展理念的科学内涵更加丰富与完整。2016年1月,习近平总书记从主体、内容、途径与过程四个维度清晰厘定了共享发展理念的基本内涵,进一步充实了共享发展的理论体系。

首先,就主体维度而言,共享是全民共享[①],即强调社会发展的成果应由全体社会成员共同享有,无一例外。这一理念深刻体现了习近平总书记对于人民主体地位的坚守与尊重。2016年初春,习近平总书记首次明确提出"全民共享"的概念,然而,这一思想的萌芽与深化,实则早已贯穿于他的多次重要论述中。早在2013年,习近平总书记便前瞻性地指出要让"改革发展的成果更多更公平惠及全体人民"[②],要切实维护每一位公民在各领域的合法权益,确保发展成果不被少数人独享。在随后召开的党的十八届五中全会第二次全体会议上,习近平总书记再次将目光聚焦于共享发展的实践层面,他深刻剖析了当前在共享改革发展成果方面存在的不足,无论是制度层面的设计还是实际操作的执行,都面临着诸多挑战与不足。为此,他强烈呼吁加强制度创新,优化制度安排,力求从根本上解决发展不平衡、不充分的问题,坚决避免社会贫富差距的进一步扩大。他重申了全体人民共享发展成果的基本立场,彰显了中国共产党人致力于实现社会公平正义的坚定决心。综上所述,"全民共享"不仅是习近平总书记执政理念的重要组成部分,更是共享发展理念的首要内涵。

---

① 《习近平谈治国理政》第二卷,外文出版社2017年版,第215页。
② 《习近平谈治国理政》第一卷,外文出版社2018年版,第96页。

其次，就内容维度而言，共享是全面共享①，这一理念致力于全方位、多层次地维护和保障人民的各项利益诉求。随着社会经济的蓬勃发展，人们的物质需求已逐渐得到满足，而精神文化、政治参与、社会福利及生态环境等方面的需求则日益凸显，并呈现出多元化、复杂化的趋势。在此背景下，习近平总书记高瞻远瞩，将共享的内涵扩展至经济、政治、文化、社会和生态等多个维度，构建了一个全面而丰富的共享体系。他强调，全面共享不仅意味着要持续提升民众的物质生活水平，逐步实现共同富裕的宏伟目标；更意味着要拓宽政治参与的渠道，确保人民的民主权利得到充分尊重与实现；同时，推动文化服务的均衡发展，让精神文化的阳光普照大地，丰富人们的心灵世界，此外，还需不断完善公共服务体系，满足人民日益增长的社会需求，让公共服务的温暖触及每一个角落，最后，加快生态文明建设的步伐，守护绿水青山，为人民营造一个宜居宜业、美丽和谐的生态环境。全面共享的理念，深刻体现了习近平总书记对经济社会发展规律的深刻把握，以及对人民群众多样化、多层次需求的深切关怀，构成了共享发展理念的又一重要内涵。

再次，就动力维度而言，共享是共建共享②，这一理念巧妙地将共享的动力与目标紧密融合，形成了一种良性循环：以共建为引擎，驱动共享的车轮滚滚向前；而共享的成果，又如同灯塔，引领共建的方向。共享发展的果实，并非无源之水、无本之木，它的根基深深扎在全体人民共同创造的土壤中。唯有当每个人都成为发展的参与者、贡献者，汇聚起磅礴的力量，才能推动社会发展破浪前行，创造出更加丰硕的发展成果。这些成果，不仅是物质财富的积累，更是精神财富的升华，它们为共享提供了坚实的物质基础和精神支撑。同时，共享并非单向的给予或恩赐，而是一种双向的互动与回馈。当人们在参与建设的过程中，能够亲眼见证并亲身享受自己劳动所换来的成果时，其成就感、获得感将

---

① 《习近平谈治国理政》第二卷，外文出版社2017年版，第215页。
② 《习近平谈治国理政》第二卷，外文出版社2017年版，第216页。

激发他们更加积极地投身于下一次的建设中。这种正向的激励机制，如同催化剂一般，不断激发人们的创造力和凝聚力，推动形成人人参与、人人享有的良好社会氛围。因此，共建共享不仅是对共享发展动力机制的深刻揭示，更是对社会主义本质要求的生动体现。

最后，就过程维度而言，共享是渐进共享①，其发展成果的共享广度与深度，直接映射出成果的累积与繁荣程度，而后者则深深扎根于生产力的发展水平中。鉴于我国当前正处于社会主义初级阶段的现实，生产力水平尚显不足，社会整体的发展果实尚不够丰硕，这直接制约了共享实践的全面与均衡推进。为了突破这一瓶颈，实现更高层次的共享均衡，我们必须采取一种既脚踏实地又富有远见的策略。这意味着，我们不仅要着眼于当前的实际情况，积极应对挑战，更要将高水平、均衡化的共享愿景作为长远目标，来激励我们不断前行。在这条道路上，我们应当以全体人民的共同富裕为终极追求，不懈奋斗，通过持续推动生产力的发展和社会成果的丰富，逐步缩小差距，增进福祉。

习近平总书记对共享发展理念的基本阐释，清晰地界定了其主体、内容、动力与过程，从而使共享发展的内涵更清晰、体系更完备、内容更充实。这一阐释为更好地践行共享发展理念提供了更科学且有效的理论指引，有助于我们更好地理解和实施这一重要理念。

三 能动推进共享发展理念向全球拓展延伸

自人类社会产生以来，人类便踏上了不懈追求发展与进步的历程，并创造出一个又一个人类文明。然而，受西方资本主义文明的影响，全球遭遇了一系列前所未有的矛盾与挑战。这些挑战主要表现为三个方面：其一，社会不平等现象日益严峻，文明进步的果实未能公平惠及所有人，反而扩大贫富差距的鸿沟；其二，人的全面发展遭遇阻碍，个体在资本逻辑下被片面化、工具化，成为"单向度"的存在；其三，人

---

① 《习近平谈治国理政》第二卷，外文出版社2017年版，第216页。

与自然的关系紧张对立,人类对利益的盲目追求导致生态环境遭受重创,自然报复的警钟频频敲响。步入21世纪,国际风云变幻莫测,世界发展格局正处于深刻调整中。经济全球化的浪潮虽席卷全球,却也暴露出资本主义发展理念下的种种弊端——唯利是图与垄断倾向越发明显,致使全球经济增长乏力、治理体系滞后、发展失衡问题凸显。

面对如此严峻的挑战,全球迫切需要一场发展模式的深刻变革,呼唤一种更加公正、全面、包容的发展理念,以引领全球走向更加均衡、可持续的发展道路。在此背景下,中国共产党引领中国人民,在坚持和发展中国特色社会主义的伟大实践中,开辟了中国式现代化新道路,并孕育出人类文明的新形态。这一人类文明新形态,以全球视野和人类情怀为基石,深刻关切人类的前途命运,积极回应时代之问。它倡导构建人类命运共同体,为解决全球发展问题提供了中国方案,展现了中国智慧与担当。通过这一理念,中国不仅致力于自身的发展繁荣,更致力于推动全球范围内的公平正义与和谐共生,为构建更加美好的世界贡献中国力量。

(一)建设相互尊重、公平正义、合作共赢的新型国际关系

党的十九大报告鲜明地提出了构建新型国际关系的战略构想,这是基于中国根本利益与时代发展潮流的深刻洞察所作出的重大决策。构建新型国际关系不仅是对西方对华谬论的坚决回击,更是对"国强必霸"陈旧逻辑的勇敢挑战与超越,彰显了中国作为负责任大国的使命与担当。新型国际关系深刻体现了全人类的共同价值追求,它指引人类社会向更加和谐、进步的方向发展。其核心在于促进世界各国在相互尊重、平等相待的基础上,开展坦诚而富有成效的交流与合作,共同营造一个合作共赢、携手并进的美好氛围。这样的国际关系模式,旨在最大限度地激发各国的发展潜力,促进全球范围内的共同繁荣与进步,让每一个国家都能在和平、稳定的环境中实现自身的发展目标,共享人类文明进步的成果。

一是要强化相互尊重原则,这一基石牢固地支撑着国与国之间的交

往底线与准则。相互尊重不仅应成为外交互动的核心理念，更需通过深化交流对话来破解信任赤字，正如习近平总书记所强调："信任是国际关系中最好的黏合剂。"① 所有的国家和地区均应恪守《联合国宪章》的宗旨、原则及国际关系基本准则，这是构建和谐国际关系的前提。各国间应秉持相互尊重的精神，避免将自身政治制度作为衡量他国的标尺，更不应强加于人。我们需摒弃零和博弈的陈旧观念，以及弱肉强食的丛林法则，这些已不适应当今时代的发展潮流。唯有坚持相互尊重，国家间方能建立正常、友好的交往关系，为共同合作与发展奠定坚实基础。在相互尊重的氛围中，各国能够携手并进，探索合作的新领域、新模式，共同应对全球性挑战，实现更加繁荣与可持续的发展。

二是坚守公平正义原则，这是重塑全球治理体系的关键所在。当前，西方发达国家在全球治理中占据主导地位，其话语权和决策权的不当集中，往往抑制了新兴国家与发展中国家的声音，使得后者在国际事务中常处劣势，面临诸多不公。这种失衡状态，使得强国能够更容易地维护自身利益，而弱国的合理诉求却往往被边缘化。因此，我们必须坚定不移地推动全球治理向更加公平正义的方向发展。这意味着要让世界各国共同参与全球事务的决策过程，确保每个国家的声音都能被听见、被尊重。通过积极推进全球治理规则的民主化，我们可以打破旧有的国际政治经济秩序，为发展中国家争取更多的代表性和发言权，使它们在全球治理中能够发挥更加积极的作用，从而共享全球发展的成果与红利。只有这样，全球治理体系才能更加公正、合理，以增进全人类的共同福祉。

三是要深化合作共赢理念，这是构建新型国际关系、实现世界持久和平与发展繁荣的必由之路。合作共赢，顾名思义，即强调共同发展、互惠互利，它超越了零和博弈的旧思维，倡导各国在相互尊重、平等相待的基础上携手前行。面对当今世界"百年未有之大变局"，全球性挑

---

① 《习近平谈治国理政》第三卷，北京外文出版社2020年版，第461页。

战层出不穷,任何国家都难以独善其身。在此背景下,唯有通过国际合作,将各国的经济要素和发展资源有效整合,方能汇聚成推动世界和平与发展的强大力量。"一带一路"倡议正是中国秉持合作共赢原则、推动全球共同发展的生动实践。它致力于促进"一带一路"合作伙伴的互联互通,加强经贸合作与人文交流,为全球经济增长注入新的活力与动力。中国愿与世界各国一道,积极寻求利益契合点,扩大合作共识,共同构建开放、包容、普惠、平衡、共赢的新型国际关系。

(二)坚持共商共建共享,积极参与全球治理体系改革和建设

在全球治理的舞台上,中国秉持共商共建共享的核心理念。这一理念强调各国间的平等参与、共同建设和成果共享,是中国为全球治理贡献的中国智慧和中国方案。通过共商,各国可以充分表达自身诉求和利益关切,形成更加公正合理的全球治理规则;通过共建,各国可以携手应对全球性挑战,推动全球治理体系朝更加完善的方向发展;通过共享,各国可以共同分享发展机遇,实现普遍繁荣与进步。在这一理念的指引下,中国积极推动全球治理体系的变革和完善,致力于构建人类命运共同体。中国倡导合作共赢理念,坚持正确义利观,通过加强国际合作与交流,促进世界各国共同发展繁荣。同时,中国也积极倡导多边主义和自由贸易,推动建设开放型世界经济,为全球经济治理注入新的动力和活力。

首先,倡导以共商为基石,携手应对全球挑战。在尊重各国国家利益的前提下,倡导通过平等协商的方式,汇聚各方智慧与力量,共同解决国际争端和全球性问题。秉持正确义利观,坚持道义为先,兼顾利益平衡,积极推动对话协商成为解决分歧、增进理解的主渠道。在求同存异的原则下,致力于增进各国间的战略互信,通过加强沟通与合作,构建更加紧密的命运共同体关系。

其次,倡导以共建为路径,积极参与全球治理的各个环节。面对全球性挑战,唯有世界各国携手合作,方能共克时艰。因此,中国坚定支持多边主义,鼓励无论大国还是小国都能平等地参与国际事务的讨论与

决策，共同塑造全球治理的未来。合作是推动共建的核心动力。在全球治理体系的改革中，各国应充分发挥自身优势和特长，通过互学互鉴、互利共赢的合作模式，为全球治理贡献智慧与力量。中国在此方面明确提出了国际治理民主化、法治化的新主张，强调全球治理应以平等为基础，确保各国在国际经济合作中享有平等的权利、机会和规则。

最后，强调在全球治理中实现全球共享，这是共赢理念的深刻体现。共享，意味着让各国人民都能公平、合理地分享合作与共赢的果实，使之成为全球治理参与者不可剥夺的权利。这一理念不仅激发了各国参与全球治理的积极性，更是全球治理持续前进的动力源泉。实现发展成果的共享，关键在于确保经济全球化的红利能够广泛惠及不同国家、民族、阶层和人群。倡导利用经济全球化的契机，打破壁垒，促进贸易和投资自由化、便利化，让各国都能从开放合作中受益。同时，也关注发展不平衡问题，努力缩小南北差距，确保弱势群体和欠发达地区不被边缘化，共享全球发展的成果。通过这样的全球共享机制，我们旨在增进全世界人民的共同福祉，推动构建人类命运共同体。

第五章

共享发展的理论逻辑：分配正义观

分配正义，这是一个在哲学和社会学领域被广泛讨论的议题。它探讨的核心问题是如何判断一种资源分配是否公正，这种分配通常是由社会集体或者国家机构来执行的，涉及公共资源的合理分配。根据分配正义原则，如果一个社会或国家能够确保每个人都得到其应得的份额，那么这种分配就可以被认为是正义的；相反，如果分配过程中出现了不平等，导致某些人得到了不应得的利益，而另一些人却得不到应有的份额，这样的分配就被认为是不正义的。

在深入探讨分配正义的问题时，我们需要考虑三个因素。第一，需要明确什么是"应得的份额"，这涉及对个人的需求、贡献和能力的评估，也需要考虑社会的整体利益。第二，需要考虑如何实现公平分配，这需要建立一套公正的分配规则，并确保这些规则得到贯彻执行。第三，还需要考虑如何处理分配过程中的不公平现象，例如，如何帮助那些处于不利地位的人，以及如何防止一些人通过不正当手段获取不应得的利益。

分配正义是一个复杂而重要的议题，它不仅关乎个人的利益和权利，也关乎社会的公平和正义。因此，需要深入研究和探讨这个问题，寻找有效的解决方案，以确保"每个人都能够得到其应得的份额"，实现社会的公平与正义。

然而，关于"每个人得到其应得"的具体内涵，不同学者有不同

第五章　共享发展的理论逻辑：分配正义观

的理解和阐释。古希腊哲学家亚里士多德认为分配应当基于个人的德行和道德价值来作出决定。在他看来，一个人的道德品质越高，他应当获得的利益就越多；反之，道德品质越低的人，则应当获得的利益就越少。这种观点在近现代社会中依然具有一定的影响力。比如，学者大卫·米勒和乔纳森·赖利就秉持这样的主张，认为分配应当基于个人的贡献来作出决定。此外，学者米尔恩认为应得的基础是个人的努力程度。

在深入探讨这一议题时，我们不难发现，亚里士多德的观点实际上是基于对人性本质的深入思考。他认为，道德品质是人的本质属性之一，因此，在分配利益时，应当充分考虑个体的道德价值。这种观点在某种程度上反映了一种公平正义的价值观，即认为道德品质高尚的人应当得到更多回报，这不仅是对他们道德行为的肯定，也是对他们个人品质的认可。同样地，大卫·米勒和乔纳森·赖利的主张也体现了他们对公平正义的追求。他们认为，个人的贡献是衡量分配的重要标准，这不仅能够激励人们发挥自己的潜能，为社会作出更大的贡献，也能确保社会资源的合理分配，使每个人都得到应有的回报。而米尔恩的观点则强调了个人努力在分配中的作用。他认为，努力是衡量个人应得利益的重要依据，这是因为努力是实现个人目标、实现自我价值的关键因素。在这种观点下，分配不仅是对过去的奖励，更是对未来的鼓励，激励每个人不断努力，追求更好的自己。虽然人们对"每个人得到其应得"的理解和解释各有不同，但无论是亚里士多德、大卫·米勒和乔纳森·赖利，还是米尔恩，他们的观点都反映了对公平正义的追求，以及对个人品质、贡献和努力的重视。这表明在分配问题上的不同观点，实际上是对人性、公平和正义的不同理解和阐释。

然而，是否所有的利益都应该按照应得来进行分配？应得的基础是否总是正当和合理的？例如，对于那些处于社会底层、面临基本生活需求的人来说，如果完全按照现有的处境来进行应得分配，这是否真的是公正的？对于那些由于身份等级劣势而处于不利地位的人来说，是否应该有特殊的考虑？这些都是分配正义理论需要回答的问题。

马克思主义历史科学视域下，分配正义是"历史的""社会的""阶级的"，它是"现实的人"生存面貌的基本表现，是由一定发展阶段的生产方式所决定的，主要发生在经济领域的利益分配、财富分割，其本质是马克思劳动价值论的社会运用与制度安排。

共享发展的理论逻辑深深植根于马克思主义分配正义观，是一种以实现社会公正和平等为核心的价值理念。分配正义关注社会资源的公平分配，主张每个人都应享有平等地获取资源、机会和服务的权利，无论其出身、天赋或其他个人条件如何。在共享发展的框架下，社会资源的分配不再单纯基于个人条件，而是更加注重公平和公正，确保每个人都能够平等地参与社会发展并共享发展成果。同时，分配正义不仅关注资源的分配结果，还关注分配过程中的社会合作和道德应得。在共享发展的理念下，每个人都被视为社会发展的参与者和贡献者，其劳动和贡献应得到相应的回报和认可。这种社会合作原则有助于激发人们的积极性和创造力，推动社会不断进步。

第一节 共享发展分配正义的基本前提

共享发展理念已经成为推动社会进步的重要力量。共享发展的核心在于让全体人民在共建共享中产生获得感，实现共同富裕。然而，要实现这一目标，首先必须确保每一个社会成员的基本生存需求得到满足。只有当基本生存需求得到满足，人们才能有更多的精力、更稳定的心态去参与社会共建，进而享受共享发展的成果。

一 基本生存需求的内涵及其重要性

基本生存需求包括食物、水、住所等基本的物质条件，以及教育、文化娱乐等精神文化需求。这些需求是人类生存和发展的基础，对于个体和社会都至关重要。

对于个体而言，基本生存需求的满足是维持生命、保持健康的前提。只有当个体的基本生存需求得到满足时，他们才能有足够的体力和精力去参与社会活动，追求更高层次的发展。同时，基本生存需求的满足也是个体获得尊严和幸福感的重要保障。一个连基本生存都无法保障的人，很难感受到社会的温暖和进步。对于社会而言，基本生存需求的普遍满足是构建和谐社会、实现社会公平正义的基础。只有当每个社会成员的基本生存需求都得到满足时，社会才能更加稳定、和谐。同时，基本生存需求的满足也是推动社会进步的重要力量。当人们的基本生存需求得到满足后，他们就会有更多的精力和热情投身于社会建设和发展中，为社会的繁荣和进步贡献自己的力量。

具体而言，基本生存需求主要有以下四种。第一，公共资源的平等分配与共同享有。分配正义图景必须建立在社会成员平等地享有公共资源与社会服务的基础之上。必须严厉打击权贵对公共资源与社会服务的垄断性占有。在生产资料私有制的生产关系中，公共资源完全被资本家所垄断，甚至连广大劳动者辛勤劳动所创造的剩余价值也被资本家无情侵占。因此，资本主义分配正义制度在本质上是排斥平等的。与此同时，资本主义所提供的社会服务与社会保障也带有一定的阶级色彩，广大劳动者的医疗、教育等权益与资本家相比，始终处于"相对贫困"的境地。第二，机会平等。机会平等是分配正义的重要价值，它强调机会的开放性与非排斥性，因此，它既有助于提高经济效率，也有助于分配正义的结果平等地实现。[1] 第三，劳动权利的平等。平等劳动才能获得平等的分配。正如马克思指出的，"生产者的权利是和他们提供的劳动成正比例的"[2]。第四，分配正义的结果是遵循社会主义平等原则，遏制严峻的两极分化。分配正义不仅蕴含机会平等的价值理念，也蕴含结果平等的价值诉求，两者相互依靠、相互转化。分配正义依托平等才

---

[1] 唐子茜、王禹：《现阶段机会平等与结果平等的辩证关系》，《内蒙古社会科学》（汉文版）2016年第4期。

[2] 《马克思恩格斯选集》第三卷，人民出版社1995年版，第304页。

能得到真实的实现与彰显，否则分配正义就是虚幻而空洞的。平等作为分配正义的价值遵循，培育与塑造平等价值对于分配正义的推动作用主要体现在：其一，平等对于抑制官僚主义、集团主义具有重要作用；其二，平等构成社会发展的动力与社会活力的源泉；其三，分配正义的实现离不开和谐、稳定的社会环境，而平等的深入贯彻对于预防与抑制社会冲突具有重要意义；其四，平等的社会服务与社会保障能够有效保障弱势群体的权益，这为分配正义的实现奠定了基本条件。①

二 满足基本生存需求与共享发展的关系

基本生存需求是人类生存的基础，而共享发展则是推动社会进步的重要动力。二者不仅相互依存，更在相互促进中共同构建了一个和谐稳定的社会体系。

满足基本生存需求是共享发展的起点和基石。在当今社会，共享发展理念已然成为国家和社会发展的重要指导原则。此理念的核心要义在于确保发展成果惠及全体人民，实现社会公平正义，进而构建和谐稳定的社会秩序。然而，要实现这一宏伟目标，我们必须深刻认识到，满足基本生存需求是共享发展的起始点和基石。基本生存需求，即个体在物质与精神层面所必需的基本保障，是确保个体正常生存与发展的先决条件，同时也是推动社会和谐与共享发展的根本基础。

满足基本生存需求对于个体而言，具有不可替代的重要意义。在物质层面，这涵盖了食物、水、住所、衣物等生活必需品，这些构成了个体生存与发展的物质基石。只有在这些基本需求得到满足的情况下，个体才能摆脱生存危机，进而追求更高层次的发展目标。在精神层面，基本生存需求则体现为对安全、尊严、归属感和自我实现等精神层面的追求。这些需求的满足有助于提升个体的幸福感和满足感，增强其对社会的认同感和归属感，从而激发其创造力和社会积极性。

---

① 吴忠民：《社会公正论》第二版，山东人民出版社 2012 年版，第 352—358 页。

满足基本生存需求对于实现共享发展具有至关重要的基础性作用。共享发展的核心在于实现发展成果的普惠性，确保社会公平正义。如果基本生存需求无法得到满足，那么共享发展便无从谈起。只有在充分保障每个人基本生存需求的基础上，我们才能谈及公平地分享发展成果，实现社会的共同进步与繁荣。此外，满足基本生存需求也是维护社会稳定与发展的关键所在。一个连基本生存需求都无法保障的社会必然充满动荡与不安，这样的社会环境无法为共享发展提供稳定的基础。因此，满足基本生存需求是实现共享发展的先决条件和重要保障。

当然，我们也需要认识到，满足基本生存需求并非仅仅停留在保障基本生活的层面。随着社会的进步与发展，人们对于基本生存需求的内涵也在不断丰富和拓展。例如，在物质层面，我们不仅需要关注基本生活需求的满足，还需关注教育、医疗、养老等社会保障体系的完善；在精神层面，我们则需关注文化、娱乐、休闲等精神文化需求的满足。这些需求的满足不仅能够提高个体的生活质量和社会福祉水平，还能够为社会的全面进步与发展提供源源不断的动力支持。

同时，共享发展是满足基本生存需求的必要途径。共享发展，作为新时代中国特色社会主义发展的重要理念之一，强调的是全体人民共同享有发展成果，共同迈向全面小康的社会进程。它不仅是一个宏观的社会发展战略，更是一条满足人民群众基本生存需求的必要途径。在当代中国，共享发展理念深入人心，成为推动社会进步、实现人民幸福的重要动力。

共享发展是满足人民群众基本生存需求的重要保障。在社会主义初级阶段，我国仍然面临着发展不平衡不充分的问题，部分地区和群体在基本生存需求方面仍存在短板。共享发展理念的提出，就是要通过制度安排和政策引导，让发展的成果惠及全体人民，特别是那些生活在贫困线以下的群众。通过精准扶贫、社会保障体系的完善等措施，确保每个人都能够享受到基本的生存和发展权利，这是共享发展在满足基本生存需求方面的直接体现。

共享发展有助于提高人民群众的生活质量。随着经济社会的发展，人们对生活的要求不再仅仅停留在基本生存层面，而是追求更高层次的生活质量。共享发展不仅关注物质层面的需求，更重视精神文化、教育医疗等方面的共享。例如，通过普及教育、提高医疗卫生水平、丰富文化娱乐活动等方式，人民群众在享受物质成果的同时，也能够获得精神上的满足和成长。这种全面、均衡的发展，有助于提升人民群众的整体福祉和生活质量。

共享发展是构建和谐社会的重要保障。社会和谐是中国特色社会主义的本质属性，而共享发展则是实现社会和谐的重要途径。共享发展可以缩小贫富差距、缓解社会矛盾，增强社会的凝聚力和向心力。当每个人都能够享受到发展的红利，都能够在发展中获得实惠时，社会的稳定和谐就有了坚实的基础。同时，共享发展还能够激发人民群众的积极性、主动性和创造性，形成人人参与、人人尽力、人人享有的生动局面，进一步推动社会的全面进步。

共享发展是推动可持续发展的必然选择。可持续发展强调的是经济、社会、环境的协调发展，而共享发展则是实现可持续发展的关键所在。共享发展可以优化资源配置、提高利用效率，实现经济的高效增长。同时，共享发展还能够促进生态环境的保护和修复，实现人与自然的和谐共生。这种发展模式既满足了当前人民群众的需求，又考虑了未来发展的需要，为子孙后代留下了绿水青山和金山银山。

共享发展是满足基本生存需求的必要途径，它体现了社会主义制度的优越性，彰显了中国共产党"以人民为中心"的发展思想。共享发展强调资源的公平分配和社会的共同进步，旨在让每个人都能享受到社会发展的成果。共享发展可以缩小贫富差距，提高人民的生活水平，使更多的人能够享受到基本生存需求的保障。这种公平、公正的发展模式不仅有助于保障人们的生存权利，还能够激发社会的活力和创造力，推动社会不断向前发展。

进一步来看，满足基本生存需求与共享发展相互促进，共同推动社会的进步。满足基本生存需求与实现共享发展是相辅相成、相互促进的，它们共同构成了社会进步与发展的坚实基础。基本生存需求的满足为共享发展提供了前提条件。只有当个体的基本需求得到满足时，他们才能以更加积极的态度参与到社会生产和建设中，为共享发展贡献自己的力量。共享发展又进一步促进了基本生存需求的满足。通过优化资源配置、提升公共服务水平等措施，共享发展能够为广大人民群众提供更加优质、高效的生活保障，从而不断满足人民群众对美好生活的向往和追求。

一方面，随着基本生存需求不断被满足，人们的生活水平逐渐提高，对共享发展的需求也日益增长。人们开始追求更高层次的需求，如教育、医疗、文化等方面的公平发展。这种需求的增长会推动社会不断向前发展，实现更高层次的目标。另一方面，共享发展的不断推进也会进一步改善人们的生存条件。资源的公平分配和社会的共同进步，可以缩小贫富差距，提高社会的整体福利水平，使更多的人能够享受到基本生存需求的保障。只有当这些需求得到有效满足时，个体才能得以生存进而发展，社会才能保持稳定并向前推进。因此，满足基本生存需求不仅是人道主义精神的体现，更是社会和谐与进步的必要条件。

共享发展是社会发展的更高层次追求。它强调社会资源的公平分配和成果的广泛共享，旨在让全体社会成员共同享有社会发展的红利。共享发展不仅关乎经济层面的均衡与协调，更涉及社会公平正义和人的全面发展。共享发展能够有效缩小贫富差距，促进社会整体福利水平的提升，为构建更加公正、和谐的社会奠定坚实基础。

此外，满足基本生存需求与共享发展在全球化背景下具有更加重要的意义。在全球化的推动下，各国之间的联系日益紧密，共享发展的理念逐渐成为国际社会的共识。通过国际合作和共同发展，各国可以相互借鉴经验、共享资源，共同推动全球范围内的基本生存需求的满足和共享发展的实现。这不仅有助于促进各国之间的友好合作，还能够推动全球治理体系的完善和进步。

三 满足基本生存需求的现实挑战

虽然我国在满足基本生存需求方面取得了显著成就，但仍面临一些挑战和问题。这些挑战和问题不仅关系国内的发展，也影响全球的稳定与繁荣。因此，我们需要深入分析这些问题的根源，并提出切实可行的解决方案。

首先，我们必须认识到，在我国社会经济发展的过程中，城乡之间以及不同地区之间的发展不平衡和区域发展差异，已经成为影响和制约我国国民基本生存需求保障的关键因素。这种不平衡和差异，不仅表现在经济总量和增长速度上，还体现在资源分配、公共服务等多个方面。这些问题的存在，导致一些地区在教育、医疗、养老等基本生存需求方面的发展水平参差不齐，甚至在一些地区，人们的基本生存需求仍然得不到有效保障，这无疑严重影响了我国社会经济的整体发展和人民生活水平的提高。

为了有效解决这一问题，国家需要有针对性地制定和实施一系列政策，对资源进行合理分配，对公共服务进行优化提升。我们需要加大对农村地区和欠发达地区的支持力度，通过政策引导和资源倾斜，推动城乡之间的协调发展，逐步缩小不同地区之间的发展差距。同时，还需要通过深化改革，优化发展模式，提高发展的质量和效益，从而为实现我国城乡和区域发展的平衡，保障人民的基本生存需求，创造更加公平、更有活力的社会环境。

其次，伴随着社会的不断前行和发展，人们对于基本生存需求的认知和期望也在逐步提升。这不仅体现在物质层面的需求上，更表现在教育、医疗、文化等各个领域。在这个基础上，需要更加关注人们的精神层面需求，从而在保障基本生存需求的同时，不断提高人们的生活品质和幸福感。

为了实现这一目标，需要不断加强社会建设，尤其是在公共服务体系方面。通过完善相关的制度和政策，我们可以确保公共服务的普及和公平。此外，还需要不断提升公共服务水平，通过优化资源配置和服务流程，让人民群众在教育、医疗、文化等各个方面都能享受到更加优质、高效的服务。我们还需要立足全球视野，积极参与全球治理。全球气候变暖、资源短缺、环境污染等问题已经成为全人类共同面临的挑战。作为负责任的大国，需要与世界各国携手合作，共同应对这些挑战；通过加强国际合作与交流，构建人类命运共同体，推动全球可持续发展，为人类的美好未来贡献力量。

第二节 共享发展分配正义的核心要义

共享发展的理论逻辑与分配正义观紧密相连。通过强调发展成果的共享、社会合作和共同富裕等理念，共享发展旨在构建一个更加公正、平等和繁荣的社会。这种分配正义观所锚定的核心要义就是消除社会发展中存在的不合理收入差距，这不仅有助于解决当前社会面临的诸多问题和挑战，也为未来的社会发展提供了重要的价值指引和理论支持。

一 不合理收入差距的现状与成因

当前，我国收入差距问题越发凸显，尤其是在城乡、地区、行业以及不同社会群体之间。这种不合理的现象已经成为社会广泛关注的热点问题。要解决这一问题，需要深入分析其成因，并采取针对性措施加以改善。

城乡之间的收入差距问题不容忽视。这一现象的主要根源在于城乡二元结构的长期存在，以及相关政策的影响。在城市快速发展，农村相对滞后的背景下，城乡之间的资源、人才、技术等方面的差距日益扩大，进而导致收入差距的加剧。

我国社会发展中的城乡二元结构是一个显著的特点，主要表现在城市和农村在经济发展水平、社会福利保障、基础设施完善程度等方面的明显区别。这种二元结构的存在，对农村居民收入的提高产生了一定的制约作用，使得他们在教育、医疗、住房等福利方面相对城市居民处于劣势地位。同时，这也导致农村居民在追求更好生活条件的道路上，面临更多困难和挑战。此外，在城乡二元结构的影响下，农村人口向城市流动的过程中，往往要面对就业竞争压力、住房问题、子女教育问题等一系列挑战。这些问题的存在，使得他们在城市中的生活成本相对较高，而收入水平却未必能够得到有效提升，从而进一步加大了城乡之间的收入差距。这种差距的存在，不仅影响了农村居民的幸福感，也制约了我国整体社会经济的均衡发展。

从政策层面来看，我国历史上的一些政策也在一定程度上加剧了城乡收入差距。在改革开放的初期阶段，我国为了加快城市化进程，促进城市经济的快速发展，制定并实施了一系列优先发展城市的策略。这些政策导致农村地区的资源，包括人力资源、物质资源等，大量向城市转移，这一现象在很大程度上加剧了城乡之间的收入差距。这种收入差距不仅表现在居民收入水平上，还体现在公共服务、教育资源、医疗保障等多个方面，使得农村地区的发展相对滞后。

近年来，我国政府已经高度重视这一问题，并且采取了一系列措施来缩小城乡之间的收入差距，如大力推进新农村建设、对农业领域进行补贴、改善农村基础设施等。这些政策的实施，对于提高农民收入、改善农村生活条件、促进农村经济发展都起到了积极作用。但是，由于城乡之间的历史差距较大，这些政策在短期内还无法完全消除城乡收入差距。

首先，农村人口流动所带来的城市化问题也大大加剧了城乡之间的收入差距。随着大量农村人口的涌入，城市面临着前所未有的就业、住房、教育等方面的压力。为了保障城市的基本公共服务，政府不得不投入更多的资金，而这在一定程度上也会加大城乡之间的收入差距。对于农村人口流动所带来的城市化问题，需要深入分析其背后的原因。一方面，农村地区的经济发展相对滞后，大量的农村劳动力为了谋求更好的生活机会，选择涌入城市；另一方面，城市地区的经济发展和基础设施建设相对完善，吸引了大量的农村人口。这种人口流动趋势在很大程度上推动了城市化进程，同时也带来了诸多问题。总之，我国城乡收入差距的根源在于城乡二元结构、相关政策以及农村人口流动等多重因素。要缩小这一差距，我们需要从改革城乡二元结构、优化政策体系、推动农村经济发展、改善农村居民生活等方面着手，努力实现城乡收入的均衡发展。同时，要加强城乡协同发展，促进资源、人才、技术的合理流动，为农村经济发展注入活力。只有这样，才能逐步缩小城乡收入差距，实现全体人民共同富裕的目标。

其次，地区之间的收入差距同样显著。这主要受地理位置、资源禀赋、产业结构等多种因素影响。东部沿海地区凭借其优越的地理位置和雄厚的产业基础，吸引了大量投资和人才，使得地区经济发展迅速，居民收入水平相对较高。而中西部地区由于自然条件、基础设施和教育水平等方面的制约，经济发展相对滞后，收入水平较低。地区之间的收入差距显著这一社会现象不仅反映了经济发展的不均衡，也深刻地影响人们的生活质量和社会的稳定。这种差距的形成和扩大，既有历史原因，也有现实因素，同时，它还带来了一系列社会问题，需要引起我们的高度重视。

从经济发展角度看，地区之间的收入差距主要体现在产业结构的差异上。一些地区凭借得天独厚的自然条件和资源优势，形成了独特的产业集群，从而带动了当地经济的快速发展。而一些地区则由于地理位置偏远、资源匮乏等原因，经济发展相对滞后。这种差异导致地区之间的收入差距不断扩大。政策导向和投入力度也是影响地区收入差距的重要因素。政府在不同地区的政策倾斜和资金投入，直接影响了当地的经济发展速度和水平。一些地区受益于国家的优惠政策和资金支持，经济发展迅速，而一些地区则因为缺乏政策支持和资金投入，经济发展相对缓慢。这种政策差异加剧了地区之间的收入差距。教育水平、人力资源等社会因素也对地区收入差距产生了重要影响。教育是提高人们素质和能力的重要途径，而人力资源是推动经济发展的关键因素。一些地区的教育水平和人力资源质量较高，吸引了大量的优秀人才和资本，从而促进了当地经济的快速发展。而一些地区则因为教育水平落后、人才匮乏等原因，经济发展受到限制。

地区之间的收入差距显著，不仅影响了人们的生活质量，也加剧了社会的不公平。在一些经济发展滞后的地区，人们的生活水平普遍较低，缺乏基本的生活保障和公共服务。这导致这些地区的社会不稳定因素增加，社会矛盾加剧。同时，地区之间的收入差距也限制了人才的流动和资源的优化配置，影响了整个社会的经济发展。

再次，行业之间的收入差距也是一个不容忽视的问题。不同行业之间的收入差距在很大程度上反映了劳动力市场的供求关系。高收入行业往往具有较高的技术含量、较大的市场需求或者较强的垄断性，如金融、互联网、房地产等。而低收入行业多为劳动密集型或者竞争激烈的行业，如农业、制造业、服务业等。这种现象不仅加剧了社会贫富差距，还对人才培养和劳动力流动产生了不利影响。

最后，需要关注的是不同社会群体之间的收入差距问题。这一问题在我国社会中表现得尤为明显，主要体现在企事业单位职工、农民工、个体经营者等不同身份的人群之间。企事业单位职工通常享有较好的福利待遇和稳定的收入来源，这使得他们在经济生活中具有较高的安全感。然而，农民工和个体经营者却面临截然不同的境遇，他们由于缺乏社会保障和稳定的收入，生活很容易陷入困境。

造成这一系列收入差距问题的原因错综复杂，主要包括市场机制不完善、政策导向偏差、资源分配不均、社会保障体系不健全等。在市场机制不健全的情况下，资源分配容易失衡，从而导致收入差距的扩大。政策导向偏差也可能导致某些群体受到不公平待遇，进一步加大收入差距。此外，社会保障体系的不健全使得弱势群体缺乏保障，难以摆脱贫困，这也是收入差距加大的一个重要原因。

二 消除不合理收入差距对实现共享发展的意义

消除不合理收入差距对于实现共享发展具有极为深远且重要的意

义。这一行动不仅体现了社会公平与正义的强烈诉求，更是确保每个人能够切实分享社会进步的丰硕成果的必由之路。

消除不合理收入差距对于促进社会的全面公平至关重要。当收入差距扩大到不合理的程度时，社会资源和财富往往集中在极少数人的手中，而广大的社会群体则陷入相对贫困的境地。这种显著的贫富差距，不仅违背了社会公正的根本原则，还容易导致社会的不满情绪和矛盾激化。通过积极消除这种不合理的收入差距，我们能够确保每一位社会成员都在社会发展过程中获得应有的回报和尊严，从而真正实现社会的全面公平与和谐共荣。

消除不合理收入差距对于维护社会的稳定安宁具有至关重要的作用。过大的收入差距往往加剧社会阶层的分化，使得不同社会群体之间的利益冲突日益凸显。这种阶层分化现象不仅削弱了社会的凝聚力，还可能引发一系列社会动荡和不安定因素。而共享发展的理念，强调的是社会的共同繁荣和进步，追求的是全体人民的共同富裕。通过消除不合理收入差距，我们能够有效地缓解社会矛盾和冲突，增强社会的稳定性和向心力。

消除不合理收入差距对于提高经济的整体效率也具有积极意义。过大的收入差距会导致消费需求受到抑制，资源配置难以达到最优化状态，从而影响经济的可持续发展。而当收入差距得到有效控制时，更多的人能够享受到经济发展的成果，从而释放更大的消费潜力，推动经济持续稳定增长。同时，缩小收入差距也有助于促进资源的优化配置，提高经济的运行效率和市场活力。

消除不合理收入差距是践行共享发展理念的必然要求。共享发展强调的是发展成果由全体人民共同享有，而不是被少数人独占。这一理念体现了对每个人的尊严和价值的尊重，也体现了对社会公平与正义的坚守。只有消除不合理收入差距，我们才能真正实现共享发展的目标，让每个人都能够享受到社会进步的果实，感受到社会的温暖和关怀。

三 消除不合理收入差距的实现路径

在深入推进收入分配制度改革的过程中，我们必须坚持问题导向、精准施策，以确保改革措施能够深入人心、取得实效。这不仅关乎社会公平正义，更是实现国家长治久安、人民幸福安康的必然要求。

进一步完善农村发展政策，加大对农业农村的投入力度。这不仅是推动乡村振兴的重要举措，更是缩小城乡收入差距的关键所在。要通过优化农业产业结构，发展现代农业，提高农业综合效益和竞争力，让农民能够分享到更多的发展成果。同时，还要加强农村基础设施建设，改善农村人居环境，为农民提供便捷高效的公共服务，进一步提升农村居民的幸福感、获得感。

优化区域发展布局，促进东中西部协调发展。我国地域辽阔，各地区发展条件差异较大，因此必须因地制宜、分类施策。要通过加强区域间合作与交流，加大对中西部地区的支持力度，通过政策倾斜、资金投入等方式，帮助其加快产业结构调整和转型升级，增强内生发展动力，逐步缩小与东部地区的差距。

在解决行业间收入差距问题时，需要深化行业改革，打破行业垄断，促进市场竞争。这不仅可以激发市场活力，推动经济高质量发展，还能为劳动者提供更多高质量的就业机会。要通过完善行业监管机制，规范市场秩序，防止不正当竞争和利益输送，确保行业发展的公平性和可持续性。同时，还应加大对新兴产业的培育和支持力度，鼓励技术创新和产业升级，为经济发展注入新的动力。

针对不同社会群体间的收入差距问题，要构建更加公平的社会保障体系。这包括完善养老保险、医疗保险、失业保险等制度，提高社会保障水平，确保低收入群体在面临生活风险时能够得到及时有效的保障。同时，还要加强对农民工和个体经营者的扶持力度，通过提供技能培训、创业指导等方式，帮助他们提高收入水平和生活质量。

加强收入分配的监管和调节机制建设也是至关重要的。要通过建立健全税收制度、转移支付制度等，对过高收入进行合理调节，保障低收入群体的基本生活。同时，加强收入分配数据的统计和监测工作，为政策制定提供科学依据，确保收入分配改革能够精准发力、取得实效。

总之，解决我国收入差距问题是一项长期而艰巨的任务，必须坚持问题导向、精准施策原则，不断完善相关政策措施，努力构建更加公平合理的收入分配格局。

第三节 共享发展分配正义的价值追求

一 共享发展中的人道互助意涵

人道互助，简言之，就是通过互相帮助、共同协作来实现个体和社会的共同进步。这一理念强调了人与人之间的平等、尊重和关爱，倡导在相互理解、相互支持的基础上共同面对挑战和困难。共享发展理念体现了一种全面且均衡的发展观，其核心在于确保全民共享发展成果，并强调公平正义与互帮互助原则的有机结合。这一理念倡导，在追求经济增长的同时，需关注人的精神需求，以仁爱为纽带，促进人际和谐。

在共享发展理念框架下，"人道"扮演至关重要的角色。它着重于人与人之间的关爱、同情和互助，旨在实现全民共享发展成果。与西方资本主义体制下的分配正义相比，仁爱原则更具包容性和广泛性，不仅涵盖物质需求，亦包括精神需求，如仁爱、慈悲、慷慨、友谊和关怀等。

人道正义亦是共享发展的价值意涵之一。它倡导基于自愿原则，将个人利益与集体利益置于同等重要的地位。与分配正义关注点不同，人道正义着眼于全民福祉，强调将心比心，推己及人。在此背景下，共享发展理念的人道正义不将人的差异性和利益的对等性作为前提，而是以爱亲之心，实现包括机会、资源、利益和财富在内的共享。共享发展理念强调公平正义与仁爱互助原则的有机结合，强调人类整体的终极关怀和同情，个人利益的占有仅停留在"应得"层面是远远不够的。因此，正义原则虽然是财富共享的基本原则，但并非唯一。

在理想社会，通过"人道"这种基于德行的分配方式维护社会稳定和谐，其效果往往优于仅依赖正义原则的社会制度。然而，在现实社会，尤其是在劳动仍是人们谋生手段的共产主义社会初级阶段，当道德尚不足以有效调和资源分配矛盾时，正义的制度显得尤为关键。

综上所述，共享发展理念提供了一种更开放和完善的公平正义理解。在追求发展过程中，既要关注物质利益的分配，也要满足精神需求。在确保公平正义的基础上，兼顾人道互助原则，以促进人际和谐，实现全民共同发展。同时，我们还应立足现实国情，发展生产力，增强社会物质基础。

二 人道互助对实现共享发展的价值意义

在人类社会发展的历史长河中，互助作为一种深植于中华民族传统文化中的价值观，始终发挥不可替代的作用。尤其在当代社会，随着全球化的深入发展和经济社会的快速变革，人道互助的理念对于实现共享发展具有极其重要的意义。

人道互助是实现共享发展的内在要求。共享发展是新时代中国特色社会主义的基本方略之一，它强调发展的成果要由全体人民共享。人道互助体现了人类社会的基本道德准则。这种道德准则不仅有助于构建和谐的人际关系，还能够促进社会的稳定与发展。在共享发展的背景下，人道互助的理念已经成为推动社会公平正义、实现共同富裕的重要精神力量。通过倡导人们之间的互相帮助、共同合作，人道互助能够激发社会成员的积极性和创造力，推动社会资源的合理分配和有效利用。同时，它还能够增强社会凝聚力和向心力，使人们在追求个人发展的同时，更加关注社会的整体利益和长远发展。

人道互助对于实现共享发展具有不可替代性。它不仅是人类社会基本道德准则的体现，也是实现共享发展的内在要求，有助于构建和谐社会以及提升个人品德和社会文明程度。在共享发展的过程中，不可避免地会出现各种利益冲突和社会矛盾。而人道互助的理念则能够引导人们以宽容、理解、合作的态度去面对这些问题，寻求妥善解决的办法。通过加强人与人之间的沟通和交流，增进相互之间的理解和信任，人道互助有助于化解社会矛盾，促进社会和谐稳定。在人道互助的实践中，人们不仅能够体验到帮助他人的快乐和满足，还能够不断提升自己的道德水平和精神境界。这种个人品德的提升又会进一步推动社会文明程度的提高，形成良性循环。一个充满人道互助精神的社会，必然是一个更加文明、进步、和谐的社会。

三 在共享发展中实现人道互助的途径

在构建共享发展社会的进程中，实现人道互助的目标需遵循严谨、稳重的路径以及多元主体的共同参与。

（一）发挥政府、社会和个人的协同作用

在共享发展中实现人道互助需要政府、社会和个人的共同努力。政府应发挥其核心引领作用，通过制定并执行相关政策，为人道互助活动提供有力的制度保障。这些政策需涵盖资金支持、税收优惠等多个方面，为社会成员之间的互帮互助创造良好的社会环境。社会组织应发挥自身优势，搭建互助平台，促进资源共享和信息交流，推动人道互助的深入开展。其中构建人道互助的社区平台至关重要。通过整合线上线下资源，这些平台能为社区居民提供便捷的信息交流、资源共享及志愿服务渠道，进而推动社区内人道互助氛围的逐渐形成。企业应积极履行社会责任，通过设立公益基金等方式支持人道互助项目；社会组织则应发挥自身优势，组织志愿者参与人道互助行动，为构建共享发展社会贡献力量。个人应树立共享发展理念，积极参与人道互助活动，用实际行动践行社会主义核心价值观。

（二）加强教育宣传和文化引导是实现人道互助的关键环节

在共享发展中，互帮互助不仅是一种道德要求，也是实现全民共享发展成果的重要途径,弘扬中华民族传统美德,倡导"我为人人,人人为我"的互助精神,营造团结友爱、和谐融洽的社会氛围;开展各种形式的志愿服务活动,鼓励人们积极参与社会公益事业,通过实际行动帮助他人,传递正能量。学校、媒体和社会组织应携手开展相关教育活动,深入宣传人道互助的理念与实践案例,引导公众树立正确的价值观与道德观,共同促进社会的和谐稳定。

(三)建立并完善监督和评估机制确保人道互助的有效性与可持续性

探索建立多元化的互助模式,如时间银行、技能交换等,让人们在互助中实现自我价值的同时,也能获得实际帮助。利用现代信息技术手段,如互联网、大数据等,提高人道互助效率和便捷性,降低互助成本。通过对人道互助活动的资金使用情况、活动效果及参与程度等进行全面监督和评估,我们及时发现并改进存在的问题,确保人道互助活动能够健康、有序地推进。

综上所述,实现人道互助的路径需以政府为核心引领,社区平台为支撑,教育宣传和文化引导为先导,同时激发企业和社会组织的活力,建立完善的监督和评估机制。多方协同努力,推动人道互助在共享发展社会中顺利实现。

第六章

共享发展的现实要求

实现共享发展是一项长期且逐步推进的战略任务，从理念到具体实践的转化过程中，不可避免地会遇到一系列挑战。为了有效应对这些挑战，必须以严谨的态度深入分析其成因，确保对共享发展理念的基本原则有深刻的理解与把握。在此基础上，才能更加稳妥地探究和明确落实共享发展理念的具体路径，从而确保共享发展战略的顺利实施。

第一节 共享发展理念的实践挑战

近代以来，中国共产党和全体中国人民一直致力于追求社会公平正义的伟大目标，付出了持续不懈的努力。尤其是脱贫攻坚战取得的全面胜利，不仅彰显了中国共产党和中国人民在推进共同富裕道路上的坚定决心，更标志着历史性跨越的实现。这一胜利，为后续推动共同富裕、实现更高层次的共享发展奠定了坚实的基础。然而，通往社会公平正义的道路并非坦途，其间充满挑战。在将理念转化为具体实践的过程中，仍需面对诸多现实问题和困难。因此，我们必须保持清醒的头脑，客观理性地分析新时代下共享发展所面临的现实问题，以确保能够找到切实可行的解决方案。只有通过这种方式，才能稳步推动社会公平正义的实现，为实现中华民族的伟大复兴贡献力量。

一 观念意识有待提升

(一) 将"共享"等同于"平均"的错误认知

在当前这个利益格局错综复杂、分化日益严重的社会,部分人将"共享"等同于"平均"。这种错误的解读源于部分人群对于财富分配的浅薄理解,他们认为,财富的完全平均分配是体现社会公平正义的终极手段,是消除社会矛盾的万能钥匙。这种观念实际上是对共享发展理念的严重误解。平均主义分配方式,它起源于生产力水平极低、生产资料公有制的原始社会,那时人们为了满足基本的生存需求,不得不采取平均分配的方式。但在社会主义社会,特别是在以生产资料公有制为主体的我国,这种分配方式已经失去了适用性。

回顾我国的历史,可以清晰地看到,平均主义思想在我国有深厚的土壤。然而,实践证明,这种方式并不能有效地促进社会的进步和发展。反而,它导致人们的生产积极性大幅下降,生产效率低下,社会经济停滞不前。改革开放以来,我国坚持"按劳分配""先富带后富"等原则,这些原则不仅符合社会主义的本质要求,也符合我国国情和人民利益。它们有效地激发了人民的生产积极性,推动了经济社会的快速发展。

然而,近年来,随着社会贫富差距的逐渐加大和利益分化的日益严重,部分人对共享的理解产生了偏差。他们错误地将共享等同于平均主义,认为只有通过财富的完全平均分配才能实现社会的公平和正义。这种观念不仅忽视了社会成员之间的个体差异和贡献大小,也背离了共享发展的本质要求。

共享发展强调的是在保障基本民生需求的基础上,通过优化资源配置、提高生产效率、促进创新等方式,让全体人民共享发展成果。它强调的是机会公平、规则公平和结果公平的统一,而不是简单的财富平均分配。如果任由这种将共享等同于平均主义的观念发展下去,将会对我国社会的持续健康发展造成不利影响。因此，我们必须正本清源，深入剖析这种错误观念的本质和危害，引导人们正确理解共享理念，共同推动社会的进步和发展。

（二）将"共享"等同于形式平等

目前，分配领域面临的实际困境是部分政策形式上的机会平等没有带来充分的实质平等效果。以我国就业领域为例，各行各业普遍采用的人才选拔机制是遵循"前途向才能开放的机会平等"原则。这种机会平等意味着，在同一个集体中，具有相同才能的人应有同等的机会获得优越的职位和社会地位。这种机会平等将人看作完全平等的自由个体，人们只需依靠自己的能力在劳动力资源市场中进行竞争，以获取相应的回报。然而，这种机会平等却忽视了人们出生的自然环境、家庭背景、性别等因素，这些与个人素质才能无关的因素被忽略，个人的素质高低成为获取个人发展资源的唯一标准，因此，这种机会平等被称为"形式上的机会平等"。"前途向才能开放的机会平等"并没有涉及偶然因素造成的人的先天不同，也就是说，"前途向才能开放的机会平等"只是对人的某一阶段做的某一件事的反应，并不全面。

平等是共享的第一原则，平等的实现过程包括权利平等、机会平等和过程平等。从平等实现过程来看，实现公平正义首先依赖于起点平等和过程平等。从内容来看，重要的是权利平等和机会平等，尤其是机会平等，机会平等是权利平等的基本体现，也是起点平等的基本要求。机会平等的标准不是没有区别的同一平等，也不是形式上的平等，而是体现为差别的平等，即体现对不同原因造成的不同群体要进行区别对待的机会平等。因此，形式上的平等并不能称为机会平等，同一与差异有机统一地分配才是实现机会平等的首要原则。只有树立正确的共享观念，将平等与差异有机统一于对共享的认知里，机会平等才能有效实现。

(三) 将共享发展看作一蹴而就的目标

一些人认为共享发展就是要实行共产主义社会的按需分配原则，实现各种生活资料的各取所需。① 这种观点也是对共享发展的误解，只看到了共享的最终目标，而否认共享的阶段性与渐进性。习近平总书记在阐述"共享"的内涵时，明确强调共享的实现是一个循序渐进的过程。随着生产力水平的不断发展，共享的程度与水平也将获得相应的提升。那些在当前阶段就将共享理解为按需分配的片面观点，没有认识到共享的阶段性与渐进性特征，不仅对共享的实现无益，是脱离实际的幻想与空谈，更是做了超越阶段的事情，是社会主义建设初期"大跃进"思想的当代重现，最终必将导致共同贫穷，使共享化为泡影。当前，受社会经济发展水平、体制机制和程序等多种因素影响，实现共享发展是一个循序渐进的过程。一些处于社会分配不利地位的群体急切地想要实现共享，将分配的绝对公平作为判断我国社会主义属性的标准，对我国社会主义的性质产生怀疑，甚至认为既然是社会主义国家，那么就不应该存在收入差距现象。显然，持有这种错误观点的人忽视了生产决定分配，忽略了共享发展的实现是一个由低级向高级不断发展的历史过程。我国目前实行的是按劳分配为主的分配制度。按劳分配与资本主义分配方式相比，更加正义。在马克思看来，在劳动还只是人们谋生手段的共产主义社会初级阶段，按劳分配是与社会主义初级阶段的生产方式最相适应的分配方式，它内在仍然承认某种不均等，不但承认，而且还要通过继续发展生产力，壮大物质基础，促进社会财富充分发展，才能逐步消除共产主义社会初级阶段的弊病达到高级阶段。进入共产主义社会高级阶段，生产力已实现高度发展，社会财富极大丰富，那时社会完全可以根据公民的需求进行分配。当物质财富极大丰富、劳动自身已成为人们的第一需要时，不再需要通过牺牲一部分人的利益来满足另一部分人

---

① 付海莲、邱耕田：《共享发展的现实困境及其解决路径》，《江西社会科学》2019年第11期。

的需要，人的全面发展得以实现，各尽所能、按需分配，完全遵循了社会财富分配的正义原则。因此，共享发展的实现是一个随着生产力的发展由低级向高级不断发展的历史进程。因此，我们需要发扬奋斗精神，通过共同协作推动生产力发展。

二 体制机制支撑有待完善

（一）分配正义制度及其协同机制有待健全

当代中国的分配正义制度及其协同机制依然存在一定程度的缺陷，这给我国分配正义的进一步深化和共享发展理念的发展带来了巨大的挑战。分配正义的实现不仅取决于分配领域公正性的树立，更依赖于生产正义、交换正义、消费正义的实现。当前，我国的分配正义制度存在止步于分配领域改革的狭隘性，缺乏对生产领域、交换领域与消费领域的正义性的足够重视。这导致分配正义难以取得实质性突破。同时，我国初次分配制度中劳动的主体性地位有待进一步彰显和强化，按劳分配与生产性收入的比重亟待提高。目前，我国劳动性收入和生产性收入的比重较低，这是我国社会分化与贫富差距日益突出的重要原因。再分配制度的公平性和普惠性也需要进一步加强，特别是税收制度、公共支出与社会保险制度需要朝着更公平正义的方向改革。再分配制度是实现分配正义的重要杠杆，是打破阶层固化的重要手段。但目前我国再分配制度还存在对弱势群体倾斜力度不够、社会保险制度"碎片化"等困境。

（二）尚未形成完善的法律保障体系

在探讨初次分配和再分配的过程中不难发现，分配结构的优化与调整，以及共享发展理念的提出与推进，都必须依赖于国家法律的规范与约束。当前，我国在分配结构方面存在的失衡问题，在很大程度上是由于法律在分配领域的缺席或不作为所导致的。法律的缺失或不作为，使得分配过程中的不公平现象得不到有效遏制，进而加剧了社会的不平等。

一个健全的法律体系对于保障公民合法、正当地分配权益至关重要。它能够有效地防止和抑制分配过程中的"两极分化"现象,确保社会财富的合理流动和社会资源的公平分配。然而,目前我国在分配正义和共享发展理念方面的法律法规体系尚不完善,存在诸多漏洞和不足。这导致一些不法行为,如偷税漏税、投机倒把、权力寻租以及非法收入的获取等现象依然存在,这些行为严重破坏了社会的公平正义,对共享发展理念的实现构成了巨大障碍。

因此,为了促进社会的公平正义和实现共享发展的目标,必须加强法律法规在这一领域的规制作用。特别是对于金融领域和房地产行业,这两个对国民经济和社会发展具有重大影响的行业,更需要通过经济法的治理来加强监管和规范。完善相关法律法规,加大对违法行为的打击力度,可以有效地遏制不法行为,保护合法收入,促进社会财富的合理分配,从而为共享发展理念的落实提供坚实的法律保障。只有这样才能逐步缩小贫富差距,推动社会的和谐稳定发展,实现全体人民共同富裕的目标。

尽管我国在构建共享制度方面已取得显著成就,但仍存在许多不足之处。必须认真对待这些问题,采取切实有效的措施,进一步完善共享制度,以实现更优质的共享发展。只有通过不懈的努力和改进,才能充分发挥共享制度的潜力,为全体人民带来更多的福祉。同时,还应汲取国际上的成功经验,不断优化共享制度,使其更好地适应我国的国情和人民群众的需求。

三 经济社会发展质量有待提高

(一) 经济社会发展质量的现实制约

经济社会发展水平是衡量一个国家或地区整体发展状况的重要指标,它不仅包括经济增长的数量,更涵盖经济结构、科技进步、社会公平等多个方面。共享水平则反映了社会成员在经济社会发展成果中的获得感和参与程度。

从一般逻辑上看,经济社会发展水平越高,往往意味着社会的生产力和创造力越强大，能够为全体社会成员提供的物质和精神财富越多。在这样的背景下，政府和社会各界更有能力，也更有意愿推动资源的公平分配和共享，进而提升社会的共享水平。因此，经济社会发展水平是影响共享水平的关键因素之一。但在实际中，经济社会发展水平的提高并不必然带来共享水平的同步提升。以我国为例，虽然经济总量已经跃居世界第二，但"大而不强"的现实问题仍然突出。

结构不够合理成为制约共享水平的重要因素。经济结构是指一个国家或地区经济系统中各产业、各部门、各地区之间的比例关系和相互联系。当经济结构不合理时，会导致资源配置效率低下、产业发展不均衡、区域发展不协调等问题，进而影响共享水平的提升。从产业结构角度来看，在我国，长期以来，重工业比重较大，而轻工业和服务业发展相对滞后。这种产业结构导致资源向重工业过度集中，而轻工业和服务业的发展空间受限。轻工业和服务业是吸纳就业、提高居民收入、促进社会公平的重要领域，其发展滞后无疑会制约共享水平的提升。从区域结构角度来看，我国东部地区发展较快，而中西部地区相对滞后。这种区域发展不均衡导致资源、人才、技术等要素向东部地区过度集中，而中西部地区的发展潜力未能得到充分释放。这种不均衡的发展格局不仅加剧了区域间的发展差距，也制约了共享水平的提升。从城乡结构角度来看，在我国，城乡发展差距较大，农村地区的经济发展水平、基础设施建设、公共服务水平等方面与城市存在较大差距。这种城乡发展不均衡导致农村地区的居民难以享受到与城市居民同等的公共服务和社会保障，从而制约了共享水平的提升。

创新能力不足影响共享经济蓬勃发展的持续态势。随着信息技术的飞速发展，共享经济在我国呈现出蓬勃发展的态势，但也应清醒地看到，创新能力不足已成为制约我国共享水平进一步提升的关键因素。在共享经济领域，技术创新是推动其发展的核心动力。目前，我国在人工智能、大数据、云计算等前沿技术的应用上，与发达国家相比还存在一定差距。共享经济需要不断探索新的商业模式和运营方式，以适应市场的变化和满足消费者的需求。但我国在共享经济领域的模式创新相对不足，很多平台仍然沿用传统的商业模式，难以在激烈的市场竞争中脱颖而出。此外，共享经济的发展离不开有效的管理，而我国在共享经济领域的管理创新仍需加强，很多平台在运营过程中存在管理混乱、服务质量参差不齐等问题，影响了消费者的体验和信任度。

技术创新不足导致我国在共享经济领域的资源利用效率相对较低。例如，在共享单车领域，由于缺乏有效的技术手段来优化车辆调度和维修管理，导致大量车辆闲置或损坏，浪费了宝贵的资源。模式创新不足使得我国共享经济平台在满足消费者需求方面存在困难。随着消费者需求的日益多样化和个性化，传统的商业模式已经难以适应市场的变化。如果平台不能及时创新模式，就很难吸引和留住消费者。管理创新缺失导致我国共享经济平台在服务质量上参差不齐，降低了消费者的信任度。在缺乏有效管理的情况下，平台可能会出现服务质量问题、数据泄露等风险事件，使得消费者对共享经济的信任度下降。

资源利用效率不高加大了共享发展的成本。在当今社会，资源的有效利用是推动经济持续发展和提升社会共享水平的关键因素之一。资源利用效率低下对共享水平提升的影响不容忽视。首先，资源利用效率低下会导致资源浪费。当资源得不到有效、合理地配置和利用时，就会出现资源过剩或不足的情况，这不仅增加了资源的获取成本，还可能导致资源的浪费。例如，在生产领域，低效的生产过程会导致原材料的过度消耗和能源的浪费；在交通领域，交通拥堵和规划不合理会导致道路资源的浪费。这些浪费现象无疑会削弱社会整体的共享能力，因为原本可以共享的资源被无谓地消耗了。其次，资源利用效率低下会影响社会公平。资源利用效率低下往往与资源分配不均密切相关。在资源分配不均的情况下，一些人或群体可能拥有过多的资源，而另一些人或群体则资源匮乏。这种不公平的资源分配会加剧社会的不平等现象，降低社会的共享水平。共享的本质是资源的合理分配和公平利用，当资源分配不均时，共享就无从谈起。最后，资源利用效率低下会阻碍可持续发展。可持续发展要求资源的利用既满足当代人的需求，又不损害后代人满足其需求的能力。当资源利用效率低时，我们往往会采取过度开采、过度消耗等不可持续的方式来获取资源，这会导致资源的枯竭和环境的恶化。这种不可持续的发展模式会削弱社会的共享能力，因为资源的枯竭和环境的恶化会限制人们获取资源的能力，从而降低社会的共享水平。

这些问题不仅制约了我国经济社会的持续健康发展，也影响了社会共享水平的进一步提升。因此，要实现经济社会的持续健康发展和社会共享水平的不断提升，我们必须正视并解决当前经济社会发展中存在的问题。这包括推动经济结构优化升级，提高创新能力，促进资源高效利用，以及加强区域、城乡、社会群体之间的协调发展等方面。只有这样，才能真正实现经济社会的高质量发展和社会共享水平的全面提升。

（二）经济社会发展不平衡不充分

在现代社会，经济社会发展不平衡和不充分的问题对共享水平的提升具有显著影响，这种影响广泛而深远，具体体现在以下几个主要方面：

首先，我们必须认识到，经济社会发展的不平衡会导致社会资源分配的不均衡。资源分配是经济社会发展的根本和基础，但如果存在不平衡的问题，就会使得资源在地区之间、行业之间的分配出现极端差异。这种不平衡的分配会导致资源在某些地区或行业过度集中，而在另一些地区或行业则出现资源的匮乏和短缺。这种资源分配的不均衡，会使得社会中的一部分人能够享受到更多的社会资源，而另一部分人则陷入资源短缺的困境，这无疑加剧了社会的不公平性。

在共享经济的背景下，资源的合理分配是实现共享水平提升的重要前提，也是推动经济社会发展的重要手段。然而，经济社会发展的不平衡却为这一目标的实现带来了巨大挑战。例如，某些地区可能因为其经济的发展，拥有丰富的共享资源，如共享单车、共享汽车等，而另一些地区由于经济相对落后，这些共享资源则相对匮乏，这使得共享经济在这些地区难以发展。这种不平衡不仅限制了共享经济的发展，也制约了经济社会的全面发展。因此，我们必须采取有效措施，促进经济社会的平衡发展，以实现社会资源的合理分配，推动共享经济的健康发展，实现经济社会的共同进步。

其次，经济社会发展的不充分还会对共享经济的增长潜力造成约束。共享经济作为一种创新型的经济模式，其发展需要依赖于市场的需求、技术的革新、政策的扶持等多方面条件。然而，在经济社会发展水平较低的情况下，这些条件的发展也会受到限制。比如，市场需求紧缩会导致共享经济的规模无法扩大；技术缺乏创新会导致共享经济的服务质量和效率受限；政策的扶持力度不足会影响共享经济的稳定性和发展持续性。因此，经济社会发展的不充分会对共享经济的增长潜力造成限制，从而影响共享经济水平的提高。

再次，经济社会发展中的不均衡和不充分问题对社会稳定与公正也会产生不利影响。具体来说，经济发展不均衡会导致资源分配不均，地区发展差异加大，进而使社会各阶层之间的差距日益明显。贫富分化的加剧不仅会削弱中等收入群体的消费能力，还会使低收入群体的生活陷入困境，加剧社会不平等现象。这种不平衡发展还可能加剧社会矛盾，导致社会治安问题增多，影响社会和谐稳定。

最后，不充分的发展意味着社会潜能未能得到充分利用，人才和资源没有得到合理配置，从而限制了社会整体生产力的提升。这样的发展模式不利于形成全民共享发展成果的局面，容易造成公众对发展成果分配的不满，削弱公众对现行政策和制度的信任。

在共享经济的大背景下，社会的稳定与公平是推动共享经济健康发展的基石。只有社会保持稳定，人民感到公平正义，才能更广泛地参与到共享经济中，从而提高资源的利用效率，推动经济结构的优化升级。反之，如果社会不稳定，公平性遭受破坏，那么共享经济的理念和机制就难以得到公众的广泛认同和支持，其发展自然也会受到严峻挑战，共享经济水平的提升更是无从谈起。因此，我们必须致力于解决经济社会发展中的不平衡和不充分问题，以实现社会的长期稳定与公平正义，为共享经济的深入发展创造有利条件。

综上所述，经济社会发展不平衡、不充分对共享水平的提升具有显著影响。为了提升共享水平，我们需要采取有效措施来解决经济社会发展的不平衡、不充分问题。这包括加强资源的合理分配、挖掘共享经济的发展潜力、维护社会的稳定性和公平性等。只有这样，才能实现经济社会的可持续发展，提升共享水平，让更多的人享受到经济社会发展的成果。

第二节 共享发展理念的原则要求

一 坚持"以人民为中心"，推进全民共享

（一）实现共享发展需要坚持"以人民为中心"

共享发展理念的深刻内涵在于坚守并贯彻"以人民为中心"的发展思想。这一思想要求在推动社会经济快速发展的同时，将人民的利益置于至高无上的地位，确保社会所取得的一切成果能够平等地惠及每一位公民，努力推进全体人民共同富裕的崇高目标。这样的发展理念，不仅凸显了社会主义核心价值体系的根本要求，而且揭示了社会主义制度的优越性，即通过不断解放和发展生产力，彻底消除生产关系中的剥削现象，打破社会贫富分化的壁垒，以实现社会公平正义，促进人的全面发展和全体人民的共同富裕。

在具体实践中，坚持"以人民为中心"的发展思想体现在经济社会发展各领域和全过程。政策制定者需要深入人民群众，了解他们的需求和期望，将这些需求和期望作为政策制定的出发点和落脚点。在资源分配上，要确保公平合理，使得每个人都有平等的发展机会，特别是要关注弱势群体，帮助他们摆脱贫困，融入社会。在环境保护方面，要坚持绿色发展，保障人民群众享有清洁的空气、水和土壤，为子孙后代留下绿水青山。

在教育、医疗、住房等社会事业中，都要坚持"以人民为中心"，努力提供高质量、高效率的服务，满足人民群众日益增长的美好生活需要。通过这种方式，我们可以不断推动社会主义社会的全面进步，最终实现全体人民共同富裕的宏伟目标。这一过程，既需要政府的引导和推动，也需要社会各界的共同参与和努力，形成推动共享发展的强大合力。只有这样，才能真正构建一个公平正义、和谐美好的社会，让人民群众在共享发展中产生获得感、幸福感和安全感。

首先，共享发展是一种发展观念，强调发展成果应该惠及所有人，而不是仅仅集中在少数人手中。这是社会主义公平正义原则的具体体现，也是我国社会主义制度的本质要求。实现共享发展，就是要让每一个人都能分享国家发展的红利，享受改革开放的成果，从而激发全体人民的积极性和创造力，形成全体人民共同参与、共同发展、共同享有的良性循环。

其次，让广大人民群众共享改革发展成果，是实现共享发展的核心任务。要坚持发展为了人民、发展依靠人民、发展成果由人民共享，始终把人民的需求放在心中最高位置，不断满足人民日益增长的美好生活需要。通过改革发展，提高人民的生活水平，保障人民的基本权益，促进并实现人的自由全面发展，这是共享发展的根本出发点和落脚点。

再次，实现共享发展需要有良好的制度保障。要坚持和完善社会主义基本经济制度，优化收入分配制度，建立健全社会保障体系，确保每一个人都能在改革发展中受益。同时，还要通过深化改革，消除各种体制机制障碍，让每一个人都有公平的发展机会，让每一个人都能充分发挥自己的潜能，为共享发展提供强大的动力。

最后，实现共享发展还需要共同努力。要坚持党的领导，坚持"以人民为中心"的发展思想，坚持全体人民共同富裕的目标，不断推动共享发展取得新的进展。要发扬"钉钉子"精神，坚持不懈，锐意进取，确保共享发展的各项任务落到实处。

以人民为中心是实现共享发展的核心和关键，共享发展是以人民为中心的具体实践和体现。二者相辅相成，共同构成了新时代中国特色社会主义发展的重要理念和实践方向。坚定不移地遵循"以人民为中心"的思想，是构建共享发展理念、贯彻人民主体观的核心要求。自中国共产党创立之初，就把人民放在至高无上的地位，其根本政治立场就是全心全意为人民服务，将人民的利益放在首位。在中国特色社会主义的探索与发展过程中，我们始终秉持的价值导向也是以人民为中心，一切工作与努力，都是为了实现人民的福祉，维护人民的根本利益。只有始终不渝地坚持"以人民为中心"的发展思想，才能不断迈向共同富裕的目标，才能在全社会实现公平与正义。

习近平总书记围绕全面建成小康社会所作的一系列重要论述，深刻阐述了以人民为主体、一切为了人民、一切依靠人民的根本原则，并明确提出最终的工作成效应当由人民来检验与评判。这种人民至上的理念，不仅是对中国共产党人初心和使命的明确昭示，也是对全体党员干部工作方法与工作态度的深刻指导。

在深入实施共享发展理念的过程中，我们首先必须确立以人民为中心的工作导向。这意味着，在制定政策、推动工作时，必须从人民的实际需求出发，充分尊重人民的主体地位，发挥人民的首创精神，保障人民的各项权益。只有这样的发展才能真正体现人民的意愿，符合人民的利益，得到人民的广泛认同和支持，进而为实现全面建设社会主义现代化国家的宏伟目标奠定坚实基础。

(二) 实现共享发展需要坚持全民共享

全民共享的概念将共享的主体明确为全体人民，强调的是让每一个中国公民都能享受改革发展的成果，不允许任何一个民族、任何一个地区、任何一个家庭被排除在共享成果的范围之外，绝不能让任何人掉队，要让所有中国公民都成为社会发展成果的共享者。为了深入理解这一主体定位，我们需要对其内涵与外延进行界定，这也是全面贯彻全民共享理念的首要问题。

首先，从"全体人民"的内涵来看，其指的是现实中的、具体的人，是参与社会物质生产的全体社会成员。在马克思主义唯物史观的理论话语中，人"是现实中的个人……是从事活动的，进行物质生产的"①，只有那些参与社会生产、参与社会历史活动的人才能被称为真正意义上的人。在这些真正意义上的人中，对社会历史发展起推动作用的人属于人民的范畴。可以说，"全民"并非指某一特定阶级或者群体，而是指社会中的大部分人群。"全民共享"中的"全民"即"全体人民"，只要参与了社会生产、对社会的发展进步起积极推动作用的人都属于人民群众的范畴，都应成为共享发展的主体。同时，人民并非一成不变，而是超越了时空的界限，会随着社会历史的发展不断壮大。因此，"全民共享"中的"全体人民"也必将随着历史的发展不断壮大，在不同时期呈现出不同的具体内涵。

其次，从"全体人民"的外延来看，其涵盖了各阶层、各民族、各地区的人，无论其身份地位、职业归属，还是能力高低、财产多寡。在新时代，"全体人民"指的是所有参与社会主义建设与发展事业的人民群众，包括各民族、各地区的工人、农民、知识分子等，不同地区、阶层、民族、职业的人们都是共享发展的主体。当然，共享并不仅仅局限于某一时代的共享，而是超越时空界限的代际共享。因此，共享的主体范畴也应拓展延伸到子孙后代，将未来的人们纳入"全体人民"的范畴，与后代人类共享美好生活。

总的来说，"全体人民"既包括当代社会的全体成员，也包括后代子孙。只要是参与社会建设、能够对社会历史发展起积极作用的人都属于"全体人民"的一分子，都是共享发展的主体。这是全民共享理念的核心，也是推进全民共享发展的基本原则。

全民共享的理念倡导社会发展成果应该由全体人民共同享有，这一理念的核心在于社会发展成果在不同群体之间的合理分配。然而，这里所说的"合理分配"并不是指"均贫富"或者"平均主义"，而是指逐

---

① 《马克思恩格斯文集》第一卷，人民出版社2009年版，第524页。

步缩小贫富差距。在我国社会主义初级阶段，广大人民群众的生活水平还有待提高，如果采用"平均主义"的方式来共享成果，就可能会出现"坐享其成"和"不劳而获"现象，进而对全民共享的实现产生负面影响。因此，全民共享并不是要提倡在全体社会成员之间平均分配发展成果，也不是要完全消除收入差距，而是强调在较长的一段时间内，将不同群体之间的收入差距控制在合理的范围内。

首先，全民共享的理念公开地认可了社会成员之间在享受社会发展成果方面存在一定的合理差异。这种差异的存在，有其深刻的社会经济原因。

一方面，我国的社会生产力虽然取得了显著的进步，但与一些发达国家相比，仍然存在一定的差距，社会产品的供给尚不丰富，还不能完全满足人民群众日益增长的物质文化需求。在这样的背景下，如果全民共享简单地追求所谓的"绝对平均"，不考虑生产力发展的实际情况，那么这种做法很可能会导致整个社会的生产积极性下降，最终陷入普遍的贫穷和整体的落后。

另一方面，也要看到，由于个体之间在知识、技能、资源等方面的差异，他们在社会建设中的参与程度和贡献度自然会有所差异。如果全民共享忽视这些客观存在的差异，一味地追求均等分配，那么很容易导致一些人的懒惰心理，认为无论自己是否努力，都能获得相同的社会资源，这样的思想将严重削弱社会的生产力。同时，这种做法也会打击那些辛勤工作、积极贡献社会的人群的积极性，因为他们会感觉自己的努力并没有得到应有的回报。这不仅无法促进生产力的发展，反而会阻碍社会进步。

因此，在我国社会主义初级阶段，由于社会产品的供给还不够丰富，我们倡导的全民共享并不是追求简单的平均主义，而是在保证社会公平的前提下，根据每个人的劳动付出和社会贡献大小，合理地分配社会产品，实现不同群体之间有合理差异的共享。这种共享方式，既考虑到了社会公平，又兼顾了效率，有利于激发社会成员的积极性和创造力，推动社会的持续发展和进步。

其次，全民共享的理念要求对于社会成员之间的差距进行严格控制，以确保这些差距处于一个合理和可接受的范围。目前，社会主义制度已经取得了显著的成就，并且不断地向前发展，但由于我国仍处于社会主义初级阶段，在很多方面，共享水平还有待提高。这就意味着，在社会不同领域、不同地区以及不同群体之间，不可避免地会存在一定程度的差距。

然而，我们必须认识到，这些差距的存在是有一定限度的。如果差距过大，就会导致社会贫富分化的加剧，进而违背了共享经济的初衷，即全民共享。全民共享的核心理念是，所有社会成员都应该共享社会发展的成果，而贫富差距过大会使得这一目标无法实现。因此，必须采取措施，确保社会成员之间的差距不会过大，以维护社会的公平和正义。

从我国的实际社会发展情况来看，不同民族、不同地区、不同群体在经济收入、社会保障等方面仍然存在一定差距。这种差距如果长期存在，不仅会打击人民群众的生产积极性，对经济社会发展产生负面影响，甚至可能导致社会的不和谐和不稳定。因此，全民共享的理念明确提出，要将社会成员之间的差距控制在合理范围内，坚决反对过大的贫富差距。

具体而言，为了实现这一目标，我们需要通过发展生产力、完善分配制度等措施，不断地缩小城乡、区域、行业之间的贫富差距。要使改革发展成果更好地惠及全体人民，让每一个人都能分享我国社会发展的成果，从而实现真正的公平共享。这就是全民共享的核心要求，也是建设社会主义现代化国家的必由之路。

二 坚持平等原则与贡献原则的有机统一

在当今社会，共享发展理念已经成为推动社会进步和发展的重要理念。这一理念强调在社会发展过程中，应确保每个人都能公平地分享发展的成果，同时也要鼓励每个人为社会发展作出贡献。平等原则和贡献原则作为共享发展理念的核心要素,其有机统一是实现共享发展的关键。

(一) 实现共享发展需要坚持平等原则

平等原则,作为社会发展过程中的一个根本指导原则,其核心要义在于强调在社会不断发展和进步的过程中,每个人都应当享有均等的机会和权利,无论其性别、种族、年龄、社会地位等背景如何,都应得到平等对待,不应当因这些差异而受到区别对待。这一原则体现了社会公正和公平的精髓,是维护社会和谐稳定的关键因素,同时也是践行共享发展理念的重要支撑。

在平等原则的引领和指导下,我们应当不懈努力,消除各种形式的歧视和偏见,积极推动社会公平正义的实现,让每一个人都能在平等的环境中,有机会发展自我,实现自我价值。平等原则不仅是法律和制度的基本要求,也是每个人都应该内化于心的基本道德准则,是构建和谐社会的重要基石。

平等原则所追求的,是一个每个人都能够得到尊重和平等对待的社会。在这个社会中,无论性别、种族、年龄、社会地位如何,每个人都能够享有公平的机会和权利,都能够在一个公正的环境中,实现自我价值,追求幸福生活。这就是平等原则,一个指引走向公平正义,构建和谐社会的根本原则。

为了深入理解和贯彻实施平等原则,我们需要在社会生活的各领域进行积极主动的改革和创新。

首先,在教育领域,必须打破传统的性别、种族、社会地位等障碍和壁垒,确保每个孩子,无论他们来自何种背景,无论他们的家庭经济状况如何,都能够获得公平的教育资源和机会。教育是实现公平起点的核心,只有保证教育的公平性,才能够从根本上消除社会中的不平等现象。教育不仅是学习知识和技能的过程,更是塑造个人未来和提升社会地位的重要途径。因此,每个孩子都应该有平等地接受教育的机会。

其次,在就业领域,我们需要建立一个公平的竞争机制,消除各种形式的就业歧视，确保每个人都能够根据自己的能力和努力，获得相应的职位和待遇。我们应该为每个人提供平等的就业机会，不论他们的性别、种族、宗教或其他社会背景如何。同时，我们需要加强对弱势群体的支持和帮助，让他们在社会中能够更好地生存和发展。我们应该提供职业培训、就业指导和公平的就业政策，帮助他们实现自我价值，提高生活质量。

再次，在司法领域，必须坚持司法公正，确保每个人都能够在法律面前得到平等对待。无论是权贵还是平民，无论是富人还是穷人，都应当受到法律的公正审判，不受任何形式的特权和偏见的影响。司法公正是一个社会公正的基石，只有保证司法公正，才能够维护社会的稳定和谐。因此，需要建立一个公正、透明、独立的司法体系，让每个人都能在法律面前得到平等的对待。

最后，还需要加强社会监督和舆论引导，让平等原则深入人心，成为社会生活的共同准则。我们应该通过各种途径，如教育、媒体、公共讨论等，普及平等原则的重要性，让每个人都能够认识到平等原则对于社会和谐稳定的重要性，从而自觉践行平等原则。因此，需要建立一种公正、平等、包容的社会文化，让每个人都能在这种文化中得到尊重和认可。

平等原则的实现并不是一蹴而就的，需要长期努力和坚持。平等原则的实现是一个复杂的过程，需要在政策制定、社会制度、文化传统等多个层面进行改革和创新。

（二）实现共享发展需要坚持贡献原则

贡献原则是我国对社会主义分配正义的创新和发展，它构成我国社会主义市场经济的重要分配原则。贡献原则是与当代我国的基本经济制度相适应的，是我国非公有制经济的重要分配原则；它主要是凭借对生产要素的占有参与社会分配。[①] 关于贡献原则的基本模式，学者何传启

---

① 蔡继明：《论我国现阶段的公平分配原则》，《经济学家》1999年第2期。

曾作出阐述：第一，贡献股份制分配原则。贡献股份制分配原则意指将个人的知识、劳动等生产要素转化成企业的股权，由此通过股权参与企业的利润分配，并与企业共担风险。第二，贡献分享制分配原则。该原则的特点在于企业经营风险由股东承担，职工无须承担。第三，贡献联合制分配原则。在这种分配模式中，职工能够将其贡献转化成企业股权，并凭借股权分红。第四，贡献报酬制原则。这主要是企业根据劳动报酬实现分配。[1]

坚持贡献原则对于实现共享发展具有极其重要的意义，这种原则不仅体现了社会公正与平等，更是推动社会持续进步和繁荣的关键所在。

首先，贡献原则体现了社会公平与正义。在一个共享发展的社会中，每个人都应当有机会和能力为社会作出贡献，同时享受社会发展的成果。这种原则确保了每个人的努力和付出都能得到应有的回报，避免了贫富差距的进一步扩大，维护了社会的和谐稳定。

其次，贡献原则能够激发人们的积极性和创造力。当人们意识到自己的贡献能够得到认可和回报时，他们会更加积极地投入到工作和创新中，从而推动社会经济的不断发展。这种原则鼓励人们发挥自身潜力，勇于担当，形成了一种积极向上的社会氛围。

再次，贡献原则还有助于实现资源的优化配置。在共享发展的背景下，资源是有限的，如何将这些资源合理分配到各个领域和群体中，成了一个亟待解决的问题。坚持贡献原则，可以确保资源向那些对社会作出更多贡献的领域和群体倾斜，从而实现资源的优化配置，提高资源利用效率。

最后，贡献原则是实现可持续发展的重要保障。在追求共享发展的过程中，我们不能忽视对环境和资源的保护。坚持共享原则，可以引导人们更加关注环境和资源的可持续利用，推动绿色、低碳、循环发展，为实现可持续发展目标提供有力保障。

---

[1] 何传启：《分配革命——按贡献分配》，经济管理出版社2001年版，第199—201页。

要实现平等原则与贡献原则的有机统一，需要在维护每个人平等权利的基础上，进一步激发他们为社会作出贡献的热情。这样，既能保障个体的权益，又能让整个社会充满活力，实现共同进步。实现这种统一，对于缓解社会矛盾、维护社会稳定和谐具有重要意义。同时，它还能激发人们的潜能，推动社会整体发展水平的提升。

在共享理念的指导下，平等与贡献的有机统一将更加凸显。我们应当通过制度的创新和政策的引导，让更多人意识到，在享有平等权利的同时，也要为社会的繁荣和发展贡献自己的力量。这样，才能实现资源的合理分配和有效利用，使社会发展更加均衡、可持续。

为了实现平等原则与贡献原则的有机统一，我们需要从以下四个方面着手：一是加强法治建设，保障每个人的平等权利，让人们在享有权利的同时，明确自己的责任和义务；二是完善社会保障体系，让更多人享受改革发展的成果，提高他们的生活质量，进而激发他们为社会做贡献的热情；三是推动教育公平，让每个人都有机会接受良好教育，提升自身素质，为社会的进步贡献力量；四是营造良好的社会氛围，鼓励人们积极投身社会公益事业，传递正能量。

总之，实现平等原则与贡献原则的有机统一，是推动社会进步、实现可持续发展的重要手段。在共享理念的指导下，我们应当努力营造一个既公平又充满活力的社会环境，让每个人在享有平等权利的同时，也能为社会的发展贡献自己的力量。

三 制度建设与道德建设相结合

我们必须坚定不移地遵循共享发展原则，并致力于营造一个公平正义的社会环境。为了实现这一目标，我们需要作出更精准和高效的制度性安排，以确保社会成员在机会平等、权利保障以及过程公正方面得到根本的保障。因此，制度的设计和构建是实现共享发展目标的决定性因素。

尽管我国经济社会发展水平已经有了显著的提升，物质基础更加雄厚，但仍然需要依托恰当的制度安排，以确保社会的公平正义得以维护。这是因为，共享发展理念的实践需要积极推动社会公正的进程，优化制度安排，以适应不断变化的社会环境和需求。因此，依托恰当的制度安排，是践行共享发展理念不可或缺的内在要求。

在制度设计和构建方面，我们需要注重细节，不断探索和创新，以期达到更高的精准度和效率。只有这样，才能确保制度的公正性，保障社会成员的机会平等和权利保障，实现共享发展的目标，营造一个公平正义的社会环境。

众所周知，任何一项制度设计都是人类智慧的结晶，但是，制度的完美性是相对的，不可能是绝对的。在制度的构建和执行过程中，难免存在一些缺陷和漏洞。例如，制度的执行力度可能不足，导致一些规定和政策不能得到有效落实；又如，在制度实施的结果和预期目标之间可能存在较大的差距，使得制度的实际效果并不能完全满足人们的期待。这些问题都需要认真面对和解决。

因此，为了真正实现共享发展的目标，我们不仅需要从制度层面出发，进行深入的反思和改进，以期完善制度的设计和实施，使之更加符合实际情况和人民的需要，更需要注重道德层面的引导和建设。要将制度的安排和道德的建设有机结合，使之相互促进，共同作用于共享发展的实践中。这不仅是对我国共享发展理念的深化和实践，更是对公平正义和仁爱互助精神的本质体现。通过这样的方式，我们可以更好地推动社会的进步，实现全体人民的共同富裕。

进一步来说，坚定不移地推动共享发展，努力实现公平正义，这不仅是一种发展战略，更是一种道德追求，它要求必须借助道德的力量。共享发展理念所蕴含的分配正义观，其内涵丰富，不仅包含了公平的元素，同时也融合了人道主义和仁爱主义元素。这种理念强调的是一种全面、协调、可持续的发展，旨在让所有人都能共享发展成果，实现全体人民共同富裕。

在现代社会，无论是否承认，基于自由市场经济体制的制度设计，在很大程度上并不允许任何形式的再分配。这种制度设计使得资源的分配更多地依赖于市场机制，市场的自由竞争被视为最有效的资源配置方式。然而，基于平等原则的市场经济体制则呼唤着更多的再分配。这种体制认为，市场经济所带来的效率并不能解决所有问题，还需要通过再分配来弥补市场失灵所带来的不公平。

然而，市场经济所带来的效率和基于经济人假设的理论，使得反对再分配的观点深入人心。很多人认为，再分配等同于劫富济贫，这使得本应用于帮助弱势群体解决生活问题的再分配变得异常困难。这种观点的根源在于，人们对于再分配持有偏见，而这种偏见与权利的绝对性有紧密的联系。

因此，要实现真正的共享发展和公平正义，必须超越这种偏见，充分发挥道德的力量。需要认识到，再分配并不是剥夺，而是对社会资源的一种合理调整，是实现社会公平的重要手段。只有这样，才能真正实现共享发展，让每一个人都能享受发展的成果，实现全体人民的共同富裕。

在市场经济活动中，普遍认同并遵循一个基本原则，即在未经过确凿证据证明之前，个体应当被假定为无罪。这种无罪推定的理念，是现代法治社会的基石，它保护了个体不受无根据的指责和冤屈。然而，在国家的资源分配领域，情况则恰好相反，默认个体在获取国家资源时存在不正当倾向，因此采取有罪推定的策略，以确保资源的公平分配。这种差异性的态度反映了在不同社会活动中的价值取向和行为准则。

然而，不论是市场分配还是国家分配，其根本目的都在于促进社会成员的共同利益，而实现这一目标，离不开利他主义的德行。利他主义，即以他人的利益和需要为重，这种美德并非人类天生即具备，它需要在社会实践中不断培养和提高。在当前构建和谐社会的进程中，利他主义的美德显得尤为重要，它不仅是对个体道德修养的要求，也是社会文明进步的体现。

利他主义的美德，作为一种道德理念的特殊表现形式，它不同于法律那样的强制性规范，它更多地依靠人们的内在自觉和信念。在市场和国家资源的分配过程中，利他主义的美德可以通过一系列的社会规范和制度设计来体现和强化。它既能减少那些与社会机会平等原则相冲突的不平等现象，又能通过建立人与人之间相互帮助、相互服务的传递性关系，有效地调节和缓解由于机会不平等所带来的社会矛盾和问题。

因此，在进行资源分配的实践中，我们应当注重对利他主义美德的培养和践行，这不仅是对个体道德素养的提升，也是对社会整体和谐发展的促进。通过教育引导、文化熏陶和社会实践，利他主义的美德成为每个人内心深处的信念和行为准则，进而形成一个互助互爱、公平正义的社会环境。这样的市场和国家分配机制才能更好地服务于全体社会成员，实现公平与效率的统一，推动社会向更加公正、和谐的方向发展。

关于共享发展理念是如何调节社会机会不平等的问题，G. A. 科恩指出："社会主义仍存在机会不平等，需要共享原则来进行调节。共享原则要求人们相互关心和在必要及可能情况下相互照顾，是倡导共享的互惠。在这种互惠理念里，一个人为其他人提供服务不是因为能得到回报，而是因为其他人需要他的服务，而其他人给他提供服务也是出于同样的原因。"① 这种共享的互惠与市场的互惠不同。在共享发展理念下，人们之间的关系绝非一种工具性的关系，而是一种传递性的相互服务的关系。② 总之，坚持制度为主，道德为辅，通过个体利他美德建设，培育人与人之间的互惠互助互爱素养，激发个体在资源分配中的利他德行，进而为制度的有效落实提供道德保障。

---

① 孟鑫：《共享理念与分配正义原则》，《科学社会主义》2016 年第 1 期。
② 常春雨：《以共享原则调节社会主义机会平等原则》，《中国社会科学报》2015 年 5 月 29 日第 B02 版。

第七章

共享发展的评价体系建构、测度与分析

共享发展理念作为新发展的出发点和落脚点，体现的是实现共同富裕的要求，是推动共同富裕实践的重要理念指引。自共享发展理念提出以来，国内学术界对其形成、内涵、特征、实现路径等方面进行了广泛而深入的研究，但对共享发展的质量测度的研究仍处于初步阶段。对共享发展质量进行测度是国家推进共享发展理念、提升共享发展水平的重要参考依据。

第一节 共享发展质量测度研究述评

党的十九大报告指出"我国经济已由高速增长阶段转向高质量发展阶段"，在中国特色社会主义进入新时代的背景下，我国经济发展也进入新时代。理念是行动的先导，"十四五"时期，把新发展理念贯彻到经济社会发展全过程和各领域，至关重要。站在新发展阶段新的历史起点上，共享发展理念为解决不平衡不充分问题指明了方向，共享发展是实现共同富裕的必由之路。在深入剖析共享发展理念的价值意涵、实践路径的基础上，构建科学合理的质量测度体系，对共享发展的水平进行相对客观的评估，对于在实践中深入推进共享发展、实现共同富裕具有重要意义。基于此，本书对现有的文献进行了梳理和总结，重点分析和总结目前关于共享发展质量测度的研究成果,为后续研究提供参考。

一 关于共享发展质量测度指标体系

共享发展质量测度体系对共享发展理论与实践相结合起重要作用。目前,我国尚未针对共享发展的质量测度进行系统研究,本书主要是通过梳理关于新时代经济发展质量测度研究以及高质量发展测度研究进行总结概括。国内不同的学者进行共享发展质量测度研究时所选取的研究对象是不同的,他们主要是以推动区域经济发展为出发点深入分析某一地区的发展质量。但当前我国发展不平衡不充分问题仍然突出,区域、城乡发展差距较大,民生短板依然存在,基本公共服务水平有待提高。因此,国内学者大多对某一区域多个省份的经济发展质量进行测度分析,如黄河流域城市群、长江流域城市群等,或者对某一特定省份经济发展质量进行测度分析,也有学者对我国 30 个省份的城镇化高质量发展水平进行测度,综合测度结果能够为高质量发展提供定量参考,同时为经济发展质量的量化评估指明方向。

(一) 全国视角

改革开放四十多年来,我国在经济发展等方面取得了诸多举世瞩目的成就。随着我国经济发展进入新常态,新时代对经济发展提出了更高的要求,即在推动经济增长的同时更加注重提高质量。因此,有学者从国家层面对全国各省的共享发展质量进行了测度。李梦欣等 (2019) 指出共享发展既要增进人民福祉,又要激发人民的积极性、主动性和创造性,在此基础上从脱贫攻坚效果、收入分配情况、福利水平 3 个维度 4 个具体指标对新时代中国共享发展质量进行测度。[①] 史丹等 (2019) 从福利分配、人民生活以及基础设施 3 个层面来考察共享和谐程度,并与 6 个典型发达国家进行比较,以期进一步明确我国与发达国家之间的

---

① 李梦欣、任保平:《新时代中国高质量发展指数的构建、测度及综合评价》,《中国经济报告》2019 年第 5 期。

差距。① 朱卫东等（2019）认为共享发展的目的在于人民的获得感，因而设计了能够测度微观和宏观的共享发展质量的指标体系，其中微观家庭层面包括居民收支、生活品质，宏观社会层面包括公共基础设施、公共卫生状态和经济社会环境。② 郝云平等（2019）从经济共享、文化包容、生态美好、社会和谐、机会平等、医疗共享和设施共享7个方面刻画我国31个省份的共享发展水平。③ 王伟（2020）认为共享发展体现在民生问题上，进而从公共服务供给、人民生活状况两个维度衡量惠民共享水平。④ 孙豪等（2020）认为共享发展注重的是解决社会公平正义问题，选取了劳动者报酬比重、居民收入增长弹性、城乡消费差距和民生性财政支出比重来测度共享发展质量。⑤ 潘桔等（2020）从社会保障、社会福利2个方面5个具体指标对我国各省及五区域的共享维度进行测度。⑥ 吴志军等（2020）用城镇调查失业率、居民人均可支配收入实际增速、贫困发生率、平均寿命、社会保障与就业支出占地方一般公共预算支出比重6个分指标构成了共享发展指标。⑦ 魏修建等（2020）从收入水平、医疗卫生、公共服务、精准扶贫4个维度来衡量共享发展质量。⑧ 黄寰等（2021）选取脱贫攻坚、收入分配、福利水平、宏观金融4个指标对共享发展质量进行测度。⑨ 侯祥鹏（2021）认为城市群必

---

① 史丹、李鹏：《我国经济高质量发展测度与国际比较》，《东南学术》2019年第5期。
② 朱卫东、周菲、魏泊宁：《新时代中国高质量发展指标体系构建与测度》，《武汉金融》2019年第12期。
③ 郝云平、雷汉云：《新时代我国共享发展水平的测度与评价研究》，《经济视角》2019年第1期。
④ 王伟：《中国经济高质量发展的测度与评估》，《华东经济管理》2020年第6期。
⑤ 孙豪、桂河清、杨冬：《中国省域经济高质量发展的测度与评价》，《浙江社会科学》2020年第8期。
⑥ 潘桔、郑红玲：《区域经济高质量发展水平的测度与差异分析》，《统计与决策》2020年第23期。
⑦ 吴志军、梁晴：《中国经济高质量发展的测度、比较与战略路径》，《当代财经》2020第4期。
⑧ 魏修建、杨镒泽、吴刚：《中国省际高质量发展的测度与评价》，《统计与决策》2020年第13期。
⑨ 黄寰、王凡、吴安兵：《我国地区经济高质量发展的测度及时空演变特征》，《统计与决策》2021年第17期。

须通过共享发展以保障和改善民生，提升全体人民的获得感、幸福感、安全感。因此，在共享发展下设了人民生活和基础设施2个指标，其中包含了11个分指标。① 程晶晶等（2021）从公共服务供给、社会公平正义、人民生活状况3个方面对共享发展水平进行量化评估。王婉等（2022）选取每千人口卫生技术人员、每十万人口高等学校平均在校生数、有线广播电视实际用户占家庭总户数的比重、人均公共图书馆藏数、人均公共汽电车运营数量5个方面对共享发展水平进行量化评估。②

（二）区域视角

当前我国在推动高质量发展的过程中，仍然存在区域发展结构失衡、环境污染、资源短缺等问题。因此，有学者从区域层面对某一城市群的共享发展质量进行了测度分析，以期发挥区域优势，提高经济发展质量。张小依（2018）结合中部六省自身地理位置和发展特点，构建了以社保与就业支出占财政支出比重、城镇居民社保参与率、普通高中生师比、人均拥有公共图书馆藏量等6个方面组成的共享发展质量测度体系。③ 安景文等（2019）考虑京津冀都市圈经济发展现状和未来发展要求，选取了城镇居民恩格尔系数、农村居民恩格尔系数、人均绿地面积、医疗服务构成共享发展质量测度体系。④ 鲁亚运等（2019）结合海洋经济发展的特点，用收入福利—人均可支配收入、教育福利—海洋专业在校学生数、就业机会—涉海从业人员比重、公共服务—互联网上网人数比重来测度沿海各省市海洋经济共享发展质量。⑤ 俞恬雨等

---

① 侯祥鹏：《中国城市群高质量发展测度与比较》，《现代经济探讨》2021年第2期。
② 王婉、范志鹏、秦艺根：《经济高质量发展指标体系构建及实证测度》，《统计与决策》2022年第3期。
③ 张小依：《基于"五大发展理念"中部六省经济发展质量测度——以2016年为例》，《统计与管理》2018年第8期。
④ 安景文、王金鹤、马明：《五大发展理念视角下京津冀都市圈经济增长质量测度》，《商业经济研究》2019年第17期。
⑤ 鲁亚运、原峰、李杏筠：《我国海洋经济高质量发展评价指标体系构建及应用研究——基于五大发展理念的视角》，《企业经济》2019年第12期。

(2020) 同样结合海洋经济的发展特色，基于海洋经济发展对沿海居民的贡献，进而从收入和就业两个维度测度了沿海 11 个省市海洋经济发展的共享程度。① 李文星等（2020）对黄河流域经济高质量水平发展进行测度时，不再以过去唯 GDP 论经济发展质量，而是通过选用公共服务、城乡居民收入和省域协调来衡量黄河流域的共享发展水平。② 卢小兰等（2020）主要从就业情况、收入分配、消费比重和社会资源享用 4 个方面来考察长江经济带 11 个省份的共享发展水平。③ 杨鑫环等（2021）从地区共享和公共服务 2 个维度测度长江经济带的共享发展质量，并下设了 7 个分指标。④ 张玮卓等（2021）从"双循环"格局出发，构建了以社会保障、传统基建和新基建组成的黄河流域 9 个省（区）经济共享发展水平评价指标体系。⑤ 张国兴等（2021）针对黄河流域资源型城市在产业转型出现的岗位数量动荡的情况，通过每万人医生数、互联网普及率、高等学校在校学生人数、参加养老保险人数、人均固定资产投资额、社会消费品零售总额来衡量黄河流域资源型城市的共享发展质量。⑥ 方若楠等（2021）认为共享发展旨在增进人民福祉，进而从社会稳定、法治安全、公共交通保障、公共卫生保障、教育保障、养老保障、住房保障、景观绿化效益、文化休闲 9 个维度来衡量中国八大综合经济区的共享发展质量。⑦ 李红等（2021）对长江中游城市

---

① 俞恬雨、陈琦：《中国省际海洋经济增长质量的测度与评价——基于"五大发展理念"的实证分析》，《科技与经济》2020 年第 1 期。
② 李文星、韩君：《"五大发展理念"背景下黄河流域的高质量发展测度》，《洛阳师范学院学报》2020 年第 1 期。
③ 卢小兰、张可意：《长江经济带高质量发展测度及时空演变特点研究》，《数学的实践与认识》2020 年第 24 期。
④ 杨鑫环、雍雯曦：《基于"五大发展理念"的长江经济带高质量发展测度》，《兰州财经大学学报》2021 年第 1 期。
⑤ 张玮卓、刘春雄：《"双循环"格局下黄河流域经济高质量发展水平测度与评价》，《人民黄河》2021 年第 S2 期。
⑥ 张国兴、冯朝丹：《黄河流域资源型城市高质量发展测度研究》，《生态经济》2021 年第 5 期。
⑦ 方若楠、吕延方、崔兴华：《中国八大综合经济区高质量发展测度及差异比较》，《经济问题探索》2021 年第 2 期。

群经济高质量发展进行测度时，将收入水平、消费水平、就业水平、教育水平和医疗保障水平纳入共享发展的评价之中。①

（三）城镇化视角

新时代，城镇化是推动经济发展的强大引擎。据统计，2021 年年末，我国城镇化率已达 64.72%。但在城镇化快速发展的过程中，仍然存在城镇发展不平衡、发展质量低下等问题。因此，学者们从城镇化层面对共享发展质量进行测度，以进一步明确城镇发展的真实情况。王滨（2019）从居民收入和公共服务 2 个方面 7 个分指标来衡量城镇化共享发展质量。② 赵娜（2020）根据新型城镇化的内涵特征，构建了公共财政一般服务支出比例、每万人拥有卫生技术人员数、人均教育经费支出、公共图书馆业机构数、每万人拥有公共厕所、人均城市道路面积、每万人拥有公共交通工具数量、地方财政一般公共服务支出、城镇职工基本医疗保险年末参保人数、在职职工参加养老保险人数共 10 个方面组成的共享发展指标体系。③ 郑耀群等（2021）认为共享发展应体现"以人为本"的发展价值观，进而从城乡消费共享、收入共享、公共服务共享来衡量城乡共享水平。④ 李豫新等（2021）认为共享发展体现在城市功能的完善和居民幸福感的提升，因而，从每万人医疗机构床位数、每万人拥有卫生技术人员数、年参加城镇基本养老保险人数、每万人拥有公共交通车辆、人均城市道路面积、每万人拥有公共图书馆藏量 6 个维度来对新型城镇化共享发展进行测度。⑤ 韩冬等（2022）根据京津冀城市群的特点，从收入水平和公共服务 2 个方面 7 个具体指标来衡

---

① 李红、曹玲：《长江中游城市群经济高质量发展测度》，《统计与决策》2021 年第 24 期。
② 王滨：《城镇化高质量发展测度及其时空差异研究》，《统计与决策》2019 年第 22 期。
③ 赵娜：《新型城镇化发展质量的测度与评价》，《统计与决策》2020 年第 22 期。
④ 郑耀群、崔笑容：《城镇化高质量发展的测度与区域差距——基于新发展理念视角》，《华东经济管理》2021 年第 6 期。
⑤ 李豫新、赵奕萌：《新发展理念下新型城镇化高质量发展水平测度及空间非均衡性分析》，《工业技术经济》2021 年第 12 期。

量京津冀城市群共享发展质量。①

（四）省域视角

有学者从省域视角出发对某一省份的经济高质量发展水平进行测度。例如，李子联等（2019）在对江苏省高质量发展进行测度时，所构建的共享发展评价体系包括居民收入、公共服务2个方面7个指标。②王涛等（2020）也从居民收入、公共服务2个方面对湖北省的共享发展质量进行测度。③欧进锋等（2020）从人均可支配收入与人均GDP之比、城镇登记失业率、消费者价格指数、财政教育支出强度、每万人普通高校在校大学生人数来衡量广东省21个地级市的共享发展质量。④张增臣等（2020）在对共享发展内涵深入剖析的基础上，从居民人均可支配收入、城镇登记失业率、每千人口医疗床位数、每万人口执业医师数、人均住房建筑面积5个方面来对河北省的共享发展质量进行测度。⑤

还有学者从国家角度来考察共享发展水平。例如，胡晨沛等（2020）从中国国情和国际可比原则出发，构建了由劳动者报酬份额、教育支出占GNI比重、教育支出占GNI比重、医疗支出占GDP比重、出生时的预期寿命和新生儿死亡率构成的指标体系对2000—2017年全球35个主要国家的经济高质量发展的共享水平进行测度。⑥

---

① 韩冬：《城镇化高质量发展水平测度——基于京津冀城市群的实证》，《统计与决策》2022年第4期。
② 李子联、王爱民：《江苏高质量发展：测度评价与推进路径》，《江苏社会科学》2019年第1期。
③ 王涛、尚园：《湖北省经济高质量发展水平测度——基于五大发展理念》，《武汉商学院学报》2020年第5期。
④ 欧进锋、许抄军、刘雨骐：《基于"五大发展理念"的经济高质量发展水平测度——广东省21个地级市的实证分析》，《经济地理》2020年第6期。
⑤ 张增臣：《河北省经济高质量发展测度与路径研究》，《全国流通经济》2020年第22期。
⑥ 胡晨沛、吕政：《中国经济高质量发展水平的测度研究与国际比较——基于全球35个国家的实证分析》，《上海对外经贸大学学报》2020年第5期。

二 关于共享发展质量测度指标的计算和结果

（一）关于共享发展质量测度指标的计算

1. 指标标准化

为保证所构建指标体系中各指标的可比性，我们需要对指标进行无量纲化处理。上述各指标主要包括正向指标和逆向指标两类。正向指标是指对经济发展质量具有促进作用的指标，如"居民人均可支配收入""万人拥有医院床位数"；负向指标是指对经济发展质量具有反向作用的指标，如"城镇登记失业率""家庭恩格尔系数"。正向指标数值越大越好，逆向指标数值越小越好。总体来看，大多数学者利用极差法对指标进行标准化处理。另外，詹新宇等（2016）在对2000—2014年中国整体的经济增长质量状态进行量化分析时，使用均值化法对各指标指数进行无量纲化处理。[①] 侯祥鹏（2021）在对中国城市群高质量发展水平进行综合评价时，采用标准差标准化法。[②]

2. 指标权重

在进行测度中，选用多个指标会存在指标权重确定问题，而权重的大小直接影响测度结果。因此，合理的权重极其重要。目前，学术界一般采用主观赋权法、客观赋权法和主客观相结合三种方法确定权重。

（1）主观赋权法

主观赋权法是评价者或专家结合自身的主观经验和知识储备进行赋权，优点在于能够体现评价者主观认识，缺点是依赖于人的主观判断且具有随意性。主观赋权法主要包括德尔菲法、层次分析法、相对指数法等。德尔菲法也称专家调查法，即通过设计调查表向专家函询，然后通过反复整理归纳直至取得最优解决方案的一种方法。其优点是能够集思广益，从而获得不同且有价值的观点；缺点是有些专家易受权威专家的

[①] 詹新宇、崔培培：《中国省际经济增长质量的测度与评价——基于"五大发展理念"的实证分析》，《财政研究》2016年第8期。

[②] 侯祥鹏：《中国城市群高质量发展测度与比较》，《现代经济探讨》2021年第2期。

意见影响，而有些专家不愿意完善自己的意见。① 层次分析法是通过专家评分来构造判断矩阵。其优点是对每个层次进行赋权，过程清晰且计算简单；缺点是难以解决指标量大的情况。相对指数法是评价者赋予各个分指标相同的权重。

（2）客观赋权法

客观赋权法是根据原始数据的具体信息及其之间的关系，通过一定的矩阵方法和运算法测算出各个指标的权重并进行赋权的一种方法。其优点在于受人的主观认识影响较小，有较强的数学理论依据；缺点是计算过程比较复杂。客观赋权法主要包括熵权法、主成分分析法、变异系数法等。熵权法是通过计算指标信息熵，根据指标变动对整体影响程度来确定权重的方法。其优点在于对指标进行标准化处理，能够避免人为因素干扰②；缺点是忽略了指标本身的重要性。主成分分析法主要是利用降维的思想，根据数据自身特征来确定权重。③ 其优点是可以消除指标之间的相互影响，具有客观性；缺点在于有时候赋权会使指标偏离原属性，并且指标过多在一定程度上会影响结果的准确性。

由于主观赋权法和客观赋权法各有优缺点，有学者采用主观赋权法与客观赋权法相结合的计算方法来确定指标权重。例如，高质量发展研究课题组（2020）对二级指标：全民共享指数、全面共享指数、共建共享指数、渐进共享指数采用德尔菲法进行赋权，三级指标权重则根据熵权法确定。④

（二）关于共享发展质量测度的结果

学者们经过研究，得出如下共享发展质量测度结果。目前，我国共

---

① 马建东：《中国西部地区经济发展质量及测度研究》，博士学位论文，中南财经政法大学，2019年。

② 欧进锋、许抄军、刘雨骐：《基于"五大发展理念"的经济高质量发展水平测度——广东省21个地级市的实证分析》，《经济地理》2020年第6期。

③ 巩蓉蓉：《山西省经济发展质量测度及提升研究》，硕士学位论文，内蒙古师范大学，2019年。

④ 高质量发展研究课题组、韩保江、邹一南：《中国经济共享发展评价指数研究》，《行政管理改革》2020年第7期。

享发展质量正在逐步提高，主要得益于地方政府和人民自身的努力以及国家近几年实施精准扶贫、乡村振兴、区域协调发展等重大战略。但各区域、各省份、城乡之间的共享发展质量仍然存在较大差异。总体来看，共享发展质量与经济发展水平密切相关。因而，共享发展质量较高地区大多集中于东部发达地区，而中西部地区由于基础设施较为薄弱，且受地理位置、财政的影响，使得中西部大部分省份的共享发展质量普遍较低（魏修建，2020）。在大多数学者的测算结果中，北京、上海、广东、浙江、江苏的共享发展质量在全国居于领先地位。值得注意的是，王伟（2020）在对 2018 年我国 31 个省份的共享发展质量的测度中，西藏共享水平较高，居第二档次（共五个档次），原因是西藏人口较少，因而，人均教育支出指标较高。黄河流域的资源型城市共享发展质量差距较大，表现在下游地区＞上游地区＞中游地区，呈凹陷态势（张国兴，2021），而长江经济带地区各省的共享发展指数增速较快，各区域有明显增长（卢小兰，2020），相较于黄河流域差异较小。但由于不同学者的研究时间段不同、选取的指标不同以及选择的计算方法不同，测度结果存在一定程度的差异。

三　评论与展望

进入新时代后，我国更加注重推进共享发展理念和提升共享发展水平。梳理这些文献，我们可以发现，学术界在高质量发展下的共享维度方面做了大量的探讨，丰富了共享发展研究的理论和视角，为研究共享发展提供了新的研究思路和启发。基于现有文献，未来关于共享发展质量的研究仍有进一步探索的空间。

（一）在测度指标上有待进一步探索

共享发展是全面贯穿于经济、政治、社会、生态、文化等领域的发展理念，而上述文献涉及的指标多侧重经济、社会、文化方面，对有关政治和生态的指标关注不够。共享发展不仅是共享经济方面的内容，也包括切实的民主权利，美丽的生态环境。一方面，在社会历史发展过程中，人民群众起决定性作用，因此，营造符合最广大人民利益的政治文明是实现共享发展的必然要求，应当系统地对政治共享进行探讨，着力提高政治共享水平。另一方面，习近平总书记指出："良好的生态环境是最公平的公共产品，是最普惠的民生福祉。"① 当前经济进入高质量发展阶段，生态环境愈来愈成为社会共同关注的重大问题，因此应该加强对有关生态方面指标的关注。同时，共享的过程也是共建的过程，不仅需要政府的支持，也需要汇聚民智，依靠广大人民群众的智慧和勤奋。② 因此，指标的设计应多从需求侧考察民众的感受。③

（二）在测度方法上有待进一步探索

研究质量问题，好的测度方法是必要条件。④ 从上述文献来看，学者们主要用主观赋权法、客观赋权法以及主观赋权法与客观赋权法相结合的方法来对共享发展质量进行测度。这些方法一方面能够在一定程度上衡量共享发展质量，另一方面由于这些方法各有其缺点，并不能保证测度结果的准确性。同时，学者们使用不同的测度方法，测度结果也会存在差异。因此，后续关于共享发展质量测度的研究中要深入考量主观赋权法与客观赋权法的优缺点，尝试采取更合理的赋权方式，选择更科学合适的测度方法。

（三）在测度内容上有待进一步探索

在现有共享发展质量测度的研究成果中，单独对共享发展质量进行测度研究的成果并不多见，且学者大多是基于新发展理念，共享发展测度的篇幅占据较小，研究内容有限。学者们从区域、省域发展的角度研究共享发展质量的较多，角度缺乏多样性，内容不够宽泛。共享发展是一个动态的、循序渐进的过程。仅单纯地测度某一时期的共享发展情

---

① 《光明日报》评论员：《良好生态环境是最普惠的民生福祉》，《光明日报》2014年11月7日第1版。
② 蔡昉：《在共享发展中贯彻以人民为中心的发展思想》，《中国人大》2016年第16期。
③ 陈丽君、郁建兴、徐铱娜：《共同富裕指数模型的构建》，《治理研究》2021年第4期。
④ 罗斌元、陈艳霞、桑源：《经济高质量发展量化测度研究综述》，《河南理工大学学报》（社会科学版）2021年第4期。

况，无法准确推断出标准的发展规律，对区域、省市之间在时间上的动态比较的参考意义有限。

第二节 共享发展指标体系的构建原则与测度方法

一 共享发展指标体系的构建原则

为了衡量和评价共享发展的水平与效果，构建一个科学合理的指标体系显得尤为重要。构建指标体系可以从多维度、多视角来反映共享发展水平，评价的结果取决于指标选取是否合理客观。本书将详细论述共享发展指标体系的构建原则，包括科学性原则、全面性原则、真实性原则和可操作性原则，以期为推动社会的共享发展提供有益的参考。

（一）科学性原则

科学性是构建共享发展指标体系的首要原则。科学性原则要求我们在构建指标体系时，必须遵循经济社会发展的客观规律，以科学的态度和方法来选取和设计指标。科学性要求指标的选取是有理论依据的和科学有效的，指标体系构建需要建立在充分认识共享发展基本内涵的基础上，并且各项指标数据的收集和整理也应当遵循科学规范原则。

具体来说，科学性原则体现在以下四个方面：第一，理论基础坚实，指标体系的构建应基于共享发展的理论基础，确保每一个指标都能反映共享发展的某个方面，避免主观臆断和随意设置。第二，指标定义准确：每个指标的定义应清晰明确，能够准确反映所要衡量的内容，避免歧义和误解。第三，数据来源可靠：指标所需的数据应来源于权威、可靠的统计机构或调查，确保数据的准确性和客观性。第四，在科学性原则的指导下，我们可以从共享发展的内涵出发，结合国内外相关理论和实践，筛选出能够真实反映共享发展水平的关键指标，如人均收入、教育资源公平分配、医疗保障覆盖率等，从而确保指标体系的科学性和合理性。

(二) 全面性原则

全面性原则要求全面地收集信息，确保指标从不同层次体现共享发展的基本特征，同时还要考虑各指标之间的联系，并根据所要研究的内容对指标体系进行全面分析，不能片面强调评价指标中的某一项。在构建共享发展指标体系时，应尽可能涵盖共享发展的各个方面，确保指标体系的完整性和系统性。

具体来说，全面性原则有以下三点要求：第一，考虑多维度因素：共享发展涉及经济、社会、文化等多个领域，指标体系应涵盖这些领域的关键要素，以全面反映共享发展的整体状况。第二，平衡各方面利益：指标体系应充分考虑不同群体、不同地区的利益诉求，确保各方面的发展都能得到合理体现。第三，兼顾长短期目标：指标体系既要反映当前的共享发展水平，也要考虑未来的发展趋势和潜力，为政策制定提供科学参考。在全面性原则下，我们可以从经济共享、社会共享、文化共享等多个维度出发，综合选取反映各方面发展情况的指标，如贫富差距、公共服务均等化水平、文化设施覆盖率等，从而构建一个全面、系统的共享发展指标体系。

(三) 真实性原则

真实性要求在收集数据资料时，要选取真实、可靠，并且能准确反映共享理念的基本内涵。真实性原则是构建共享发展指标体系的基本要求，它强调指标体系应真实反映共享发展的实际情况，避免虚假数据和夸大其词。

具体来说，真实性原则包括以下三个方面：第一，数据真实可靠：我们所使用的数据必须来源于可靠的统计和调查，确保数据的真实性和客观性。对于存在争议或不确定性的数据，应谨慎使用或进行进一步核实。第二，反映实际情况：指标体系应真实反映共享发展的现状和问题，不夸大成绩，不回避矛盾。这要求我们在选取和设计指标时，要紧密结合实际，避免脱离现实的理想化设计。第三，持续监测与更新：为了确保数据的真实性和时效性，我们需要对指标体系进行持续的监测和更新。这包括定期收集和分析数据，及时调整和完善指标体系，以反映共享发展的最新动态。

在遵循真实性原则的基础上，我们可以通过对各项指标进行严格的筛选和审核，确保所选指标能够真实、客观地反映共享发展的实际情况；此外，还应建立有效的数据监测和更新机制，以保障指标体系的时效性和准确性。

（四）可操作性原则

我们在选取指标时应优先考虑选择便于获取和收集的数据，不能一味地从理论上构建近乎完美的指标，而实际在收集数据时困难重重，甚至根本无数据可查。可操作性原则是构建共享发展指标体系的重要考量。一个优秀的指标体系不仅要科学合理、全面真实，还要便于操作和实施。

具体来说，可操作性原则体现在以下三个方面：第一，指标可量化：为了便于评估和比较，指标应尽可能量化，避免使用过于模糊或主观的描述。量化的指标可以更直观地反映共享发展的水平和进度。第二，数据可获取：我们所选指标对应的数据应易于收集和整理。如果某些数据难以获取或成本过高，则需要考虑替代性指标或调整数据收集方法。第三，体系可调整：随着经济社会的发展和政策环境的变化，指标体系可能需要进行相应调整。因此，我们在设计指标体系时，应考虑未来的可扩展性和灵活性。

在可操作性原则下，我们可以优先选择那些已经具备成熟统计方法和数据来源的指标，同时预留一定的灵活性，以便根据实际需要进行调整和优化。此外，还可以借助现代信息技术手段，提高数据收集和处理效率，进一步增强指标体系的可操作性。

二　共享发展指标体系的构建维度

设计一个有效合理的共享发展指标体系，不仅是衡量社会进步和公平性的重要工具，也是政策制定者和研究者深入了解社会发展状况、发现问题和制定解决方案的关键。而在这一设计过程中，核心环节之一就是构建一个科学的构建维度。科学的维度划分能够确保指标体系的全面性和针对性，从而更好地反映共享发展的真实状况。基于前文对共享发展内容的深入分析，以及借鉴了众多学者的研究成果，本书研究涉及的共享发展指标体系包含全民共享、全面共享、共建共享、渐进共享四个维度。这四个维度不仅涵盖了共享发展的各个方面，还体现了共享发展的动态性和层次性，为全面评估共享发展水平提供了有力的框架。

（一）全民共享维度

全民共享强调的是发展成果的普遍惠及性。在这一维度下，我们关注的是每个个体是否都能享受发展带来的红利，无论其社会地位、经济条件如何。因此，在设计指标时，我们应着重考虑以下三个方面：第一，收入分配的公平性：通过基尼系数、收入差距比等指标来衡量社会财富分配的均衡程度，反映全民共享的经济基础。第二，基本公共服务的普及率：包括教育、医疗、社会保障等基本公共服务的覆盖情况，体现政府对民生问题的关注和投入。第三，就业机会的平等性：考察不同群体在就业市场上的机会是否均等，以及劳动报酬是否合理。

（二）全面共享维度

全面共享要求发展成果不仅在经济领域得到体现，还要在文化、社会、生态等多个领域实现共享。这一维度的指标设计应涵盖：第一，文化资源的共享程度：通过公共图书馆藏书量、文化活动参与率等指标，反映文化资源在全民中的普及和利用情况。第二，社会福利的普及情况：考察社会福利政策的覆盖范围和实际效果，如老年人福利、残疾人福利等；第三，生态环境的共享感受：通过空气质量指数、绿化覆盖率等环境指标，衡量居民在生态环境方面的共享感受。

（三）共建共享维度

共建共享强调的是社会各界共同参与社会建设和发展，并共享由此

第七章　共享发展的评价体系建构、测度与分析

带来的成果。在这一维度下，应考虑：第一，社会参与的广泛性：通过志愿者参与率、社区活动参与度等指标，反映社会各界在社会建设中的参与情况。第二，创新创业的活跃度：考察创新创业环境的营造情况，以及创新创业活动对社会发展的推动作用。第三，社会治理的民主性：通过民意调查、政策制定的透明度等指标，衡量社会治理过程中民众参与和意见表达的渠道是否畅通。

（四）渐进共享维度

渐进共享认识到共享发展是一个逐步推进的过程，需要考虑不同地区、不同群体的发展差异和阶段性特征。因此，这一维度的指标应包括：第一，区域发展的均衡性：通过地区间经济发展水平、人均收入差异等指标，反映区域间共享发展的平衡状况。第二，贫困人口的脱贫情况：考察扶贫政策的实施效果，以及贫困人口的生活改善程度。第三，教育资源的逐步均衡：关注教育资源在不同地区、不同学校之间的分配情况，以及弱势群体接受教育的机会和质量。

在具体的三级指标选取上，我们应根据研究对象的实际情况以及数据的可操作性来进行。例如，在全民共享维度下，可以选取"城乡居民人均收入比"作为衡量收入分配公平性的三级指标；在全面共享维度下，可以选取"每万人口公共图书馆藏书量"来反映文化资源的共享程度；在共建共享维度下，可以通过"社区志愿服务参与率"来衡量社会参与的广泛性；而在渐进共享维度下，"贫困地区农村居民人均可支配收入增长率"可以作为一个重要的三级指标来反映贫困人口的脱贫情况。

综上所述，通过全民共享、全面共享、共建共享、渐进共享四个维度的构建，我们能够设计一个有效合理的共享发展指标体系。这一体系不仅能够全面反映共享发展的各个方面，还能够根据不同地区、不同群体的实际情况进行灵活调整，从而为政策制定者和研究者提供一个有力的分析工具。

三 共享发展指标体系的测度方法

共享发展理念强调人民在发展中的获得感，发展中的获得感既需要人民的主观感受，也需要客观的评价指标。客观测度共享发展的整体水平是一个复杂过程，我们必须采用严谨、科学的方法来确保测量结果的准确性和可靠性。在众多的统计综合测度方法中，主观赋权法和客观赋权法是两种主要方法。主观赋权法依赖于专家的主观判断和经验来分配权重，而客观赋权法则是基于数据本身的特征和规律来确定权重。为了更客观地反映共享发展的实际情况，本书选择了客观赋权法中的熵权法来对共享发展水平进行测度。

熵权法是一种基于信息熵原理的权重确定方法，它通过分析数据之间的差异性来确定各指标的权重。在信息论中，熵是对不确定性的一种度量。信息量越大，不确定性越小，熵也就越小；反之，信息量越小，不确定性越大，熵也就越大。根据熵的特性，我们可以通过计算熵值来判断一个事件的随机性及无序程度，也可以用熵值来判断某个指标的离散程度。在共享发展水平的测度中，我们运用熵权法可以更加客观地反映各指标对共享发展的贡献程度。然而，在应用熵权法之前，我们需要对数据进行一系列的预处理工作，其中最关键的一步就是对指标做标准化处理。标准化处理的目的在于消除各指标之间由于单位、量纲和数量级等不同所带来的影响，使得所有数据都能够在同一尺度下进行比较和分析。

由于共享发展指标体系中的各个指标具有不同的含义和性质，它们的数据取值范围和变化趋势也各不相同。有些指标的数据越大，表示共享发展水平越高，如人均收入、教育资源覆盖率等；而有些指标的数据越小，则表示共享发展水平越高，如贫富差距、失业率等。为了将这些不同性质的指标统一到一个可比的尺度上，我们需要对它们进行标准化处理。

标准化处理的具体方法是根据指标的性质选择合适的转换公式，将数据转换为无量纲的相对数值。对于正向指标（数据越大越好的指标），可以采用最大值标准化的方法，将数据除以该指标的最大值，从而将数据转换到 0 至 1 的范围内。而对于负向指标（数据越小越好的指标），可以采用最小值标准化的方法，用 1 减去数据除以该指标的最大值，同样将数据转换到 0 至 1 的范围内。通过这样的处理，我们可以得到一个标准化的数据集，为后续应用熵权法奠定了基础。

标准化处理后的数据不仅便于进行熵值计算，还能够更直观地反映各指标之间的相对重要性。在熵权法的应用中，我们将根据标准化后的数据计算各指标的熵值和权重，从而得到共享发展水平的综合评价值。这一过程将充分考虑各指标之间的内在联系和差异性，确保测量结果的客观性和准确性。

综上所述，采用客观赋权法中的熵权法对共享发展水平进行测度是一种科学有效的方法。通过对指标进行标准化处理和应用熵权法计算权重，能够更加客观地评估共享发展的整体水平，为政策制定和决策作出提供有力的数据支持。客观测度共享发展的整体水平，必须采用恰当的测度方法。目前，较为常用的统计综合测度方法主要有主观赋权法和客观赋权法，本书选择客观赋权法中的熵权法对共享发展水平进行测度，具体的计算过程如下：

首先，需要对指标进行标准化处理。由于各指标的含义和性质不同，即有的指标数据越大越好，而有的指标数据越小越好，所以需要先对各个指标的数据进行标准化处理，该过程的目的是消除单位量纲便于熵值计算。本文正向指标采用式（7.1）标准化处理，逆向指标采用式（7.2）标准化处理：

$$Z_{ij} = \frac{X_{ij} - \min(X_{ij})}{\max(X_{ij}) - \min(X_{ij})} \tag{7.1}$$

$$Z_{ij} = \frac{\max(X_{ij}) - X_{ij}}{\max(X_{ij}) - \min(X_{ij})} \tag{7.2}$$

其中，i 表示各市（$i=1, 2, \cdots, m$），j 表示各项指标（$j=1$,

2，…，n），X_{ij} 表示 i 市 j 指标的真实数据，$\max(X_{ij})$ 和 $\min(X_{ij})$ 分别表示指标 j 在各市之间的最大取值和最小取值，Z_{ij} 为 i 市 j 指标的指数化数据，数值在 0 至 1 之间。

其次，计算第 i 个研究对象下第 j 项指标的比重 p_{ij}，具体计算公式如式（7.3）所示：

$$p_{ij} = \frac{X_{ij}}{\sum_{i=1}^{m} X_{ij}} \tag{7.3}$$

计算第 j 项指标的熵值 e_j，具体计算公式如式（7.4）所示：

$$e_j = -\frac{1}{\ln m} \sum_{i=1}^{m} p_{ij} \ln p_{ij} \tag{7.4}$$

给指标赋权，定义权重 W_j，具体计算公式如式（7.5）所示：

$$W_j = \frac{1-e_j}{\sum_{j=1}^{n} 1-e_j} \tag{7.5}$$

最后，根据各指标标准化后的数值和指标对应权重，利用加权求和法计算出共享发展指数，具体计算公式如式（7.6）所示：

$$C_i = \sum_{j=1}^{m} Z_{ij} W_j \tag{7.6}$$

第八章

山东省高质量发展中的共享测度

  山东省位于中国东部沿海地区，属环渤海经济圈与黄海经济圈交汇处，北接京津冀地区，南邻经济活跃的江苏省，是华东地区的重要省份。山东省拥有丰富的自然资源和悠久的历史文化，经历多次行政区划调整后，现有16个地级市，自北向南依次是德州、聊城、济南、泰安、淄博、潍坊、东营、滨州、青岛、日照、烟台、威海、临沂、枣庄、济宁、菏泽。近年来，在国家政策的扶持和地方政府及民众的共同努力下，山东省在多个领域取得了显著进步。然而，与东部沿海其他经济发达的省份如江苏、浙江相比，山东省在国内生产总值总量及一些关键经济指标上仍有提升空间。受历史背景、资源条件、政府政策等多重因素影响，山东省内各地级市之间的发展水平存在差异，不同区域和城乡之间的发展不均衡问题也影响了山东省实现共享发展的步伐，成为制约高质量发展的主要矛盾之一。2024年5月，习近平总书记在山东考察时强调："山东要在全国发展大局中定好位、挑大梁，完整准确全面贯彻新发展理念"，"在解决制约高质量发展的突出矛盾上下功夫，在完善制度、健全机制、激发活力、增添动力上用实劲"[①]。在五大新发展理念中，共享发展是高质量发展的目的，也是破解高质量发展的重要路径。

[①] 新华社：《习近平在山东考察时强调：以进一步全面深化改革为动力 奋力谱写中国式现代化山东篇章》，《人民日报》2024年5月25日第1版。

为了全面评估山东省在推进共享发展方面的进展情况，本书选择山东省全部16个地级市作为评价对象，所使用的数据主要来自《2023年山东统计年鉴》及2023年各省（区、市）的统计年鉴等官方资料。通过深入了解山东省的省情和各地区的发展实际，本书将分析共同富裕建设的现状，并提出相应的对策建议，旨在为山东省推进共享发展提供有益的参考。

第一节 山东省共享发展指标体系的构建与说明

本书紧扣山东省省情，将共享发展作为一级指标，由共享理念的四个基本内涵，即全民共享、全面共享、共建共享和渐进共享作为二级指标，在这四个二级指标下面选择相应的共13个三级指标来构建山东省高质量发展中共享发展的评价指标体系，多维度对共享发展进行合理的评价。

一 关于全民共享的三级指标建构

在构建共享发展指标体系的过程中，本书选定了两个关键的三级指标，分别是城乡居民人均可支配收入比和城乡居民人均消费支出比。这两个指标对于了解城乡居民在经济活动中的差距具有极其重要的意义。衡量全民共享的两个三级指标中，城乡居民人均可支配收入比可以用来衡量城、乡居民的收入差距；城乡居民人均消费支出比可以用来衡量城、乡居民的消费差距。

城乡居民人均可支配收入比是一个核心指标，它能够有效地衡量城市居民与农村居民在收入层面上的差距。可支配收入是指居民在支付个人所得税、财产税及其他经常性转移支出后所余下的实际收入，这部分收入可以由居民自由支配和使用。通过比较城乡居民的人均可支配收入，我们可以清晰地看到城乡之间在经济发展、就业机会以及资源配置等方面存在的差异。这一比值的变动，不仅反映了城乡经济发展的平衡性，也揭示了政策导向和社会公平的实现程度。

城乡居民人均消费支出比则是另一个不可或缺的指标，它用于衡量城乡居民在消费水平上的差距。消费支出是居民日常生活中购买商品和服务的花费，它直接体现了居民的生活水平和消费能力。通过对比城乡居民的人均消费支出，我们可以洞察城乡间在生活质量、消费结构以及消费观念上的不同。这一指标的动态变化，为我们提供了观察城乡消费趋势、评估消费政策效果的重要窗口。

城乡居民人均可支配收入比和城乡居民人均消费支出比，作为衡量全民共享的两个关键三级指标，不仅能够帮助我们全面了解城乡居民在经济活动中的实际差距，也为政策制定者提供了针对性参考，以促进城乡经济的均衡发展和全民共享的实现。

二 关于全面共享的三级指标建构

衡量全面共享的三级指标主要反映了共享发展成果在各个方面的共享程度。衡量全面共享的三级指标，是一个多维度、全方位的考量体系，它不仅涵盖了经济、社会、文化等多个领域，还深入了住房、健康、教育、文化服务以及人居环境等具体方面。这些指标共同构建了一个评价社会共享发展成果的综合框架，为了解社会进步和民生改善提供了量化的依据。

在住房问题上，商品房平均售价增速成为一个重要的观察窗口。住房是居民生活的基础，商品房售价的增速不仅关系居民的经济负担，更在一定程度上反映了居民的居住条件。若房价增速过快，可能会加剧社会矛盾，影响居民的生活质量和幸福感。因此，将商品房平均售价增速作为衡量住房共享程度的指标，有助于及时发现问题，调整政策，确保住房市场的健康发展，从而让更多居民能够享受到合理的居住条件。

健康问题则是另一个关乎全民福祉的重要领域。本书选取了"每万人拥有卫生机构床位数"和"每万人拥有卫生技术人员数"两个指标，分别从医疗资源的硬件和软件两个方面进行考量。床位数反映了医疗机构的接待能力，是评价一个地区医疗资源是否充足的重要标志；而卫生技术人员数则体现了医疗服务的专业水平，他们的数量和专业素养直接关系医疗服务质量和效率。这两个指标共同构成了评价一个地区医疗卫生服务能力的综合体系，对于提升全民健康水平具有重要意义。

教育是国家发展的基石，也是实现社会公平的重要途径。在教育问题上，"教育财政支出占比"成为一个关键的衡量指标。这个比例不仅反映了政府对教育的重视程度，也直接影响了教育资源的分配和教育质量的提高。政府通过增加教育投入，改善教学设施，提高教师待遇，可以进一步促进教育公平，为每个孩子提供均等的教育机会。

文化服务层面的共享则通过"人均公共图书馆藏书量"这一指标来体现。公共图书馆作为传播知识、丰富民众文化生活的重要场所，其藏书量的多少直接关系文化服务的普及程度和质量。一个地区如果人均公共图书馆藏书量丰富，那么居民就能更方便地获取各种文化知识，从而提升自身的文化素养和生活品质。

总之，在人居环境层面，"人均公园绿地面积"成为衡量绿化环境共享程度的重要指标。公园绿地不仅是城市居民休闲娱乐的好去处，更是改善城市生态环境、提升城市品质的关键因素。政府通过增加公园绿地面积，不仅可以为居民提供更多的休闲空间，还能有效提高城市的空气质量和生活环境，让居民享受到更加宜居的城市生活。

以上三级指标从多个角度全面反映了共享发展的成果和水平。我们通过对这些指标的持续监测和评估，可以及时发现问题和不足，为政策制定和调整提供有力的数据支持，从而推动社会的全面进步和共享发展。

三 关于共建共享的三级指标

衡量共建共享的指标体系中，本书选取了工资指数和劳动指数作为关键的三级指标。工资指数主要是从经济参与方面来体现共建共享的，选取"工资总额占比"来反映工资与经济发展水平之间的关系；劳动指数选取"就业人数占总人数比"来反映劳动参与程度。衡量共建共享的两个三级指标从经济参与的角度全面体现了共建共享理念,同时为量化评估社会共建共享水平提供了重要依据。

关于工资指数。工资作为劳动者参与经济活动最直接的回报,是衡量共建共享程度的重要指标之一。在这里,本书选择"工资总额占比"来具体反映工资与经济发展水平之间的关系。这一指标关注的是工资总额在国内生产总值或企业总产值中的比例,它不仅能够揭示劳动者在经济活动中所获得的报酬份额,还能在一定程度上体现经济发展的成果是否真正惠及了广大劳动者。工资总额占比的提高,意味着劳动者在经济活动中的收益份额不断增加,这既体现了劳动者在经济共建中的贡献得到了更合理的回报,也反映了经济发展成果更多地被劳动者所共享。反之,如果工资总额占比下降,则可能表明劳动者的收益未能与经济发展同步增长,这在一定程度上会抑制劳动者的积极性和共建的动力。

关于劳动指数。劳动是共建共享的基础,没有劳动者的广泛参与,共建共享就无从谈起。为了反映劳动参与程度,本书选取了"就业人数占总人数比"作为劳动指数的核心指标。这一指标通过计算就业人数与总人口的比例,直观地展现了社会中劳动力的利用程度和民众的劳动参与度。就业人数占比高,意味着更多的社会成员能够通过劳动参与到经济活动中,这既是共建的体现,也是共享的前提。广泛的劳动参与不仅有助于推动经济的持续发展,还能增强社会的凝聚力和稳定性。同时,高就业率也意味着更多的劳动者能够通过自己的劳动获得收入,从而提升生活水平,实现个人价值。反之,如果就业人数占比下降,则可能表明社会共建的动力不足,部分社会成员无法通过劳动有效参与到经济活动中,这不仅会影响他们的生活质量,还可能加剧社会的不平等和不稳定。

综上所述,工资指数和劳动指数作为衡量共建共享的两个关键三级指标,分别从经济回报和劳动参与两个方面全面体现了共建共享理念。通过对这两个指标的深入分析和持续优化,我们可以更加准确地把握社会共建共享的现状和趋势，为政策制定和社会管理提供有力的数据支持。同时，这两个指标提供了一个观察和评价社会经济发展是否真正惠及广大劳动者的窗口，有助于及时发现问题，调整策略，推动社会的全面进步和共享发展。

四 关于渐进共享的三级指标

在探讨衡量渐进共享的指标时，本书主要聚焦三个核心的三级指标：城镇消费指数、农村消费指数以及收入水平指数。衡量渐进共享的三个三级指标中，城镇消费指数指的是城镇居民恩格尔系数，反映城镇居民的生活水平；农村消费指数指的是农村居民恩格尔系数，反映农村居民的生活水平；收入水平指数选取"人均可支配收入"。这些指标从不同的维度细致入微地描绘了居民生活质量的渐变画卷，为评估共享发展的成果提供了有力的数据支撑。

1. 城镇消费指数

城镇居民恩格尔系数作为食品支出总额占个人消费支出总额的比重，深刻地反映了居民的生活状况和消费结构，是衡量城镇居民生活水平的重要指标。在城镇环境中，这一系数的变化往往与居民的生活品质紧密相连。随着经济的持续发展和城镇化的不断推进，城镇居民的恩格尔系数通常会呈现下降趋势，这意味着食品支出在总消费中的比重逐渐降低，而更多的支出被用于教育、娱乐、旅游等非食品类消费。这种转变不仅体现了城镇居民生活水平的提升，也揭示了消费结构的优化和升级。城镇消费指数的变化还可以反映出城镇基础设施建设、公共服务水平以及社会保障体系的完善程度。一个较低的恩格尔系数往往意味着城镇居民在基本生活需求得到满足的同时，有更多的资源和机会去追求更高层次的精神文化需求，这是社会进步和共享发展的重要体现。

2. 农村消费指数

农村消费指数主要是指农村居民恩格尔系数，这同样是观察农村社会经济发展状况的一个重要窗口。与城镇相比，农村地区的发展往往面临着更多的挑战和限制。然而，随着乡村振兴战略的不断推进，农村居民的生活水平也在稳步提升。恩格尔系数下降，在这里同样意味着农村居民生活质量和消费能力的提升。值得注意的是，农村消费指数的变化还能反映出农村产业结构调整的成效以及农村市场的发展状况。随着农业现代化的推进和乡村旅游业的兴起，农村居民的收入来源日益多元化，消费结构也发生了深刻变化。恩格尔系数下降，不仅体现了农村居民物质生活水平的提高，更彰显了他们在精神文化生活方面的追求和进步。

3. 收入水平指数

收入水平指数主要是选取了"人均可支配收入"作为衡量标准。人均可支配收入是居民可用于最终消费和储蓄的总和，即居民可用于自由支配的收入。这一指标直观地反映了居民的经济实力和生活水平，是评估共享发展成果的关键指标之一。

随着经济的快速增长和社会的全面进步，人均可支配收入的提高成为衡量一个国家或地区居民生活水平改善的重要标志。这一指标的增长意味着居民有更多的资源和机会去改善生活品质，实现个人价值。同时，人均可支配收入的提升也为居民提供了多种消费选择和广阔的投资空间，进一步推动了内需的扩大和经济的持续发展。在渐进共享的过程中，人均可支配收入的增长还体现了社会公平正义的实现程度。一个合理且持续上升的人均可支配收入水平，不仅有助于缩小贫富差距，促进社会和谐稳定，还能激发居民的创新精神和创业热情，为经济社会发展注入源源不断的活力。

综上所述，城镇消费指数、农村消费指数以及收入水平指数这三个三级指标，分别从城镇、农村以及个体收入三个层面全面而深入地反映了渐进共享的发展成果。通过对这些指标的细致分析和综合评估，我们可以更加准确地把握居民生活质量的提高轨迹，为未来的政策制定和社会发展提供有力的数据支持和方向指引。

本书所选定的4个二级指标、13个三级指标涵盖了经济、社会、文化、生态等多个领域，较为充分地体现了共享发展的多维特质和丰富内涵，具体的指标体系见表8-1。

表8-1　　　　　山东省共享发展样本指标体系

二级指标	三级指标	测算指标	指标方向
全民共享	收入差距指数	城乡居民人均可支配收入比	逆向
	消费差距指数	城乡居民人均消费支出比	逆向
全面共享	经济指数	人均地区生产总值	正向
	住房指数	商品房平均售价增速	逆向
	公共卫生指数	每万人拥有卫生机构床位数	正向
	医疗人员指数	每万人拥有卫生技术人员数	正向
	教育投入指数	教育财政支出占比	正向
	公共文化指数	人均公共图书馆藏书量	正向
	绿化环境指数	人均公园绿地面积	正向
共建共享	工资指数	工资总额占比	正向
	劳动指数	就业人数占总人数比重	正向
渐进共享	城镇消费指数	城镇恩格尔系数	逆向
	农村消费指数	农村恩格尔系数	逆向
	收入水平指数	人均可支配收入	正向

注：本部分选取山东省全部地级市的相关数据，所有数据来源于《2023年山东统计年鉴》。

第二节　山东省共享发展指标体系的测度结果

本书涉及全民共享、全面共享、共建共享、渐进共享四个维度涵盖了共享发展的各个方面，还体现了共享发展的动态性和层次性，上述四大类、13个指标可以从不同的侧面和层次度量山东省共享发展水平，本文利用Spssau软件，计算得出各指标权重，计算结果见表8-2。

表 8-2　　　　山东省共享发展的评价指标体系权重

二级指标	三级指标	测算指标	指标权重
全民共享	收入差距指数	城乡居民人均可支配收入比	6.27%
	消费差距指数	城乡居民人均消费支出比	4.40%
全面共享	经济指数	人均地区生产总值	13.31%
	住房指数	商品房平均售价增速	6.03%
	公共卫生指数	每万人拥有卫生机构床位数	4.42%
	医疗人员指数	每万人拥有卫生技术人员数	9.76%
	教育投入指数	教育财政支出占比	4.83%
	公共文化指数	人均公共图书馆藏书量	9.85%
	绿化环境指数	人均公园绿地面积	6.68%
共建共享	工资指数	工资总额占比	5.98%
	劳动指数	就业人数占总人数比重	6.61%
渐进共享	城镇消费指数	城镇恩格尔系数	7.93%
	农村消费指数	农村恩格尔系数	5.34%
	收入水平指数	人均可支配收入	8.57%

一　山东省各地市共享发展总体情况

通过上述共享发展相关指标以及测度方法，2022 年山东省各地级市的共享发展水平测度结果见表 8-3。根据共享发展的得分情况，我们可以将山东省 16 个地级市划分为三个梯队：第一梯队（$0.8 \geq CP_i > 0.6$）包括东营市、威海市，共享发展得分在 0.6 以上，与其他城市得分差距较为明显，是山东省共享发展程度较高的两个城市；第二梯队（$0.6 \geq CP_i > 0.4$）包括济南、潍坊、淄博、青岛、泰安、滨州、烟台 7 个地级市，共享发展得分在 0.4~0.6，各城市之间的共享发展得分差距较小；第三梯队（$CP_i \leq 0.4$）包括济宁、临沂、日照、德州、枣庄、菏泽、聊城 7 个城市，共享发展得分在 0.2~0.4，分数较低。总体来看，各梯队之间共享发展水平差距明显，第一梯队的共享发展水平明显高于第三梯队。

表 8-3   2022 年山东省各市共享发展得分

梯队	城市	共享发展	全民共享（排名）	全面共享（排名）	共建共享（排名）	渐进共享（排名）
第一梯队 ($0.8 \geq CP_i > 0.6$)	东营	0.713	0.018 (15)	0.421 (1)	0.072 (4)	0.202 (1)
	威海	0.661	0.043 (12)	0.377 (2)	0.081 (1)	0.160 (2)
第二梯队 ($0.6 \geq CP_i > 0.4$)	济南	0.584	0.001 (16)	0.351 (3)	0.075 (3)	0.158 (3)
	潍坊	0.526	0.067 (6)	0.238 (6)	0.068 (5)	0.153 (5)
	淄博	0.512	0.049 (10)	0.261 (6)	0.046 (13)	0.156 (4)
	青岛	0.484	0.026 (14)	0.274 (4)	0.049 (12)	0.134 (6)
	泰安	0.472	0.072 (4)	0.194 (10)	0.081 (1)	0.124 (7)
	滨州	0.454	0.059 (8)	0.235 (7)	0.065 (8)	0.094 (9)
	烟台	0.442	0.048 (11)	0.263 (5)	0.068 (5)	0.064 (11)
第三梯队 ($CP_i \leq 0.4$)	济宁	0.396	0.065 (7)	0.185 (11)	0.045 (14)	0.100 (8)
	临沂	0.381	0.037 (13)	0.198 (9)	0.057 (10)	0.088 (10)
	日照	0.379	0.053 (9)	0.218 (8)	0.067 (7)	0.041 (13)
	德州	0.337	0.107 (1)	0.132 (12)	0.060 (9)	0.038 (14)

续表

梯队	城市	共享发展	全民共享（排名）	全面共享（排名）	共建共享（排名）	渐进共享（排名）
	枣庄	0.293	0.072（4）	0.126（13）	0.057（10）	0.038（15）
	菏泽	0.250	0.084（3）	0.082（16）	0.036（15）	0.048（12）
	聊城	0.243	0.086（2）	0.089（15）	0.032（16）	0.035（16）

山东省各地市的共享发展水平存在一定差异，但整体上处于一个中等偏上的水平。平均值为 0.445，显示出山东省在共享发展方面有一定的基础，然而，标准差为 0.136，这说明各地市之间的共享发展水平存在差异，具体情况见表 8-4。

表 8-4　　　　　　　　山东省共享发展综合得分基本情况

	平均值	标准差	最小值	25%分位数	中位数	75%分位数	最大值
数值	0.4454	0.136	0.243	0.369	0.448	0.516	0.713

二　共享发展各维度情况

前文对山东省各地级市 2022 年的共享发展水平进行了测度并分析了整体情况，为了更全面了解山东省共享发展情况，我们需要从共享发展的四个基本内涵，即全民共享、全面共享、共建共享、渐进共享来分析山东省各地级市的共享发展情况以及推动共享发展的驱动因素和制约因素。

（一）关于全民共享

在全民共享这一维度下，16 地市的全民共享指数平均值为 0.055，德州全民共享指数的最高值达到了 0.107，在推动全民共享方面取得了显著成效，全民共享指数的标准差为 0.027，如图 8-1 所示，这表明各地市在经济发展水平、政策导向、资源配置等多种因素影响下，全民共享发展方面呈现出一定的层次性和差异性，需要进一步加强相关工作，根据自身实际情况，制定和实施针对性的政策和措施，以缩小与其他地市的差距，推动全民共享的均衡发展，实现更加公平和可持续的共享发展。

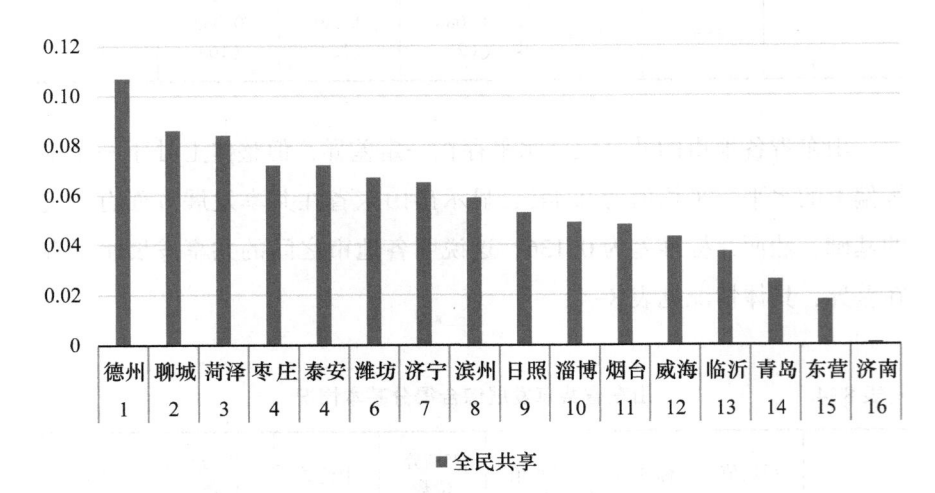

图 8-1 山东省 16 地市全民共享指数

（二）关于全面共享

从整体来看，16 地市的全面共享指数平均值处于中等偏上水平，如图 8-2 所示，这表明大部分地市的经济社会生态发展成果共享已经取得了一定的成效。尽管部分地市的共享发展水平较高，但标准差较大，各地市之间的共享发展水平存在显著差异，有部分地区明显滞后，地区发展不均衡。这种不均衡可能会加剧地区间的经济差距，对整体经济的稳定和持续发展构成挑战。此外，我们从图中数据可以看出，各地市在执行共享发展相关政策时，力度和效果存在差异。一些地区可能由于政策执行不到位或对政策理解有误，导致共享发展的实际效果不佳。

第八章 山东省高质量发展中的共享测度

各地市的共享发展水平参差不齐可能与缺乏统一的发展规划有关,缺乏明确、统一的发展目标和路径,各地市在推进共享发展时各自为政,难以形成合力。

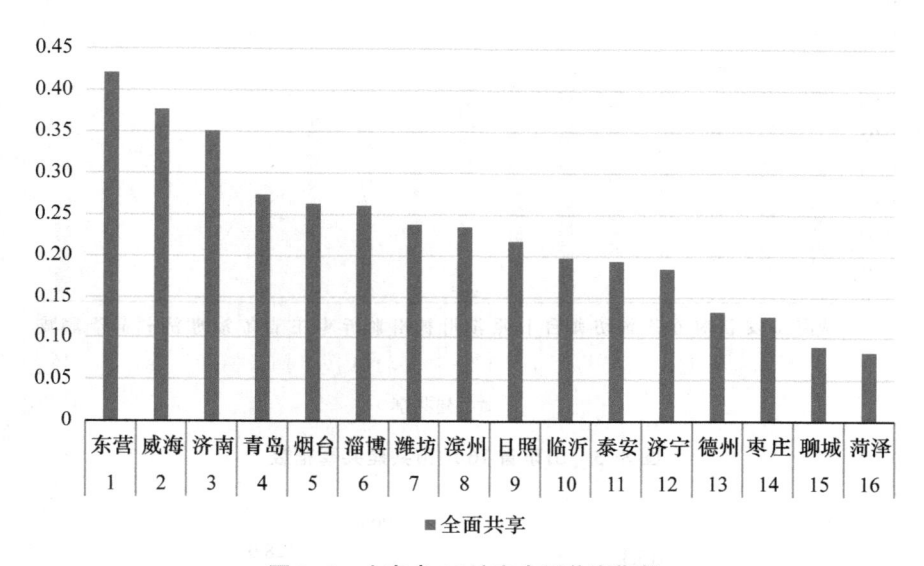

图 8-2 山东省 16 地市全面共享指数

(三) 关于共建共享

山东省 16 地市共建共享发展水平的平均值为 0.059,以这个平均值作为衡量各地市共建共享发展水平的一个基准,通过观察数据,我们发现各地市的共建共享发展水平存在显著差异,最高值(威海的 0.081)和最低值(聊城的 0.032)的对比较为明显,这种差异反映了山东省内发展的不均衡性,某些地区在共建共享方面取得了显著成效,而另一些地区则相对滞后,如图 8-3 所示。在高于平均值的城市中,如威海、泰安、济南等,这些城市在共建共享方面做得相对较好,与其经济发展水平、政策支持、资源配置等多方面因素有关。这些城市的成功经验值得其他城市借鉴和学习。结合就业人口数据,如图 8-4 所示,山东省各地市的共建共享与就业人口比例可以分析出城市在经济发展与就业机会创造上的协调性。从表中数据我们可以看出，威海就业人口比例最高，这说明威海在经济发展和就业机会创造上相对较为协调。

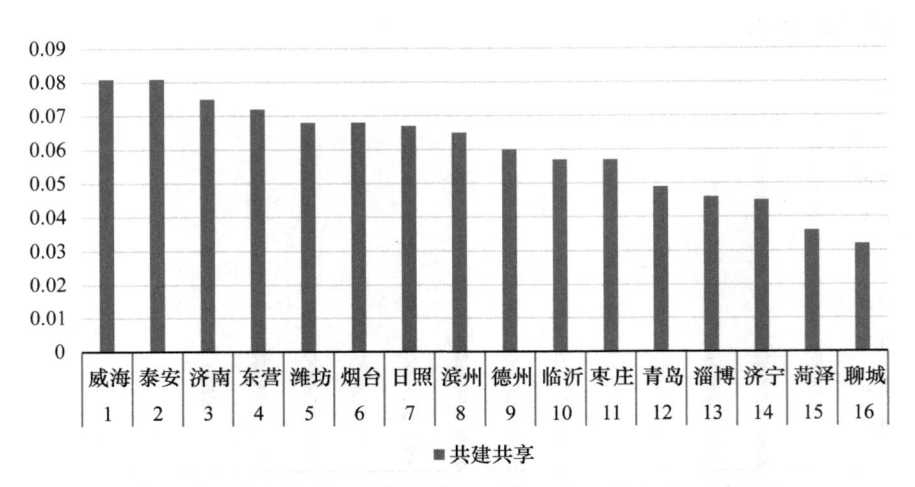

图 8-3 山东省 16 地市共建共享指数

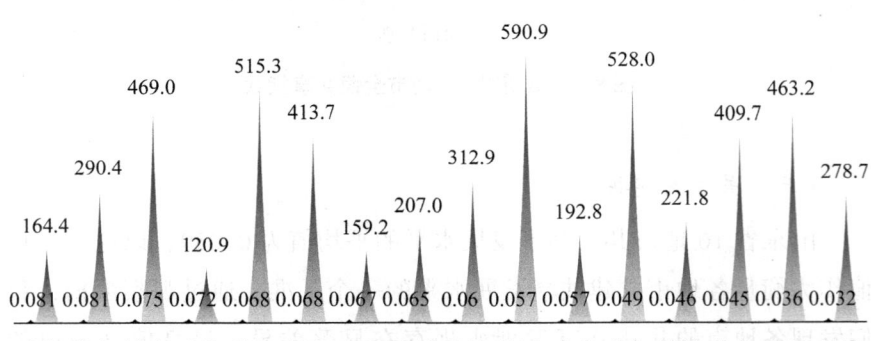

地市	威海	泰安	济南	东营	潍坊	烟台	日照	滨州	德州	临沂	枣庄	青岛	淄博	济宁	菏泽	聊城
排名	1	2	3	4	5	6	7	8	9	10	11	12	13	14	15	16
共建共享	0.081	0.081	0.075	0.072	0.068	0.068	0.067	0.065	0.06	0.057	0.057	0.049	0.046	0.045	0.036	0.032
就业人口	164.4	290.4	469.0	120.9	515.3	413.7	159.2	207.0	312.9	590.9	192.8	528.0	221.8	409.7	463.2	278.7

图 8-4 山东省 16 地市共建共享指数与就业人口比例

（四）关于渐进共享

渐进共享是一个经济和社会发展的理念，强调在经济增长和社会进步的过程中，逐步实现资源和福利的更广泛共享。渐进共享是共享发展从不均衡到均衡的动态发展过程，强调的是共享发展的覆盖面，在上表数据中，山东省 16 地市共享发展的均值为 0.102，渐进共享发展水平高于平均值的城市包括东营、威海、济南、淄博、潍坊、青岛和泰安，渐进共享发展水平最高的城市是东营，其渐进共享发展水平为 0.202，各地市的渐进共享发展水平存在一定差异，如图 8-5 所示。在经济发展中，渐进共享的理念要求政策制定者关注社会各个阶层的需求，确保经济发展成果能够惠及更多人。例如，在教育、医疗、社会保障等方面，应逐步实现更广泛的覆盖和更高质量的服务，让更多人享受发展带来的红利。在现阶段，山东省各地市实现脱贫攻坚成果的巩固与乡村振兴有效衔接是渐进共享的重要体现。

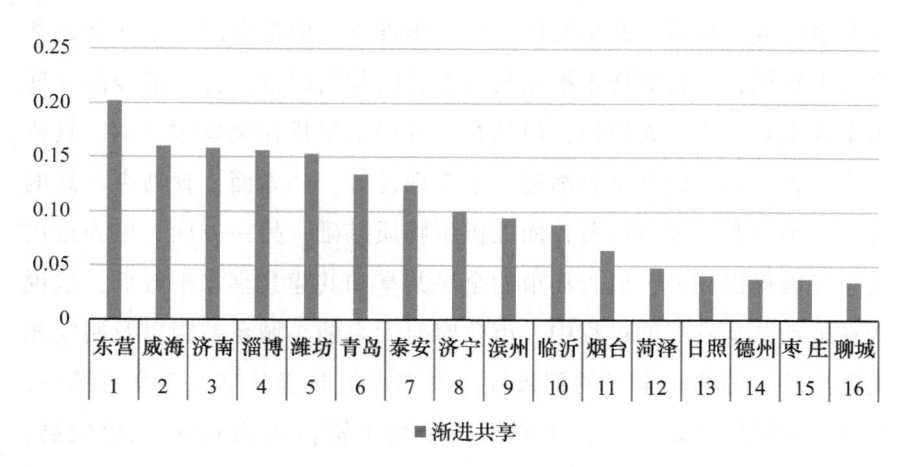

图 8-5　山东省 16 地市渐进共享指数

综合以上分析，首先考察第一梯队的城市。2022 年，共享发展排名前两位的是东营市和威海市，从表 8-3 中可以看出，东营市和威海市的全面共享、共建共享、渐进共享均在全省前列，东营市分别排在第一名、第四名和第一名，威海市分别排在第二名、第一名和第二名，这说明这两个城市在共享覆盖面和全民参与以及平稳推进三个方面都有较好的表现，但是这两个城市的全民共享程度不佳，分别位于全省第 15 名和第 12 名，全民共享衡量的是城乡差距，这说明东营市和威海市的城乡收入消费差距较为明显，这在一定程度上也与当地的经济发展水平相关。

共享发展的第二梯队分别为济南、潍坊、淄博、青岛、泰安、滨州、烟台7个市。其中，山东省省会济南市的共享发展程度明显领先于第二梯队的其他6个市，其全面共享、共建共享、渐进共享均排全省第3名，是济南市共享发展的驱动因素，但是全民共享程度较低，作为省会城市，济南市的经济发展水平在全省位于前列，这在一定程度上说明济南市内部的不均衡问题比较突出。潍坊市在全民共享、全面共享、共建共享、渐进共享的排名比较均衡，共享发展水平整体上较好。淄博市的全面共享和渐进共享表现良好，这说明发展成果由人民共享的成绩显著，共享发展也在稳步推进，但是全民共享和共建共享水平较低，这是淄博市推动共享发展的制约因素。青岛市经济发展水平在全省处于领先地位，但其共享发展水平排在全省中上游，具体来看，青岛市全面共享和渐进共享表现良好，一方面，青岛市较高的经济水平为共享发展的覆盖面提供了物质基础；另一方面，也为推进共享发展提供动力，但青岛市的全民共享和共建共享水平较低，这说明在推动共享发展的过程中，市政府要大力缩小城乡差距以及制定相关优惠政策等调动全民的积极性。泰安市的共建共享位于全省第一，是共享发展的驱动因素，主要来自平均工资占人均GDP比值较高，在短板方面，泰安市的全面共享水平较低，位列全省第10位，这说明发展和改善民生，实现更多发展成果由人民共享应当成为泰安市推动共享发展的突破口。滨州市的共享发展综合得分排在全省第8位，其在全民共享、全面共享、共建共享、渐进共享四个方面的排名比较平衡，没有明显的优势和短板。作为沿海城市，烟台市具有丰富的旅游资源，生产总值也位居全省前列，全面共享和共建共享是其共享发展的驱动因素，但是全民共享和渐进共享水平相对较低，这说明缩小城乡差距，挖掘经济发展潜力是其首要任务。

共享发展第三梯队分别为济宁、临沂、日照、德州、枣庄、菏泽、聊城6个市。其中，济宁市全民共享和渐进共享处于中游水平，是其共享发展的驱动因素，但是存在共享发展覆盖面不全和全民参与度不高的问题。临沂市整体排在全省第 11 位，没有明显的驱动因素，在一定程度上与其经济发展水平相关，同时其城乡收入消费差距较为明显。日照市主要短板在于共享的可持续发展能力不足，因此市政府应当注重挖掘推动共享发展的经济潜力。德州、枣庄、菏泽、聊城四个城市的共享发展表现相似，均表现在全民共享位于全省前列，但其他三个方面水平较低，如何提升更基本公共服务保障水平、采取更多惠民政策调动民众积极性、提升可持续发展能力成为这四个城市共享发展道路上的主要难题。

第三节 山东省共享发展的制约因素分析

近年来，山东省在国家政策的支持下以及政府和人民的共同努力下在各方面取得了进步。通过前文对山东省共享发展指标进行测度分析后，我们初步了解到山东省各市在推动共享发展过程中的问题与矛盾，但仍需进一步挖掘问题背后的制约因素，即在高质量发展中山东省推动共享发展存在的问题，主要包括经济发展动能转化不充分、区域城乡协调发展存在短板、民生保障水平有待提高、精神文明生活水平有待提高、基层组织治理能力和治理水平仍需提升五个方面的问题。

一 经济发展动能转化不充分

经济指数是测算共享发展的基础指标，在经济指数的影响因素中创新高质量发展的关键要素，是推动经济发展的核心动力，对于区域经济的持续增长和转型升级具有至关重要的作用，在推动共享发展的进程中发挥重要的基础性作用。山东省作为我国东部沿海的重要经济省份和中国北方经济社会发展的坚强战略支撑，近年来在经济发展新旧动能转化方面进行了积极探索，聚焦标志性产业链领域，在集成电路、高性能服务器、工业母机与行业装备、轨道交通与动力装备、新能源装备、船舶海工装备、农机装备、医药产业链、纺织服装产业链等领域补齐核心技术短板、构建产学研用深度结合的科技创新体系，为推动高质量发展打下产业链基础。但整体上还是以传统制造业为主，从整体上看，创新动能开拓还不够充分，仍存在一些问题和挑战，成为制约山东省整体经济实力进一步提升的重要因素，进而影响了共享发展的经济基础。

（一）创新活动普及度与深度不足

尽管山东省在科技创新方面取得了一定成就，但整体上创新活动的普及度和深度仍显不足。根据《全国企业创新调查年鉴（2023）》数据显示，山东省内开展创新活动的规模以上企业所占比重并未达到理想水平，在全国31个地区中排名第八，与浙江、广东、江苏等东部地区发达省份相比存在一定差距，位次在湖南、安徽、湖北等中部地区省份之后。这表明在山东省内，仍有大量企业特别是中小企业未能有效参与到创新活动中，在地区经济发展水平较低的城市，存在一些企业的创新意识不足，创新能力需求和能力相对较弱，缺少把握科技创新的规律和趋势的眼光，不善于作出开展创新活动的相关决策，一些地方高校和科研院所较少，企业与本市及其他市的高校和科研院所的合作不够密切，由此造成科技成果的产出较少，能够推动经济发展的创新成果更少。创新活动的层次和水平有待提升。

（二）区域创新能力发展不均衡

山东省内各地区的创新能力发展存在明显的不均衡现象。根据《山东省区域科技创新能力评价报告2021》数据显示，"2020年，济南、青岛、济宁、烟台、潍坊、东营6个国家创新型城市研发经费支出占全省的比重超过1/2，地方财政科技支出占全省的比重接近70%"[①]，其中，胶东经济圈青岛、威海、潍坊、烟台、日照五市的发明专利占全省总量的一半，高新技术企业超过全省总量的一半，而部分地区则相对滞后。

---

① 王亚楠：《山东省区域科技创新能力评价报告2021》，《大众日报》2022年3月25日第3版。

这种不均衡不仅影响了山东省整体创新能力的提升，也制约了新旧动能转化的速度和效果。

新旧动能转化不充分将直接制约山东省经济的持续健康发展。缺乏足够的创新动力和能力，企业难以在激烈的市场竞争中脱颖而出，进而影响整个产业链的升级和经济的稳健增长。高质量发展大趋势下产业结构优化升级也受新旧动能转化的影响。传统产业比重过大、新兴产业发展不足的问题将制约山东省产业向高端化、智能化、绿色化方向发展，从而影响经济的整体质量和效益。影响社会公平与共享发展新旧动能转化不充分会导致资源分配不均和社会阶层分化加剧。创新资源和机会的不均衡分布使得部分地区和群体难以享受创新发展的红利，从而影响社会公平和共享发展。

二　区域城乡协调发展存在短板

区域协调发展是高质量发展的必然要求。近年来，山东省积极推进海陆协同发展、城乡协同发展，随着政策的实施，城市和农村都实现了较快发展。但从实际发展情况及前文数据分析中，我们可以看出，山东省内的协调发展还存在短板，各地区之间、城乡之间发展不平衡问题突出，集中表现为胶东地区的发展水平显著高于鲁西地区，同时，城市与乡村之间的差距也较为显著。

从具体指标的数据来看，根据2023年山东省统计年鉴公布的数据，2022年，青岛、济南、东营的人均可支配收入位于前三，分别为53735元、48827元、48101元，而德州、聊城、菏泽在全省排名靠后，分别为27321元、25863元、25190元，如图8-6所示。

衡量城乡差距最直观的指标是城乡人均可支配收入之比，据数据统计，2022年安徽省除济南、东营以外的城市，城乡人均可支配收入比均小于2，山东省全省城乡人均可支配收入比为2.22，与浙江省的1.90相比仍有明显差距。

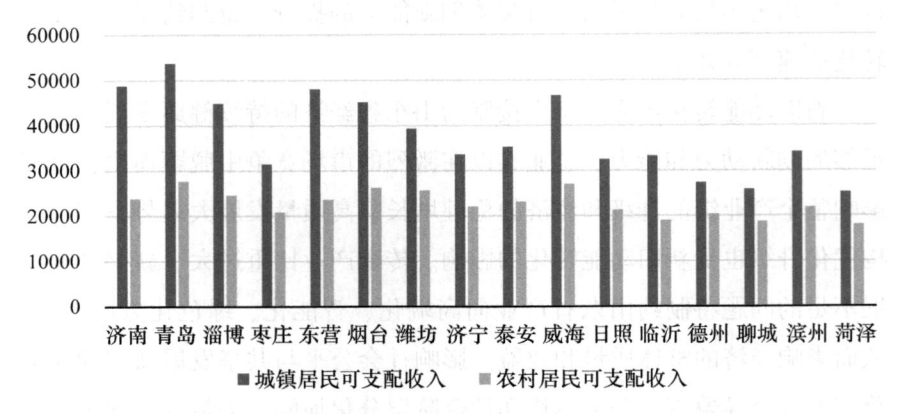

图 8-6　山东省城乡居民可支配收入比（2022 年）

山东各地区之间、城乡之间的发展差距较大的主要原因在于区域产业发展不平衡以及中心城市带动辐射能力不强。山东省内地区和城乡发展差异的主要原因，首先是区域产业发展不均衡、不充分。长期以来，山东省的产业布局相对独立，胶东地区主要聚焦高新技术产业和旅游业等高附加值产业，鲁西地区虽然农业资源丰富，但工业化进程较慢，传统产业转型升级压力大。加之鲁西地区人口密度大，仅依赖农业难以实现快速发展。此外，在农业农村方面，山东省还面临农业效益不高、基础设施薄弱、脱贫攻坚成果巩固任务艰巨等问题。

一方面，山东省内的产业布局及发展对区域协调发展产生直接影响。长期以来，山东省产业分工相对独立。在区域产业结构上，青岛、烟台等地的高新技术产业和海洋产业发展迅速，为当地经济提供了强劲的增长动力。而鲁中和鲁西南地区主要发展农业和工业并以农业为主，虽然有丰富的矿产资源和发展农业的天然优势，但工业化水平较低，传统工业转型升级仍然面临巨大压力，且皖北地区人口众多，仅依赖经济效益较低的农业是很难取得较快发展的。因此，青岛、烟台、威海等沿海地区的整体经济发展水平相对于内陆地区较高。在农业农村发展方面，尽管山东是农业大省，但部分地区如鲁南、鲁西地区农业质量效益不高，"人、地、钱"等要素支撑不够，基础设施相对落后且不完善，巩固脱贫成果面临的挑战较多等，乡村建设任重道远。

另一方面，城市是区域经济的增长极，地方经济的繁荣离不开这些增长极的辐射效应。城市的规模和实力直接决定了其辐射能力的大小，通常城市规模越大，经济实力越强，对周边经济的影响和凝聚力也就越大。以山东省的情况为例，省会济南作为省内最大的城市，在国家政策的扶持以及当地政府与民众的共同努力下，近年来实现了快速发展，逐渐成为区域内的重要经济增长极。尽管济南作为省会城市，其在全国的知名度和排名并不突出，并未跻身中国 15 个副省级城市之列。与经济发达省份的中心城市相比，济南作为中心城市的能级和带动能力仍有待提升，辐射效应相对较弱。近年来，济南与省内其他城市的发展差距逐渐拉大的主要原因在于政府的政策支持和资源配置。《山东省国土空间规划（2021—2035 年）》中指出以济南、青岛为省域双中心，这进一步强化了济南作为区域增长极的地位，从而促进了其快速发展。而周边一些欠发达地区的资源获取能力较弱，难以吸引和留住人才、资金等关键要素，导致发展动力不足，发展差距逐步拉大。再以青岛为例，青岛是山东省辖地级市、半岛蓝色经济区中心城市，青岛的经济实力在山东省内乃至全国都处于领先地位。2023 年，青岛实现 GDP1.57 万亿元，在"万亿俱乐部"中排名第 13 位。这一数字不仅体现了青岛自身的经济实力，也为其在区域经济中发挥更大作用奠定了基础。青岛都市圈发展规划的提出和实施，为青岛与周边城市的合作联动提供了重要平台。海尔、海信、青岛啤酒、中车四方等企业在各自领域内具有较强的竞争力和影响力，能够带动相关产业链上下游企业的发展，但青岛经济社会发展在一定程度上依赖于传统制造业和海洋经济，新兴产业和高科技产业的发展相对滞后，产业链对周边的辐射作用有限。

三 民生保障有待提高

共享发展的核心问题是如何在做大蛋糕的基础上分好蛋糕，共享的对象与民生息息相关，推动共享发展要关注的一个重点领域就是民生领域。在共享发展的13个二级指标中,全部涉及民生问题,从全民共享和全面共享的测度数据可以看出,山东省民生领域的短板仍然存在。由于民生问题涉及范围较广,因此,本书重点聚焦于教育、医疗、就业三个方面。

(一) 教育

在教育领域,当前山东省教育在资源配置、教育质量等方面与优质均衡发展目标还有明显差距。一方面,教育资金投入不够充分、资源比较匮乏,根据国家统计局发布的《中国统计年鉴(2023)》所公布的数据,2022年山东省公共预算教育经费为3401亿元,位列全国第三,虽然排名比较靠前,但与第一位广东省的6018亿元和第二位江苏省的3733亿元差距较大,且公共预算教育经费占国民经济比相对靠后,位于全国23位。尽管山东省整体教育经费投入逐年增加,但相对于庞大的教育体系和快速发展的教育需求而言,经费总量仍然不足。特别是在一些非重点或偏远地区的高校,经费短缺问题更加突出。这限制了这些高校在提高教育质量、改善教学条件等方面的努力。另一方面,山东省虽拥有一定数量的高校,但分布不均。济南和青岛作为山东省的两个主要城市,集中了大量优质高校资源。山东省的"双一流"高校数量相对较少,仅有山东大学、中国海洋大学和中国石油大学(华东)三所。虽然这三所高校在国内具有较高的学术声誉和影响力,但相对于山东省庞大的教育体系和考生数量而言,"双一流"高校资源仍然有限。这限制了山东省在提高整体教育质量、培养高端人才等方面的能力。相比之下,其他内陆或偏远地区的高校资源相对匮乏。这种分布不均导致教育资源在地区间的不均衡配置。

(二) 医疗

在医疗领域,山东省优质医疗资源较为紧缺,农村医疗事业发展仍有待加强。在2023年11月复旦大学医院管理研究所发布全国医院综合排名中,最新发布的全国综合医院百强排行上,前20位没有出现山东省内医院,省内医院最高位次是齐鲁医院(23位)。在山东省内,一方面，2022年，山东省卫生机构总数达到86024个，显示出山东省医疗服务网络的广泛覆盖。另一方面，基层医疗卫生机构占绝大多数（82483个），这表明山东省在推进基层医疗服务体系建设方面作出了显著努力。尽管基层医疗卫生机构数量庞大，但其服务能力（例如，技术水平、设备条件、人员素质等）仍有待提升。这关系居民能否在家门口享受高质量的医疗服务。除此以外，医疗资源在地区间的分布不均仍然是主要问题。经济发达城市拥有更多的医疗资源，而农村地区和欠发达城市则相对匮乏。这种不均衡可能导致医疗服务可及性和质量的差异。医疗资源在地区间的分布不均仍然是主要问题。

另外，尽管卫生技术人员总数较多，但某些专业领域（例如，全科医生、儿科医生、精神科医生等）仍存在人才短缺问题。这限制了医疗服务的全面性和专业性。部分医疗机构存在资源闲置或浪费的情况，导致资源配置效率不高。这需要通过优化资源配置机制、加强管理和监督等措施来解决。不同医疗机构之间的服务质量存在差异。部分机构因设施落后、管理不善等原因导致服务质量不高，影响了患者的就医体验和满意度。

（三）就业

在就业领域，山东省劳动力市场比较活跃和就业规模逐年扩大，2022年，山东省年底就业人员数达到533.8万人，全省的登记失业率降至2.94%，整体就业形势相对较好。相较于其他省份的一个突出特点是城镇非私营单位就业人数占比较高，公共部门、国有企业及大型服务机构等领域有较多的就业机会。从行业细分来看，制造业、建筑业、批发和零售业、交通运输业、仓储和邮政业等行业的就业人数较多，因此，尽管就业总规模庞大，但就业结构相对单一，主要集中在传统行业。随着产业升级和经济转型，需要更多的高素质、技能型人才来支撑新兴产业的发展。区域就业不均衡，就业机会主要集中在经济发达的大城市，而农村地区和中小城市的就业机会相对较少，这导致人才流失和区域发展不平衡。随着产业升级和经济转型的加速，山东省的就业结构需要进一步优化,以适应新兴产业的发展需求。当前,传统行业仍然占据较大比重,而新兴行业的人才需求尚未完全得到满足。

目前,山东省再就业矛盾依然明显,整体工资水平不高,山东省各行各业的平均工资水平存在较为明显的差异。信息传输、软件和信息技术服务业、金融业、房地产业等行业的平均工资较高,而农、林、牧、渔业等行业的平均工资相对较低。不同地区的平均工资水平也存在差异。经济发达的城市(例如,济南、青岛)的平均工资普遍高于其他地区,反映了地区经济发展水平和就业机会的不均衡。

山东省的就业状况总体稳定,但仍呈现出行业间和地区间的不均衡特点,主要存在行业间收入差距大、地区间就业质量不均、技能与岗位不匹配、就业稳定性较差以及就业服务体系待完善等问题。地区间的就业不平衡问题依然突出。经济发达地区的就业机会相对较多,而经济欠发达地区的就业机会有限,这导致劳动力流动和人才流失问题。

(四)精神文化生活共享水平有待提高

文化资源共享是全面共享的一个重要方面,相较于物质生活,精神生活很难通过客观而标准化的方式直接进行衡量,因此,本节从精神生活层和公共文化层间接挖掘山东省居民社会文化发展的问题。

2022年,山东省在公共图书馆和群众文化馆站方面的支出:文化事业费为548270万元,文物事业费为175762万元。山东省各市的文化事业发展状况存在差异,但整体呈现出良好态势。各市在公共图书馆、艺术表演团体、艺术表演场所、文化馆(群众艺术馆)、文化站、文化事业费和文物事业费等方面均有一定的投入和发展。其中,济南、青岛、烟台、潍坊、临沂、德州、聊城和菏泽的文化事业发展相对较好,拥有较多的公共图书馆、艺术表演团体和艺术表演场所,以及较高的文化事业费和文物事业费投入。其他城市也在不同程度上有所发展。在文化资源分布中,山东省各市的文化资源(例如,公共图书馆数、公共图书馆藏书量、艺术表演团体、艺术表演场所、文化馆、文化站等)多分布在城市,且以济南、青岛较为集中,而农村此类文化资源相对较少。

文化资源的分布不均导致一些地区特别是农村居民无法享受丰富的精神文化生活。

山东作为孔孟之乡、儒家文化的发源地，儒家文化对山东人文化心理结构的形成产生了深远影响，儒家的仁、义、礼、智、信等观念对山东人民群体性格和文化品格的形成发挥了重要作用。但在经济社会发展过程中，发展的不均衡不充分矛盾尚未解决，特别是城乡的基础设施和公共服务水平发展仍存在一定差距，养老、医疗、教育等方面的配套不完善，缺乏吸引年轻人留在农村的条件，贫富差距的拉大也使得部分农村青年感到失落和无助，部分人群表现出与共享发展所倡导的"共建功夫"相悖的心态，即缺乏实干拼搏的毅力、安于现状、消极懈怠，从而在生活中缺乏动力。在外界影响下容易表现出思想动摇，形成诸如利己主义、享乐主义、拜金主义等错误思想。

另外，公共文化服务效能有待提升。山东省拥有源远流长广博深邃的文化基础，习近平总书记对山东文化发展寄予厚望，他视察山东期间，多次对传承中华优秀传统文化、弘扬沂蒙精神作出重要指示。在高质量发展过程中，乡村文化振兴、旅游产业发展，各地建成了一批高标准的文化新地标，推动了公共文化设施的免费高水平开放，但公共文化资源供给、文化设施、文化服务效能等方面仍有待提升优化。例如，公共文化服务体系、区域间的资源分布并不均衡，经济相对落后的农村地区公共文化服务体系并不健全。此外，不同群体对于公共文化资源的需求和获取能力存在差异。例如，老年人和视障人士等特殊群体在获取公共文化资源方面面临更多困难。尽管山东省已经为部分老年业余文艺团队配备了演出器材，并为视障人士建立了公益性数字文化服务应用平台，但这些举措仍需进一步推广和完善。服务模式相对单一，传统的服务模式无法满足公众多样化的文化需求。尽管山东省在创新服务模式方面进行了尝试，如开展文化惠民工程、推广志愿服务和个性服务等，但这些创新举措的普及程度和实际效果仍有待提升。

总之，山东的文化服务、文化产业等对山东本土优秀传统文化资源的挖掘还不够深入，优秀传统文化的创造性转化和创新性发展尚存在不足，依托丰富齐鲁文化资源的文旅产业新优势尚未形成。特别是依托优秀传统文化的公共文化服务的社会化程度不够高，政府与社会力量的合作不够紧密。这导致公共文化服务的资金来源单一、运营效率不高，难以形成可持续的发展模式。山东省应继续探索和创新优秀传统文化资源挖掘转化模式，结合数字化、网络化等现代科技手段，提供更加便捷、丰富、个性化的公共文化服务，积极引入社会力量参与公共文化服务，拓宽资金来源渠道，形成政府主导、社会参与、多元投入的公共文化服务格局。

（五）基层组织治理能力和治理水平仍需提升

在推动山东省共享发展的过程中，政府扮演至关重要的角色。共享发展的实现，无论是从全民共享度、全面共享度还是共建共享度这三个维度来看，其背后的具体指标所涵盖的领域，均需要依赖于各级政府特别是基层组织的有效治理。基层组织的治理能力在推动地方经济社会发展、维护社会稳定、促进民生改善等方面发挥至关重要的作用，在经济社会实际发展中，基层组织的治理能力的不足往往直接或间接地阻碍了共享发展落实推进，因此，深入分析并提升地方政府的治理能力显得尤为重要。

首先，公职人员作为治理的核心力量，其治理能力的高低直接关乎治理成效。在基层组织中，公职人员作为协同治理的主要参与者、组织者，在新媒体平台迅速发展的今天，治理能力的提升未能及时跟上网络舆情的变化发展，在处理与人民群众利益息息相关的公共事务时，往往会牺牲公平息事宁人，治理理念、治理能力需要进一步提升。特别是应对突发事件过程中，在自然灾害、事故灾难、公共卫生事件等突发事件面前，部分公职人员由于专业知识储备不足，对实际情况掌握不够全面，导致执行能力差、效率低等问题频发。以近年来频发的暴雨灾害为例，尽管山东省在气象预警和灾害应对方面做了大量工作，但仍存在信息来源权威性不足、预警信息覆盖不全面等问题，影响了应急响应的及时性和有效性。

其次，基层组织在基层治理中的自主性、能动性有待进一步提升。随着社会经济的发展和人民群众利益诉求的多元化，基层社会矛盾日益复杂多样。如何有效化解社会矛盾、维护社会稳定成为基层治理的重要挑战。山东省不断完善基层治理的制度建设，包括民主决策、民主管理、民主监督等方面的制度规范，为基层治理提供了有力的制度保障。但在基层治理实践中，行政事务占比重较大，社区活动开展同质化较明显。基层工作者大部分精力用于处理业务工作、行政事务，缺乏足够的时间和精力进行多元化、有针对性、有特色的志愿服务活动和文化娱乐活动。基层治理需要专业人才的支持，但在实际工作中，一些基层单位存在人才短缺的问题，特别是缺乏具有专业知识和管理能力的人才。

最后，基层治理的标准化体系、信息化水平有待完善提升。面对新时代基层治理的新要求，山东省积极探索创新基层治理模式，如推进社区网格化管理、智慧社区建设等，提高了基层治理的智能化、精细化水平。但在基层治理实践中，仍然存在社区工作者的工作标准流程、服务范围不明确，多元治理主体的职责划分不清，有职能重叠的现象。问题处理过程中可参考的解决流程与依据不清晰，治理过程中容易出现行为失范和效率较低的问题。这进一步加大了基层治理的资源投入压力，包括人力、物力、财力等方面。部分地区由于经济发展水平有限，基层治理资源投入不足，影响了治理效果。虽然山东省在推进智慧社区建设等方面取得了一定成效，但整体而言，基层治理的信息化水平还有待提高。信息化手段的不足限制了基层治理效率和精准度。

第九章

在高质量发展中实现共享发展的路径思考

共享发展是社会主义社会发展的必然选择和内在要求，是中国特色社会主义经济社会高质量发展的必然方向，但实现共享发展的过程也面临压力和挑战。前文对山东省共享发展情况进行了实证分析，剖析了山东省在推进共享发展过程中存在的问题。山东新旧动能转换综合试验区是党的十九大后获批的首个区域性国家发展战略综合试验区，承担着国家所赋予的深化新旧动能转换、建设绿色低碳高质量发展先行区的重大历史使命，其在推动共享发展过程中所遇到的主要问题，如经济发展动力转换、区域与城乡间的协调发展、民生保障体系的完善、精神文化生活的丰富以及激发民众参与共享发展的积极性等，具有典型性，同样是我国在广泛推进共享发展过程中不可回避的挑战。

当前，我国正处于一个快速发展与深刻变革并存的时期，经济体量庞大、人口规模巨大、民众需求多元且复杂，既有问题的解决尚未完成，新挑战又层出不穷。这意味着，在追求共享发展实质性成果的同时，我们必须直面并克服重重困难。推动共享发展，不应仅仅停留于理论探讨，更需转化为实际行动，结合新发展阶段的历史定位及共享发展理念的丰富内涵，从多维度、多层次探索实践路径。基于前文对共享发展理论基础的梳理及对山东省实践案例的探讨，我们有必要进一步深化对新发展阶段我国共享发展现实路径的思考，力求提出一套系统、科学且具有针对性的策略建议。这不仅要求我们在理论上有所创新,更需在实践中勇于尝试,不断探索适应新时代要求的共享发展模式,确保共享发展的理念能够真正落地生根,惠及全民。

第一节 以更充分更均衡的发展夯实共享发展的经济基础

一 坚持和完善中国特色社会主义基本经济制度

中国共产党人始终根植于经济发展的具体实际,引领人民在革命、建设与改革的丰富实践中,历经长期而艰辛的探索过程,最终确立了"公有制为主体、多种所有制经济共同发展,按劳分配为主体、多种分配方式并存,社会主义市场经济体制等社会主义基本经济制度"[1]。这一系列基本经济制度,构成了社会主义市场经济体制的坚实基石,在我国社会主义建设进程中发挥不可替代的作用。因此,我们必须坚定不移地维护和贯彻这一基本经济制度,这是确保中国特色社会主义事业始终保持正确航向、不发生根本性变质的重要保障,同时也是实现社会主义制度与市场经济机制有机结合、互利共赢的必由之路。唯有如此,我们才能持续不断地解放和发展社会生产力,稳步朝着共享发展的社会目标迈进。

一方面,我们必须坚定不移地坚持"两个毫不动摇"的基本原则。从马克思主义的理论视角出发,资本主义私有制被视为阻碍生产力进一步发展、导致贫富严重分化的深层次根源。为了促进生产力的蓬勃发展,必须彻底消除资本主义私有制的束缚,实现生产资料的全社会共同所有,这是社会主义制度的本质要求。在我国脱贫攻坚和全面建成小康社会的伟大实践中,公有制经济无疑发挥了中流砥柱的核心作用,这一事实充分证明了社会主义公有制经济不仅是实现共享发展的坚实制度基础,而且是确保社会经济建设始终沿着正确方向稳步前行的关键所在。

---

[1] 《习近平谈治国理政》第三卷,外文出版社 2020 年版,第 126 页。

因此，必须毫不动摇地巩固和发展公有制的主体地位，这是不可动摇的根本原则。同时，我们也应当清醒地认识到，自改革开放以来，我国非公有制经济在党和国家的积极鼓励、大力支持和正确引导下，逐步发展壮大，并且在稳定经济增长、促进就业、激活市场、助力民生改善等方面发挥了不可替代的作用。进入新发展阶段，面对新的历史方位和时代挑战，非公有制经济依然保持其独特的优势和不可替代的作用。因此，在新发展阶段的新历史起点上，我们不仅要坚持和完善社会主义市场经济体制，更要坚定不移地维护公有制的主体地位，同时还要继续充分发挥非公有制经济的积极作用，形成各种所有制经济共同发展、相互促进的良好格局。通过这样的全面布局和深化改革，我们有望实现中国经济的持续腾飞，从而有力地推动社会的共享发展，让发展成果更多更公平地惠及全体人民。

另一方面，作为社会主义基本经济制度的重要组成部分，以按劳分配为主体、多种分配方式并存的收入分配制度，是扎实推动共享发展的基础性制度保障。在新发展阶段，我们必须正确处理好效率与公平之间的关系。在过去很长一段时间里，我们强调的是"效率优先，兼顾公平"的发展理念，但随着国民经济水平的不断提升和社会主要矛盾的转化，这一发展模式需要进行相应的调整和完善。进入新发展阶段，我们更加注重兼顾效率和公平，致力于提高社会发展成果的共享程度，让人民群众产生更多获得感。因此，构建一个既能体现效率又能促进公平的收入分配体系，成为推动共享发展的关键所在。这一体系的构建需要协调好初次分配、再分配和第三次分配，并充分发挥它们各自的作用。具体来说，初次分配需要兼顾好效率与公平的关系，既要发挥市场在资源配置中的决定性作用，提高经济效率，又要注重保障劳动者的合法权益，稳定扩大中等收入群体，防止收入差距过大。再分配则更加注重公平，通过税收、社会保障等政府调节机制，对初次分配形成的收入差距进行合理调节，确保社会成员的基本生活需要得到满足。而第三次分配则是基于社会力量的自愿参与和社会责任感的驱动下进行的资源配置活动，它通过对初次分配和再分配的补充和完善，进一步促进社会公平和共享发展。第三次分配强调的是企业的社会责任、社会公益事业的发展以及个人慈善行为等，这些都有助于在全社会形成更加和谐、公平的氛围。综上所述，通过有效结合初次分配、再分配和第三次分配，充分激发"有效市场+有为政府+有爱社会"的三轮驱动作用。①

二 以新发展理念为指引统筹区域与城乡发展

随着改革的持续深化与不断推进，我国已成功跨越低收入国家的门槛，稳步迈入中等收入国家的行列，这是一条充满挑战与机遇的发展之路。然而，在这一进程中，受自然条件、历史积淀、政策导向等多重因素的交织影响，我国面临着较为突出的区域与城乡发展不平衡问题。这一不平衡现象不仅体现在宏观经济指标的差异上，更深刻地反映在社会结构、公共服务、居民生活水平等多个维度。具体来说，沿海地区凭借其优越的地理位置、开放的政策环境以及丰富的资源禀赋，经济发展迅速，成为全国经济的领头羊。而内陆地区则因地理、交通等制约因素，发展相对滞后，与沿海地区的差距逐渐拉大。同样，城市与农村地区之间的发展鸿沟日益显现，城市在基础设施、教育资源、医疗服务等方面具有明显优势，而农村地区则存在资源匮乏、发展动力不足等难题。解决这两大发展不平衡问题，不仅是实现全体人民共享改革发展成果的客观要求，更是践行共享发展理念、促进社会公平正义的内在需求。在当前社会背景下，以创新、协调、绿色、开放、共享为核心内容的新发展理念应运而生，为解决区域与城乡发展难题提供了重要的指导思路和行动方向。

新发展理念强调，创新是推动发展的核心动力，要通过科技创新、制度创新等手段，激发全社会的创造力和活力，为区域协调发展提供强大引擎。协调则是发展的关键，要注重区域间的均衡发展，优化资源配

---

① 唐任伍、孟娜、叶天希：《共享发展思想演进、现实价值与实现路径》，《改革》2022年第1期。

置，促进城乡一体化发展，缩小地区间的发展差距。绿色是发展的底色，要坚持可持续发展道路，保护好生态环境，实现经济、社会与环境的和谐共生。开放是发展的必由之路，要深化对外开放合作，积极参与全球经济治理，提升我国在国际舞台上的竞争力和影响力。而共享则是发展的根本目的，要让发展成果更多更公平地惠及全体人民，特别是贫困地区和弱势群体，实现共同富裕和社会和谐。

综上所述，新发展理念为解决我国区域与城乡发展不平衡问题提供了全面的理论框架和实践指导。在未来的发展中，我们应深入贯彻落实这一理念，通过制定更加科学、合理的政策措施，推动各地区、各领域实现均衡、可持续发展，让全体人民共享改革发展的红利，共同迈向全面建设社会主义现代化国家的新征程。

（一）创新是推动新发展阶段共享发展的强大动力源泉

创新是引领发展的第一动力，在全球化背景下，面对日趋激烈的国际发展竞争和发展动力转换的客观形势，创新发展已成为中国最根本的出路和战略选择。回顾五百多年的历史，我们可以清晰地看到，技术创新在促进经济社会发展方面发挥了不可估量的巨大作用。它不仅推动了产业革命，还引领了社会变革，为人类社会进步注入了强大的活力。

在新发展阶段，科技创新无疑在全面创新中发挥举足轻重的核心作用。它是推动经济结构优化升级、实现高质量发展的关键所在。

一方面，对于区域发展难题，东部地区可以凭借其经济优势，积极推进经济高质量发展，加快科技成果产业化的步伐，打造具有国际竞争力的创新高地。而中西部地区则可以借助其独特的地理资源和后发优势，打造科技创新的新高地，优化创业生态，吸引更多创新资源和人才汇聚，实现跨越式发展。对于全国农村普遍面临的发展难题，科技创新同样提供了重要的解决路径。我们要以科技引领农村发展，提升农产品的科技含量和附加值，立足各地特色农村资源，打造具有地域特色的农产品产业，推动农村经济的多元化发展。同时，通过加快数字农村建设，我们可以丰富农村生活和经济业态，以"数字+农村"的模式提升现代农业水平，让农民享受更多科技带来的便利和好处。

另一方面，构成科学技术的核心要素在于人才。人才是创新的第一资源，是推动科技创新的关键因素。因此，在吸引和培养高素质人才团队的同时，我们还要努力营造良好的知识产权法治环境和政策环境，保护创新者的合法权益，激发全社会的创新活力。我们要加速形成一种人人崇尚创新、人人皆可创新、人人大胆创新的社会氛围，让创新成为时代的主旋律，让创新者在创新的道路上勇往直前，共同推动中国走向更加繁荣富强的未来。

（二）协调发展是新发展阶段解决发展不平衡问题的根本指南

一方面，针对我国城乡发展不平衡这一长期存在的问题，我们必须将优先发展农业农村作为战略重点，全面推进乡村振兴，力求形成以工补农、以城带乡、工农互促的良性互动关系。具体而言，这一战略的实施需要从两个层面入手：首先，加快户籍制度、农村土地制度以及资本下乡经营管理的改革步伐，打破城乡二元结构的壁垒，畅通城乡要素双向流动的渠道，促进城乡资源的高效配置与利用。其次，通过落实城乡基本公共服务均等化的政策，切实提高农村居民的生活质量，同时加大对农村软硬件设施的投入，巩固农村发展农业的基础，为农业农村的现代化转型提供有力支撑。

另一方面，为了缓解区域发展的现实矛盾，推动全国范围内的均衡发展，新发展阶段必须继续深入贯彻落实区域发展战略，逐步形成高质量发展的国土空间布局和支撑体系。在这一过程中，需要着重把握两个关键点：一是要充分发挥跨区域结对帮扶的智慧与力量，鼓励中国东部发达省市利用自身优势，对口帮扶中西部欠发达省市，通过资源共享、产业协作等方式，促进区域间的协同发展。尤其要加大对七大特殊类型地区的支持力度，包括革命老区、民族地区、边疆地区、贫困地区等，帮助它们克服发展瓶颈，实现跨越式发展。二是要深入挖掘并培植后发区域的独特优势，因地制宜地发展特色产业，打造具有发展潜力的新的区域增长极，通过创新驱动和产业升级，推动这些地区实现经济社会的全面振兴,从而在全国范围内形成多点支撑、协同发展的格局。

(三)绿色发展是新发展阶段共享发展的美丽底色

实现共享发展,不仅要做大经济发展的"蛋糕",更要注重提高"蛋糕"的质量,确保发展成果惠及全体人民。而绿色发展,正是提高这一"蛋糕"质量不可或缺的理念和关键措施。在当前我国资源消耗持续增大、环境污染问题日益严峻的背景下,绿色发展已成为推动经济持续健康发展的必然选择。为此,必须坚定不移地践行绿色发展理念,构建科学、完善的自然和生态保护体系,加快经济发展方式的根本性转变,推动产业向绿色化、低碳化方向转型,逐步形成人与自然和谐共生的良好局面。

实现绿色发展,必须严格遵循自然规律和客观规律,将生态保护置于优先地位。在实施过程中,应充分把握不同重点生态区域的具体特点和实际情况,因地制宜地制定和实施生态治理与修复方案。同时,将"生态+"理念深度融入产业发展的全过程和各领域,促进环境保护与经济高质量发展之间的良性互动和同频共振。这意味着,需要在推动产业转型升级的同时,注重生态环境的保护与修复,实现经济效益与生态效益的双赢。

此外,推动生产生活方式的全面绿色转型也是实现绿色发展的重要一环。这要求不仅在产业层面推广绿色技术和绿色生产方式,还要在社会层面倡导绿色消费和绿色生活方式,逐步形成全社会崇尚绿色生产、绿色生活的良好氛围。通过这样的努力,我们可以为共享发展奠定坚实的生态基础,确保人民群众在享受经济发展成果的同时,也能拥有更加美好的生态环境和生活品质。

(四)开放发展是新发展阶段实现共享发展的重要外部条件

世界的兴衰史和中华民族的奋斗史已经充分证明,封闭必然导致落后,而开放则是繁荣发展的必由之路。在全球化的时代背景下,各国之间的相互依存程度不断加深,中国的发展离不开世界的支持与合作,同样,世界的发展也需要中国的积极参与和贡献。

第九章 在高质量发展中实现共享发展的路径思考

进入新发展阶段，我国以实现共享发展为目标，对外开放模式正逐步转向更高水平。这一转型包含两个重要方面：一方面，要坚持大范围、宽领域的开放策略。具体而言，就是要以"一带一路"倡议为依托，继续放大东部地区的开放优势，同时积极推动中西部地区跳出"开放洼地"的困境。通过国际化的助力，我们可以更好地推动新型工业化、信息化、城镇化以及农业现代化的进程，从而促进区域和城乡的共同发展，缩小发展差距，实现更加均衡和包容的增长。另一方面，要坚持更深层次的制度型开放。这意味着要健全和完善对外开放的体制机制，为国内外企业和个人提供更加公平、透明、便利的投资和营商环境。同时，要积极参与全球经济治理体系的变革，推动构建一个更加公平、合理的国际竞争环境。这将有助于提升我国在国际舞台上的话语权和影响力，为维护全球经济稳定和可持续发展作出更大贡献。

在"百年未有之大变局"的时代潮流中，面对复杂多变的国际形势和国内发展要求，我们还要努力构建双循环相互促进的新发展格局。这一格局旨在通过国内国际两个市场的相互促进，形成更加强劲和可持续的发展动力。我们将继续深化内部改革，提升自主创新能力，同时加强与国际社会的合作与交流，共同应对全球性挑战。通过这样的努力，我们可以为实现共享发展提供"双动力引擎"，推动经济社会持续健康发展，让发展成果更好更公平地惠及全体人民。

共享发展是高质量发展应具有的基本特征，是高质量发展实现路径的价值遵循，它深刻体现了"以人民为中心"的发展思想，旨在通过全面、均衡的发展策略，不断增强全体人民的获得感、幸福感和安全感，确保发展成果由人民共享。在区域和城乡统筹发展的宏大图景中，共享发展的内涵得到了进一步的丰富和深化，它不仅体现在资源分配的公平公正上，确保每个地区和群体都能享受发展带来的红利，还体现在区域及城乡之间的功能互补和共建共享上，强调各区域和城乡之间应发挥各自优势，形成互补互促的发展格局。共享发展要求发达地区在充分发挥自身优势、实现自身发展的同时，也要积极承担社会责任，利用自身的"硬件"如基础设施、资金技术等，以及"软件"如管理经验、制度创新等，为欠发达地区提供有力支持，帮助其提升自我发展能力，实现崛起。这种基于共享理念的发展模式，鼓励并促进了发达地区与欠发达地区之间的良性互动与合作共赢。在具体实践中，相邻的都市圈可以通过加强人才交流、产业合作、旅游合作等多种方式，打破地域界限，共谋发展，形成区域协同发展的新格局。都市圈内的核心城市应充分发挥其引领作用，通过强化与中小城市、农村地区在产业、交通、公共服务等方面的对接与合作，形成辐射带动效应，促进资源要素的合理流动和高效配置。

共享发展强调的是一个全方位、多层次、立体化的现代化经济社会发展合作体系，它要求在推动发展的过程中，不仅要注重经济总量的增长，更要关注发展质量的提高，通过不断探索和创新，逐步走出一条既符合时代要求又体现人民利益，既能促进区域协调发展又能实现城乡融合发展的共享发展新道路，旨在不断增强全体人民的获得感、幸福感和安全感。

第二节 满足人民物质和精神需求，推动全面共享

一 守住民生底线，实现物质财富共富

民生保障作为共享发展实践中的核心议题，始终是社会各界关注的焦点所在。在这一宏大背景下，基本公共服务作为人民群众最直接、最现实的利益需求，其重要性不言而喻。公共服务的质量不仅关乎民众日常生活的品质，更是衡量一个国家或地区人民物质生活富裕程度的关键指标。因此，提升基本公共服务水平，无疑成为提高人民物质生活水平的根本途径和有力举措。

政府作为基本公共服务的提供主体，承载着民众厚重的期待与责

任。在推进共享发展的过程中，政府应当主动担当，积极作为，从广大人民群众的切身利益出发，将提高基本公共服务的供给质量视为己任。这要求政府不仅要关注服务的覆盖面和可及性，更要注重服务的实效性和满意度，确保每一项公共服务都能够真正惠及民众，提高他们的生活质量和幸福感。同时，面对新时代的新要求，政府还需不断创新基本公共服务的供给模式。这意味着要在传统服务模式的基础上，积极探索和引入新技术、新方法，如利用数字化、智能化手段优化服务流程，提高服务效率，或者通过引入社会资本和多元主体参与，形成政府主导、社会参与的公共服务供给新格局。这样的创新不仅有助于提升服务的整体效能，还能更好地适应民众多样化、个性化的需求，使基本公共服务更加贴近民心，真正成为共享发展成果的坚实基石。

（一）提高基本公共服务的供给质量

政府需致力于提高基本公共服务的供给质量。近年来，我国在全面建成小康社会的征途中，于基本公共服务领域取得了显著成就，然而，在服务的丰富性、均衡性以及针对性上，仍存在较大的提升空间。

首先，政府要提高基本公共服务的供给质量，其核心在于坚守"以人民为中心"的发展思想，将人民对美好生活的向往作为行动的指南针。这意味着，基本公共服务的内容不应一成不变，而应随着经济社会的发展变化不断调整和优化，确保服务的多样性和时代性。因此，政府需积极推动教育、养老、医疗卫生、社会保障、公共文化等关键领域的基本公共服务建设，逐步构建一套完善且可持续的基本公共服务体系，以满足人民日益增长的美好生活需要。

其次，基本公共服务的均等化，作为公共服务普及普惠的显著标志，是新发展阶段扎实推动共享发展的内在要求和题中应有之义。实现人民物质生活的富裕，离不开基本公共服务的均等化。这要求政府不仅要持续扩大基本公共服务的覆盖范围，让更多人享受服务的便利，还要统筹协调，推进基本公共服务的均衡分布，确保不同地区、不同群体都能获得大致相当的服务水平。因此，政府应加大对农村地区、西部地区等欠发达地区的基本公共服务财政投入，通过政策倾斜和资源补给，保障这些地区人民的基本公共权益，提升他们的物质生活水平，缩小地域间的发展差距。

再次，在推进基本公共服务均等化的过程中，政府还需警惕平均主义的陷阱。均等化并不意味着无差别地平均分配，而是要根据地区的实际情况，合理控制差距，既保障基本的公平性，又体现必要的差异性。这样，既能确保广大人民群众能够公平地享有优质的公共服务，又能激发各地根据自身条件进行特色化发展的积极性。

最后，政府还应特别关注流动人口群体、相对弱势群体等特殊群体的需求。这些群体由于各种原因，在享受基本公共服务时可能面临更多困难。因此，政府需要制定和完善符合不同群体特点的基本公共服务帮扶机制，通过政策扶持和资源倾斜，加大对重点人群的关爱力度。这样，不仅可以提升基本公共服务的针对性，还能确保这些群体不因客观条件的限制而被区别对待，而是能够真正地享受发展成果，共享社会的繁荣与进步。

（二）创新基本公共服务的供给模式

政府在创新基本公共服务的供给模式上扮演至关重要的角色。基本公共服务的供给不仅是政府的核心职能之一，而且在推动服务均等化的过程中，政府的主导作用无可替代。然而，这并不意味着仅仅依靠政府就能实现优质且均等化的服务。过度依赖政府，或将其视为唯一的供给主体，可能会制约基本公共服务供给质量的提高，限制服务的创新与发展。因此，构建一种由政府主导、多元主体协同参与的基本公共服务供给模式显得尤为重要。这一模式要求政府积极引导企业等市场主体、慈善机构等社会组织参与到基本公共服务的供给中，通过合作与共享，最大限度地利用社会资源，提升服务的整体效能。

政府在供给基本公共服务时，可以采用多种方式。除直接承担公共服务的具体项目外，政府还可以通过购买服务的方式，间接提供基本公共服务。这种政府购买服务的方式，既能够发挥政府在资源配置上的优势，又能够引入市场竞争机制，提高服务质量和效率。实践证明，政府提供财政等资源支持，将一些基本公共服务项目通过公开招标投标等方式转交给社会组织、企事业单位去承担，是一种行之有效的做法。这种方式不仅可以提高财政资金的使用效率，确保资金的透明和合理使用，而且能够更好地满足社会公众的个性化需求，有效提高基本公共服务的供给质量。此外，在信息化时代背景下，基本公共服务的运行每一个环节都需要充分利用信息技术。因此，政府必须高度重视信息技术在基层基本公共服务供给过程中的有效运用。通过信息化手段，政府可以不断提高服务效率，优化服务流程，同时还可以探索更多新型的服务模式，为公众提供更加便捷、高效的基本公共服务。

综上所述，政府在创新基本公共服务供给模式时，需要注重多元主体的协同参与，灵活运用多种供给方式，并充分利用信息技术的优势，以不断提高基本公共服务的供给质量和效率，满足人民日益增长的美好生活需要。

二 加强精神文明建设，实现精神财富共享

马克思以其极其深刻的洞见指出："人以其需要的无限性和广泛性区别于其他一切动物。"① 这一观点不仅揭示了人类需求的本质特征，还为理解共享发展的内涵提供了重要的理论支撑。人的需求确实具有无限性和广泛性，这尤其体现在人的精神层面。与物质层面的需求相比，精神层面的需求显得更深邃、更广阔，它涵盖了认知、情感、价值观、信仰等多个维度。这种需求的无限性，使得人类在满足基本物质需求之后，仍然会不断地追求更高层次的精神生活。因此，在实现共享发展的过程中，我们必须充分认识到人的精神需求的重要性，避免陷入物质与精神发展不平衡的困境。这就要求我们在推动经济发展的同时，也要大幅提高人们的精神生活水平。这意味着，我们需要更加重视教育、文

---

① 《马克思恩格斯全集》第 49 卷，人民出版社 1982 年版，第 130 页。

化、艺术等精神文化领域的发展，为人们提供更多元、更高质量的精神食粮。同时，我们还需要关注社会公平与正义，确保每个人都有平等的机会去追求和实现自己的精神需求。这要求我们在制定和实施共享发展政策时，要充分考虑不同群体的精神需求差异，提供针对性的支持和帮助。

马克思关于人的需求无限性和广泛性的观点，为理解共享发展提供了新的视角。在实现共享发展的过程中，我们不仅要关注物质层面的共享，更要重视精神层面的共享，努力提升人们的精神生活水平，实现物质与精神发展的和谐统一。

（一）强化社会主义核心价值观的引领作用

在推动人民群众精神生活共享进步的过程中，确立一个明确的价值观导向是至关重要的，而这一导向无疑应由社会主义核心价值观来承担。社会主义核心价值观不仅是新时代的精神旗帜，更是引领社会风尚、塑造公民品格的重要力量。为了深化并扩大社会主义核心价值观的影响力，我们必须加强其在社会精神文化生活中的引领作用。当社会主义核心价值观真正植根于人们心中时，它将发挥巨大的作用：协助公众明辨是非，澄清关于共享发展理念的误解，汇聚社会各界对于共享发展价值的共识。此外，它还能激发人们积极向上的生活态度，动员人民群众共同投身到实现精神共同富裕的伟大实践中。

为实现这一目标，我们需要通过多渠道、多层次的方式推广社会主义核心价值观。在校园教育方面，无论是基础教育、职业教育还是高等教育，都应将社会主义核心价值观融入课程体系，使学生在学习过程中自然接受并理解这一价值观。同时，社会各界也应积极响应，利用大众传媒的力量，广泛传播社会主义核心价值观，引导人民群众围绕相关议题展开讨论和思考。通过这样全方位、立体化的宣传教育，我们将营造一个有利于培育和践行社会主义核心价值观的社会环境。这将促使广大人民群众不仅在内心深处真正接受这一价值观，更能在日常行为中自然而然地体现出来。随着社会主义核心价值观的深入人心，整个社会的文明程度将得到提升，人们也会更加自觉地致力于精神生活的共享与发展。

(二) 传承中华优秀传统文化，讲好中国故事

深入探究和讲述中华优秀传统文化与民族复兴百年奋斗历程，实际上是在挖掘和弘扬中华民族的精神根基和历史记忆，这对于我们坚定"四个自信"、凝聚社会共识、推动国家发展具有深远的理论意义和实践价值。

首先，讲述传统文化故事，不仅是传承文化遗产，更是在理论上探索中华文明的深层结构和精神内核。中华优秀传统文化是中华民族几千年文明的积淀，蕴含着深厚的哲学思想、道德规范、审美情趣等。通过深入挖掘这些文化元素，我们可以更深刻地理解中华民族的历史传统、价值观念和民族精神，进而探寻符合时代发展要求的文化共识和价值共识。这种探寻不仅是对过去的回顾，更是对未来的思考和规划，有助于在新的时代背景下构建具有中国特色的社会主义文化体系。

其次，阐述民族复兴的史诗巨作，是在理论上阐述中华民族伟大复兴的历史逻辑和现实路径。百年奋斗历程彰显了中国共产党领导下的人民群众不屈不挠、英勇奋斗的精神风貌，体现了马克思主义与中国实际相结合的伟大力量。我们讲好这段历史，可以使广大人民群众更加深刻地认识到马克思主义的科学性和真理性，更加坚定地拥护党的领导，更加自信地走中国特色社会主义道路。这不仅是对历史的总结，更是对未来的昭示，有助于坚定理想信念，推动中华民族伟大复兴的历史进程。

最后，讲述共同富裕的故事，是在理论上阐释社会主义本质要求和价值取向。共同富裕是社会主义的本质要求，也是中国特色社会主义的重要特征。我们通过深入宣传各行各业勤劳致富的典型案例，可以使人民群众更加直观地感受到社会主义制度的优越性和共同富裕的美好愿景。这不仅有助于激发人们的奋斗精神和创造力，更能在全社会范围内营造一种崇尚劳动、尊重创造、共同奋斗的良好氛围。

综上所述，我们通过深刻讲述中华优秀传统文化、民族复兴百年奋

斗历程以及共同富裕的故事，可以在理论上更加深刻地认识中华民族的历史传统、价值观念和民族精神，更加坚定地推动中国特色社会主义事业的发展。这不仅有助于增强文化自信和民族自豪感，更能为中华民族伟大复兴提供强大的精神动力和理论支撑。

（三）丰富人民精神文化资源的供给

在马克思主义文化观视域下，文化是社会意识形态的重要组成部分，它反映并影响社会经济基础和上层建筑的发展。精神文化资源，作为文化的物质载体和表现形式，承载着人类文明的智慧和创造力，是实现人民精神生活共享与发展的核心要素。

首先，针对边远地区、农村地区等欠发达地区，需运用文化地理学的理论视角，分析这些地区的文化背景和资源状况，找出文化发展遇到的瓶颈。我们通过加大文化财政投入，优化资源配置，可以逐步缩小城乡、区域之间的文化发展差距，实现文化公平与正义，这是社会主义文化建设的基本要求。

其次，关注社会弱势群体的文化需求，体现了社会主义人文关怀和"以人为本"的发展理念。我们运用社会学的理论工具，深入剖析弱势群体的文化心理和需求特点，为他们量身定制符合其实际的精神文化资源，从而在文化层面促进社会融合与和谐。

再次，提高优质精神文化产品的供给水平，需要从文化产业发展的角度进行思考。我们通过借鉴文化产业学的相关理论，更好地培育精神文化队伍，优化文化产品的生产流程，提升文化产业的创新能力和市场竞争力，进而为人民群众提供更多元化、更高质量的文化产品。

最后，创新在文化创作中的作用不容忽视。创新是文化发展的根本动力，也是推动社会主义文化繁荣发展的关键因素。我们要结合创新理论，鼓励文化工作者在继承传统文化的基础上，勇于探索、大胆创新，挖掘传统文化的时代价值，同时积极吸收现代文化元素，创造出更多具有时代特色、民族特色和世界影响力的文化精品。

综上所述，深入理解和运用相关理论，可以更加科学地丰富人民精神文化资源的供给，推动社会主义文化事业的全面繁荣与发展，满足人民群众日益增长的精神文化需求，实现文化的社会价值和经济效益的双重提升。

第三节 发挥群众主体性作用，推动共建共享

一 以党的领导为引领带动群众主体性作用发挥

共享发展，作为国之大计、民之福祉，不仅是中国共产党人矢志不渝的追求，更是他们肩负的崇高使命。中国共产党，以其严密的组织体系和严明的纪律要求，铸就了一个具有卓越领导力的政党形象。在历史长河中，无数经验与辉煌成就都印证了一个不争的事实：中国共产党是解决中国问题的中坚力量，是引领国家发展进步的核心所在。

随着国家步入新的发展阶段，推动共享发展这一宏伟目标的任务越发艰巨。而在这个历史性的进程中，中国共产党的领导作用依然是最关键的一环。我们必须坚定不移地依靠中国共产党的领导，充分发挥其强大的组织力和号召力，为全体人民走向共享发展之路提供坚实有力的保障。这不仅是对党的信任与肯定，更是对历史规律的深刻认识和把握。

深化基层组织建设，并充分发挥其组织优势。基层党组织作为党的细胞，承载着实现党的宗旨和使命的重要任务。按照马克思主义的组织原则，基层党组织应当成为推动共享发展的坚强战斗堡垒。因此，我们必须不断加强基层党组织的制度建设，优化组织结构，提高组织效能，确保党的方针政策能够得到有效执行。同时，我们通过选拔和培养具有高素质和领导才能的基层党组织带头人，提升基层党员干部的领导素质和能力，进一步强化基层党组织的领导核心作用，使基层党组织在推动共享发展的过程中发挥更加积极的引领和推动作用，确保共享发展实践沿着社会主义方向正确前进。

保持同人民群众的密切联系，并利用好群众工作的优势。人民群众为中国共产党提供了坚实的领导力基础，同时也是推动共享发展的核心力量。为了更有效地发挥人民群众在共享发展中的主体作用，党的领导与动员显得至关重要。因此，党员队伍需要深入基层，与群众建立紧密的联系，真诚关心他们的生活和需求，深入了解民众的期望和诉求。这样的方式能确保各项事业始终沿着符合广大人民群众利益的方向发展，从而充分激发人民群众的积极性与创造力。最终，广泛动员和领导人民群众共同参与到共享发展的伟大实践中，汇聚干部群众共同推动共建共富的强大合力。

通过深化基层党组织建设和加强与人民群众的联系，我们能够充分发挥党的组织优势和群众工作优势，推动共享发展事业不断取得新的胜利。这既是党的建设的内在要求，也是实现社会主义共享发展、共同富裕的必由之路。

二　创造高质量的就业创业环境

共建共富不仅是社会经济发展的目标，更体现了一种深层次的社会价值观和人类对于公平与正义的追求。就业，作为连接个体与社会联结的桥梁，是每个人实现自我价值、参与社会构建和改善生活状况的直接方式。从这一视角出发，推动就业的高质量发展，实际上是在夯实共建共富的社会基础，是在为每一个个体提供通过自身努力改变命运的机会。

在新发展阶段，面对全球化、技术革新等多重因素带来的就业市场变革，我们不得不深入思考：如何在这一复杂多变的时代背景下，创造出更加公平、包容、有活力的就业创业环境？推动就业高质量发展，需要站在更高的战略高度，以更宽广的视野来审视。这包括但不限于完善就业政策、提升职业技能培训、优化就业服务体系等具体措施。更重要的是，需要构建一种能够激发个体潜能、促进社会流动、实现人的全面发展的就业生态。在这一过程中，政府、企业、社会组织以及每一个个体都需要承担各自的责任。政府需要提供政策引导和公共服务支持；企业需要承担社会责任，提供更多高质量的就业机会；社会组织需要发挥桥梁和纽带作用，促进就业信息的流通和资源的合理配置；而每一个个体则需要不断提升自身能力，积极适应就业市场的变化。

推动就业高质量发展，实现共建共富，不仅是一个经济问题，更是一个关乎社会公平正义、人的全面发展和国家长治久安的重大课题。这需要从多个维度进行深入思考和系统布局，以更加开放、包容、创新的态度来应对新时代的挑战。

首先，必须持续优化和完善针对重点人群就业的相关政策体系。尽管当前就业形势整体呈现积极态势，但不可忽视的是，广大求职者仍面临着不小的就业压力，尤其是重点人群，如应届毕业生、下岗工人、残疾人等，他们的就业难题更为突出。因此，政府需要精准聚焦这些重点人群的就业特性和独特需求，实施差异化策略，进一步健全和完善帮扶机制。政府通过提供专业的技能培训，增强他们的就业竞争力，同时拓宽其职业选择范围，确保重点人群能够顺利再就业。这样不仅能够缓解他们的经济压力，也有助于提升社会整体的就业率和稳定性。

其次，需要积极推动创业活动，以创业带动就业，进而促进市场活力的释放和社会创造力的激发。创业不仅是个人实现自我价值的重要途径，也是社会经济持续健康发展的推动力。政府应当从降低创业门槛、提供初创资金支持、增强创业可持续性等多个方面入手，不断完善和优化创业扶持政策。政府通过营造一个鼓励创新、支持创业的良好环境，激发广大劳动者的创业热情和积极性，从而实现创业与就业的良性互动和循环。

最后，加强对就业创业市场的规范和管理至关重要。实现高质量就业的核心在于确保每个劳动者都能享有平等的就业机会。因此，政府必须坚决打破阻碍劳动力自由流动的各种壁垒，严厉打击和消除就业过程中的身份歧视和性别歧视现象。政府通过建立健全统一、规范、透明的就业创业市场体系，确保每一位劳动者都能在公平公正的环境下自主选择职业、实现自我发展，并有机会通过自己的辛勤劳动实现个人价值和社会价值的双重提升。

三 关注弱势群体利益，保障参与机会的平等

机会平等不仅关乎个体的自由发展，更涉及社会公正、平等与权力分配等核心议题，参与机会的均等化是实现社会正义的重要一环，它体现了对个体权利的尊重和保护。

参与机会的平等是社会契约论的重要体现。在一个理想的社会，每个成员都应当拥有平等的权利和机会来表达自己的意愿、追求自己的利益。这种平等不仅体现在法律文本上，更应在实际操作中得以贯彻。只有当每个人都能平等地参与到社会决策和资源分配中，社会契约才能真正得到实现。参与机会的均等也与马克思主义关于人的全面发展的理论紧密相连。马克思主义强调，人的全面发展是社会主义社会的最终目标之一。而要实现这一目标，就必须确保每个人都有机会获得全面的教育和培训，从而充分发挥自己的潜能。因此，平等的参与机会是实现人的全面发展的必要条件。从社会学的角度来看，参与机会的平等有助于减少社会分层和冲突。当某些群体长期被剥夺参与机会时，他们会感到被边缘化和排斥，从而对社会产生不满和抵触情绪。这种情绪在一定条件下可以引发社会冲突和动荡。因此，确保平等的参与机会对于维护社会稳定和谐具有重要意义。然而，在现实中，弱势群体往往因各种社会结构和文化因素的制约而无法享有平等的参与机会。这不仅是对他们个体权利的侵犯，也是对整个社会公正体系的挑战。参与机会的平等涉及社会正义、人的全面发展、社会稳定等多个层面，是实现共建共享的前提条件。

构建健全的志愿服务体系。志愿服务不仅是对人性中慈善与利他本能的肯定，更是社会团结与共同体意识的集中体现。从学理角度看，志

愿服务是一种社会资本的投资，它通过增强社会信任、促进信息交流和资源共享，进而提升整个社会的凝聚力和抗风险能力。特别是对于弱势群体，志愿服务能够为他们提供物质和精神上的双重支持，这既是对社会公正的追求，也是对个体尊严的维护。

加强和完善利益表达机制。利益表达涉及政治学中的民主参与和权利保障理论。在一个民主社会，每个公民都应享有平等的表达权，这是实现政治平等和社会公正的基础。对于弱势群体而言，由于其在社会结构中的边缘地位，他们的利益诉求往往被忽视或压抑。这不仅是对其基本权利的侵犯，也阻碍了社会的和谐与稳定。因此，政府建立有效的利益表达机制，是保障弱势群体权益、促进社会和谐的重要措施，也是对政府治理能力和民主制度完善程度的考验。其中特别要注重积极提升弱势群体表达自身诉求的意识和能力，确保其话语权得到充分尊重。畅通利益诉求渠道，使得弱势群体的声音能够被听见并得到妥善回应。在处理涉及民生的问题时，应始终坚守公平正义原则，加强沟通交流，做好引导工作，并积极探索和完善基层民主制度中的利益诉求和表达机制。当弱势群体的权益受到侵犯时，政府部门必须及时介入，为其提供必要的法律援助，帮助其依法维权，确保其合法权益不受侵害。

优化弱势群体的福利政策。社会福利不仅是物质的援助，更重要的是对个体精神需求的关注和满足。弱势群体在陷入物质困境的同时，也承受着巨大的心理压力和负面情绪。因此，福利政策的设计需要充分考虑他们的心理需求，通过提供心理辅导等精神福利，帮助他们建立积极的生活态度，提升自我价值感和社会归属感。这不仅是对弱势群体的人文关怀，也是增进社会整体福祉的重要途径。

健全志愿服务体系、加强利益表达机制建设以及优化福利政策内容，都是基于对社会公正、民主参与和个体权利的深入理解和尊重。这些措施的实施，不仅能够提高弱势群体的生活质量和社会地位，也能够推动社会的全面进步，助力高质量发展。

第四节　坚持规律性和目的性的统一，推动渐进共享

一　理性审视与精确锚定共享发展的阶段性目标

在新发展阶段的背景下，共享发展不仅是一个实践目标，更是社会主义理念的具体体现。理性地审视共享发展，深入理解其阶段性目标的设定与实现路径，必须深刻认识到共享发展的多重复杂性、长期持久性以及任务的艰巨性。共享发展目标的设定，既是阶段性任务的体现，也是长期愿景的规划，其阶段性特征尤为明显。

共享发展的推进，首先要基于对经济社会发展规律的深刻把握。这些规律包括经济增长的动力机制、社会结构的演变趋势以及文化价值的变迁等。在这些规律的作用下，共享发展呈现出明显的阶段性特征。每个阶段的目标，都是对这些规律的具体应用和实践检验。政府必须遵循经济社会发展的内在规律，紧密结合各个时期的经济发展特点和水平，确保与我国现代化建设的总体步伐相协调。立足新发展阶段，党中央明确了不同阶段的发展目标，旨在分阶段循序渐进地推进共同富裕，第一个阶段是到"十四五"末，全体人民共同富裕迈出坚实步伐，居民收入和实际消费水平差距逐步缩小；第二个阶段是到2035年，全体人民共同富裕取得更明显的实质性进展，基本公共服务实现均等化；第三个阶段是到21世纪中叶，全体人民共同富裕基本实现，居民收入和实际消费水平差距缩小到合理区间。[1] 党中央明确的不同阶段发展目标，实际上是对共享发展理念的逐步落实和深化。这些目标不仅体现了实践的需求，更蕴含了深刻的理论逻辑。从"十四五"末的初步共享，到2035年的基本公共服务均等化，再到21世纪中叶的全体人民共享发展，这一系列目标构成了一套逻辑严密、层层递进的发展体系。

在实现这些目标的过程中，政府需要构建一套科学、合理的指标体

---

[1] 习近平：《扎实推动共同富裕》，《求是》2021年第20期。

第九章 在高质量发展中实现共享发展的路径思考

系,用于度量和评估共享发展的实际成效。这套指标体系不仅要反映共享的程度和富裕的水平,更要揭示共享发展过程中的内在规律和影响因素。通过对这些指标的分析和研究,我们可以更加理性地认识共享发展的本质要求,进而优化实践路径,提高发展质量。

不同地区在推进共享发展时,应充分考虑自身的实际情况和发展条件。这就要求各级政府在制定具体政策时,既要遵循一般性的发展规律,又要结合地方特色,实现普遍性与特殊性的有机结合。这种结合不仅体现了实事求是的思想方法,更是对共享发展理念的深入理解和实践创新。

理性审视共享发展的阶段性目标,需要我们运用经济社会发展规律、构建科学合理的指标体系以及结合地方实际进行政策制定。通过这些努力,我们可以更加精确地锚定共享发展的方向和目标,推动社会主义实践的不断深入和发展。这不仅是对共享发展理念的坚持和发展,更是对社会主义现代化建设规律的探索和遵循。

二 探索构建解决相对贫困的长效机制:走向深度公平与共享

在全面打赢脱贫攻坚战、消除绝对贫困之后,我国面临的新挑战是相对贫困问题。探索解决相对贫困的长效机制对缩小贫富差距、推动渐进共富起关键作用。相对贫困,不仅是一个经济问题,更是一个涉及社会公正、平等与人的全面发展的深层次问题。它反映的是社会资源分配的不均衡,以及个体在社会发展进程中所面临的机会不均等。因此,解决相对贫困,不仅关乎经济的持续增长,更关乎社会的长期稳定与和谐。相对贫困源于社会资源的不均衡分配以及个体在社会经济结构中所处的不同位置。这种不均衡不仅体现在物质财富上,更包括教育、医疗、信息等资源的分配。因此,解决相对贫困问题,本质上是对社会主义初级阶段公平正义理论的具体实践,也是对马克思主义关于人的全面发展理论的深化应用。解决相对贫困是一个实践难题,更是一个深层次的理论议题,要在深化对社会主义初级阶段分配关系的理解基础上探索更加公平合理的资源分配与社会保障机制。

构建解决相对贫困的长效机制，前提是要深入理解社会主义初级阶段的经济发展规律与社会结构特点。这包括研究如何优化资源配置、提高社会保障水平、促进教育公平等方面，以缩小社会阶层间的差距。同时，我们还需要借鉴国际经验，结合我国实际，创新性地提出符合国情的解决方案。长效机制的建立需要综合运用多学科理论，包括经济学、社会学、政治学等。通过跨学科的研究方法，我们可以更全面地分析相对贫困的成因与影响，结合经济学视域下资源配置的效率与公平性分析、社会学视域下理解不同社会群体的需求与期望、政治学视域下的政策制定与实施的框架和路径，提出更具针对性的政策措施。长效机制的构建还需要注重实证研究与理论创新的结合。通过收集和分析相关数据，我们可以评估现有政策的实施效果，发现存在的问题与挑战。结合理论创新，我们提出更加科学、可行的政策建议，以推动相对贫困问题的有效解决。

（一）构建科学合理的相对贫困标准体系

构建科学合理的相对贫困标准体系，是深入探索并解决相对贫困问题的前提。这一标准体系的建立，必须基于严谨的学术研究和扎实的理论分析，以确保其科学性和适用性。在新发展阶段，随着人们对美好生活需求的不断升级，相对贫困的界定也需与时俱进。我们需从社会福利经济学、发展经济学等多学科视角出发，深入剖析相对贫困的成因、表现和影响，为制定相对贫困标准提供坚实的学理支撑。同时也要充分考虑自然、社会和经济等多重因素的综合效应对相对贫困状况的复杂影响。在自然、社会和经济等多重因素的综合作用，我国在未来相当长的一段时间内，城乡区域之间的发展差距仍将明显存在。这种差距导致相对贫困在不同城乡和区域之间呈现出多样化的表现形式，也使得相对贫困的具体情况变得更复杂。我国城乡区域发展不平衡的现状，决定了相对贫困在不同地域和社群中的差异化表现。我们必须运用地理学、社会学等相关理论，深入分析这些差异背后的深层次原因，对不同地区的相对贫困实际情况进行充分评估，以便制定符合当地实际的相对贫困标准，以更精准地识别和定位相对贫困群体。

同时还需进一步细化相对贫困的衡量维度和指标，构建全面、客观的相对贫困标准体系。这一体系应涵盖收入、教育、健康、社会保障等多个方面，以全面反映个体的福利状况和社会地位。为提高治理的预见性和准确性，相对贫困标准不能一成不变，而应根据社会经济的发展和贫困治理的成效进行动态调整。这要求运用动态分析的方法，结合大数据、云计算等现代信息技术手段，实时监测地区的发展动态和贫困状况，为标准的调整提供科学依据。构建科学合理的相对贫困标准体系，是一个涉及多学科理论、需要深入研究和动态调整的过程。

（二）构建相对贫困治理长效内生机制激发相对贫困群体的内生动力

为了有效解决相对贫困群体内生动力不足的问题，构建相对贫困治理的长效内生机制显得尤为重要。针对相对贫困群体内生动力不足的问题所构建的相对贫困治理长效内生机制，应基于行为经济学、心理学以及社会学等多学科的支撑，其核心在于激发相对贫困群体的内在动力，实现可持续脱贫。

在脱贫攻坚过程中，外部资源的强力注入虽然在短期内成效显著，但长期来看，可能引发"等、靠、要"的依赖心理，这在行为经济学中被称为"依赖路径"。为了打破这种路径依赖，需要从相对贫困群体的心理层面入手，通过教育培训和常态化宣讲，引导他们认识到自身在脱贫过程中的主体作用，从而树立自主脱贫意识。这一过程涉及认知心理学中的"自我效能感"和"自我决定理论"，即通过提升个体的自我效能感，增强其自主选择和行动的能力。

同时，加强就业技能培训是提升相对贫困群体自我发展能力的关键。这不仅需要关注技能培训本身，更要认识到技能培训对于提升个体在劳动力市场中的竞争力、增强其未来收益的重要性。因此，我们应设计具有针对性的技能培训方案，确保培训内容与市场需求紧密相连，从而提高相对贫困群体的就业质量和收入水平。

此外，巩固和发展乡村产业扶贫模式也是实现长效脱贫的重要途径。从产业经济学的视角来看，乡村产业的发展能够有效带动当地经济增长，为相对贫困群体提供更多的就业机会。同时，乡村产业的壮大还能够促进农村市场的繁荣，进一步增强相对贫困群体的经济活力和自我发展能力。

构建相对贫困治理长效内生机制需要综合运用多学科理论，从心理层面激发相对贫困群体的内在动力，通过技能培训和乡村产业发展提升其自我发展能力。这一机制的建立不仅有助于解决当前相对贫困问题，更为实现渐进共享奠定了坚实的基础。

(三) 发挥政府主导作用

在深入探讨相对贫困问题的解决路径时，政府首先必须认识到自身在这一过程中的核心作用。从公共政策的视角出发，政府作为公共利益的代表，其主导作用不仅体现在资源的分配和政策的制定上，更在于其能够引导和协调各方力量，共同应对复杂的社会问题。绝对贫困的消除在中国式现代化征程中无疑是一个里程碑式的成就，但相对贫困问题的存在依然是对社会公平和正义的挑战。前期的扶贫经验，从政策实施、资源配置到效果评估，都为政府提供了宝贵的实践数据和理论支撑。这些经验不仅揭示了贫困问题的多维性和复杂性，也指出了政策干预的重要性和有效性。

在解决相对贫困问题时，政府需要有效借鉴这些经验，但更重要的是，要根据当前的社会经济环境和相对贫困的具体特点，进行政策的创新和优化，制定更具针对性和适应性的相对贫困治理政策，从社会结构、经济发展、文化心理等多维度对相对贫困问题进行深入剖析，对政策的影响机制和实施效果进行深入研究。

然而，从治理理论的角度来看，单纯依赖政府的行政力量难以有效解决相对贫困问题。社会力量的参与不仅可以提供更多的资源和创新思路，还能增强政策的接受度和可持续性。因此，构建以政府为首的多元主体参与机制，是提高相对贫困治理效率的关键。在这一机制中，政府不仅扮演政策制定者和资源调配者的角色，更是各方力量的协调者和引领者。政府应发挥其权威性和协调性优势，搭建一个多方参与、信息共享、协同合作的平台。而企业和社会组织则应充分利用其专业性和灵活性，为政策的制定和实施提供有力支持。这种多元主体的协同治理模式，不仅有助于提高相对贫困治理效率和效果，促进社会的整体发展和进步，更是共建共享的内在要求。

三 深化人民对共享发展的正确认识

习近平总书记强调："要加强促进共同富裕舆论引导，澄清各种模糊认识，防止急于求成和畏难情绪，为促进共同富裕提供良好舆论环境。"①

共享发展作为新时代中国特色社会主义的重要发展理念和本质要求，不仅关乎经济层面的均衡与公正，更涉及社会文化的进步和人的全面发展。在推动共享发展的实践中，正确的认识是行动的先导。只有当我们对共享发展有了全面而深入的理解，才能制定出科学合理的政策措施，有效地指导社会实践，从而推动共同富裕的目标渐进实现。这不仅是一个经济问题，更是一个涉及社会公平正义、国家长治久安的重大课题。因而，我们有必要引导人们深入理解和准确把握共享发展的科学内涵，消除那些片面、错误的认识。我们必须以高度的责任感和使命感，加强对共享发展理念的宣传和教育，为构建更加和谐、更加公平的社会贡献力量。我们只有准确把握促进共享发展的时代内涵和内在要求，纠正对共享发展的错误认识，才能以对共享发展的正确认识指导共享发展实践，推动渐进共富。

（一）引导公众正确理解和认识共享发展的深刻内涵

引导人们正确认识共享发展的内容，这不仅是对一个经济理念的普及，更是对社会价值观的一次深刻引导和重塑。共享发展不仅是一种资

---

① 习近平：《扎实推动共同富裕》，《求是》2021年第20期。

源配置的方式,它更体现了社会主义核心价值观中的公平与正义,是对传统发展模式的深刻反思与超越。当前,仍有许多人对共享发展的概念存在误解或理解不全面。这些误解可能源于对"共享"二字的字面理解,也可能受到传统经济发展模式的惯性思维影响。因此,我们需要透过主流媒体和社交平台,在叙事方式和叙事手段上进行创新,以更加深入、全面的视角去解读共享发展的内涵,揭示其背后的社会公平与正义的价值追求,共享发展的全民性、全面性、共建性和渐进性。将共享发展内容融入教育体系,不仅是为了培养青少年的共享发展意识,更是为了培养他们具备推动社会公平与正义的能力。通过系统的教育引导,我们可以帮助青少年建立对共享发展理念的深度认同,并将这种认同转化为实际行动,成为未来社会变革的重要力量。同时,还需要在全社会范围内积极开展以"勤劳致富"为主题的宣传教育活动。"勤劳致富"不仅是一种经济行为,更是一种社会精神。在推动共享发展的过程中,我们需要强调勤劳致富的重要性,鼓励人们通过自己的努力和智慧来创造财富,实现个人价值与社会价值的统一。这种精神的弘扬,不仅能够激发人们的积极性和创造力,还能够为共享发展注入更加持久和深厚的动力。

综上所述,引导人们正确认识共享发展,不仅是对一个经济理念的传播,更是对社会主义核心价值观的坚守与传承。我们通过深入的教育引导、全面的媒体解读以及勤劳致富精神的弘扬,共同推动一个更加公平、正义、充满活力的共享发展社会的到来,助力新时代中国特色社会主义的高质量发展。

(二)实时更新共享发展的进展

共享发展理念的实践,不仅是对传统经济发展模式的革新,更是对社会公平与和谐共生理念的深刻践行。然而,任何伟大的事业在推进过程中都难免遇到困难和挑战,共享发展亦如此。面对部分群众对共享发展理念的疑虑和不确定性,我们必须采取更积极的策略来深化人们的理解并坚定其信心。实时更新共享发展的进展,不仅是为了信息传递,更是为了构建一个透明、开放、互动的交流平台。通过这一平台，我们可以及时展示各地在共享发展方面取得的最新成果，无论是新增的共享经济项目，还是通过共享模式实现的社会效益和经济增长，都能让外界看到我们的决心和努力。

深入报道广大人民群众积极参与共享发展的实践活动，以及需要深入挖掘并传播各地推动共享发展的成功经验，这些经验不仅是对其他地区的有益参考，更是对整个共享发展模式的有力验证。我们通过详细剖析这些成功案例背后的理念、策略和执行过程，挖掘先进典型和感人事迹，深入报道来自基层的鲜活案例，不仅能让人们更加直观地感受到共享发展带来的实际效益，还能进一步激发社会各界的参与热情，形成推动共享发展的强大合力，能够进一步凝聚社会共识，坚定人们对共享发展理念的信念。我们通过深入细致的工作，逐步消除人们对共享发展的疑虑和误解，培养一种全社会共同参与、共同推动的良好氛围。当越来越多的人看到并亲身感受到共享发展带来的实实在在的好处时，人们对中国特色社会主义事业的信心自然会日益坚定，从而为构建一个更加公平、和谐、繁荣的社会注入不竭的动力。

（三）引导人们正确认识推动共享发展应该坚持的原则

在推动共享发展的过程中，我们必须引导人们正确理解和把握其应遵循的核心原则。共享发展，从其本质和推进过程来看，代表了一种逐步实现的共同富裕理念。在这一过程中，我们不仅要看到共享发展所带来的美好愿景，更要深刻认识到实现这一愿景的阶段性、艰巨性和长期性。我们必须以动态和发展的眼光来看待共享发展，不将其视为一个静态的目标，而是一个不断演进、逐步完善的进程。

遵循经济社会发展的规律是推动共享发展的关键。这些规律是历史经验的总结，是社会发展内在逻辑的体现。我们必须在深入研究和理解这些规律的基础上，制定科学合理的发展策略，确保共享发展能够有序、高效地推进。而在这一过程中，困难和挑战是不可避免的。这些困难和挑战，既是对我们智慧和勇气的考验，也是推动我们不断前进的动力源泉。面对这些困难和挑战，我们需要保持冷静的头脑和坚定的信念，以循序渐进、脚踏实地的态度去应对。我们不能急于求成，也不能因为一时的困难而产生畏难情绪。相反，我们应该把每一次困难和挑战都看作成长和进步的机会，以更加坚定的步伐推动共享发展。我们要警惕和抵制为了达到某项指标而出现的冒进和盲目攀比现象，这种短视的行为不仅无法真正推动共享发展，反而会破坏其内在的平衡和可持续性。共享发展的真正目标是为了实现全社会的共同富裕与和谐发展，而不是简单的指标达成或数字游戏。

引导人们正确认识推动共享发展所应坚守的原则，不仅是对共享发展理念的深入解读和传播，更是对社会深层次价值观和发展逻辑的探寻和坚守。只有当全社会都形成了对这些原则的深刻理解和广泛共识，才能确保共享发展事业真正落地生根，为人类社会的持续进步注入不竭的动力。

参考文献

著作类

《马克思恩格斯文集》第1卷，人民出版社2009年版。
《马克思恩格斯文集》第3卷，人民出版社2009年版。
《马克思恩格斯文集》第8卷，人民出版社2009年版。
《马克思恩格斯选集》第1卷，人民出版社2012年版。
《马克思恩格斯选集》第3卷，人民出版社2012年版。
《列宁选集》第3卷，人民出版社1995年版。
《毛泽东文集》第六卷，人民出版社1999年版。
《邓小平文选》第二卷，人民出版社1994年版。
《邓小平文选》第三卷，人民出版社1993年版。
《胡锦涛文选》第二卷，人民出版社2016年版。
《习近平谈治国理政》第一卷，外文出版社2014年版。
《习近平谈治国理政》第二卷，外文出版社2018年版。
《习近平谈治国理政》第三卷，外文出版社2020年版。
《习近平谈治国理政》第四卷，外文出版社2022年版。
中共中央文献研究室：《江泽民论有中国特色社会主义》，中央文献出版社2002年版。
中共中央文献研究室：《毛泽东著作专题摘编》，中央文献出版社2003年版。

中共中央文献研究室：《改革开放三十年重要文献选编》（上），中央文献出版社2008年版。

中共中央党史和文献研究院：《改革开放四十年大事记》，人民出版社2018年版。

中共中央文献研究室：《十七大以来重要文献选编》（上），中央文献出版社2009年版。

中共中央文献研究室：《十八大以来重要文献选编》（中），中央文献出版社2016年版。

中共中央文献研究室：《十八大以来重要文献选编》（下），中央文献出版社2018年版。

中共中央文献研究室：《习近平总书记重要讲话文章选编》，中央文献出版社，党建读物出版社2016年版。

中共中央宣传部：《习近平新时代中国特色社会主义思想学习纲要》，学习出版社，人民出版社2019年版。

十九大报告辅导读本编写组：《党的十九大报告辅导读本》，人民出版社2017年版。

山东省统计局：《山东省统计年鉴—2023》，中国统计出版社2023年版。

康有为著，邝柏林选注：《大同书》，辽宁人民出版社1994年版。

［英］托马斯·莫尔：《乌托邦》，戴镏龄译，商务印书馆1982年版。

［美］詹姆斯·M.布坎南：《自由、市场和国家——20世纪80年代的政治经济学》，吴良健等译，北京经济学院出版社1988年版。

［美］约翰·罗尔斯：《正义论》，何怀宏等译，中国社会科学出版社2001年版。

［英］安东尼·克罗斯兰：《社会主义的未来》，轩传树等译，上海人民出版社2011年版。

［英］庇古：《福利经济学》，金镝译，华夏出版社2017年版。

［法］托马斯·皮凯蒂：《21世纪资本论》，巴曙松等译，中信出版社2014年版。

期刊论文类

卜伟、刘珊珊、李晨曦：《三大城市群经济高质量发展水平测度与比较》，《统计与决策》2024 年第 12 期。

蔡昉：《共享生产率成果——高质量发展与共同富裕关系解析》，《中共中央党校》（国家行政学院学报）2022 年第 3 期。

陈晨、熊友华：《中国共产党追求共同富裕的理论变迁、实践探索与经验启示》，《中州学刊》2022 年第 12 期。

陈健、张旭：《新发展理念的政治经济学阐释》，《中州学刊》2023 年第 6 期。

陈景华、刘展豪、毛开元：《中国式现代化进程中的高质量发展：历程、成就与展望》，《华东经济管理》2023 年第 11 期。

陈荣卓、杨广西：《马克思恩格斯的共享思想及其时代发展》，《湖北大学学报》（哲学社会科学版）2023 年第 4 期。

陈享光、李晶晶：《中国式分权与共享发展》，《经济纵横》2023 年第 2 期。

陈元：《论新发展理念与国家治理现代化的耦合性》，《学校党建与思想教育》2022 年第 9 期。

程清雅：《高质量发展评价指标体系构建及应用》，《统计与决策》2022 年第 24 期。

邓子纲、刘亚威：《习近平关于高质量发展重要论述的形成逻辑、思想意蕴与理论特质》，《湖南社会科学》2024 年第 4 期。

范方志、彭田田：《中国共同富裕测度与时空演变特征研究》，《社会科学战线》2024 年第 5 期。

高智：《系统科学视域下中国共享经济发展质量的实证研究》，《系统科学学报》2024 年第 1 期。

耿子恒、孟山月、杨宜勇：《新质生产力何以驱动高质量发展》，《社会科学研究》2024 年第 4 期。

顾严、张欣欣、马小腾：《高质量发展的体系化阐释》，《北京行政学院学报》2024年第1期。

郭瑞萍：《以高质量发展促进共同富裕的内在逻辑与现实路径》，《思想理论教育导刊》2022年第9期。

何建华：《共同富裕进程中的公平正义》，《伦理学研究》2023年第2期。

侯衍社：《新发展理念是21世纪马克思主义发展哲学的精髓》，《哲学研究》2022年第7期。

胡磊：《习近平新时代中国特色社会主义思想蕴含的资本观探赜》，《经济纵横》2024年第2期。

黄杰、陆洪阳、孙自敏：《中国经济高质量发展的差异来源及形成机理》，《统计与决策》2024年第3期。

黄金辉、郑雯霜：《新发展理念促进共同富裕的内在机理与实践路径》，《四川大学学报》（哲学社会科学版）2022年第6期。

黄群慧：《新发展理念：一个关于发展的系统的理论体系》，《经济学动态》2022年第8期。

蒋鑫：《新发展阶段、新发展理念、新发展格局的系统性逻辑分析》，《经济纵横》2022年第7期。

李函珂：《基于共享发展视域的中国第三次分配：阶段、问题与路向》，《西南民族大学学报》（人文社会科学版）2023年第7期。

李航、齐顾波：《迈向全过程共享发展：中国减贫的历史演进与共同富裕展望》，《农村经济》2022年第6期。

李盛竹、蒋凡：《中国社会公共资源数字化共享的水平测度、区域差异及空间特征分析》，《统计与信息论坛》2024年第8期。

李占风、孙未未：《共同富裕目标下数字经济对共享发展的影响》，《统计与决策》2023年第15期。

廖小琴：《思想政治教育促进精神生活共同富裕的逻辑理路思想理论教育》，《思想理论教育》2022年第6期。

刘灿：《中国特色社会主义收入分配理论》，《政治经济学评论》2022 年第 4 期。

刘凤义：《在经济规律体系中深入理解和把握高质量发展》，《马克思主义研究》2023 年第 7 期。

刘灵光、卢成观：《习近平关于高质量发展重要论述的内在特征、价值意蕴和实践指向》，《广西社会科学》2023 年第 9 期。

卢雪艳：《面向共同富裕的统一战线》，《社会科学家》2024 年第 2 期。

陆岷峰、张壹帆：《新质生产力发展下的数字经济与区域经济协同》，《云南师范大学学报》（哲学社会科学版）2024 年第 3 期。

罗生全、随国栋：《经济圈建设背景下高质量教育的发展逻辑与推进路径》，《西南大学学报》（社会科学版）2022 年第 6 期。

彭银春、孟大虎：《共享价值助推共同富裕：理论逻辑与实践路径》，《新视野》2024 年第 3 期。

秦书生、索绳斐：《习近平关于共同富裕重要论述的逻辑理路》，《经济社会体制比较》2023 年第 4 期。

任政：《以共享为核心的社会公平正义观的转型与建构》，《思想理论教育》2023 年第 5 期。

孙绍勇：《新时代全面推进城乡融合发展的共同富裕逻辑旨要》，《福建论坛》（人文社会科学版）2023 年第 3 期。

唐亚林：《全过程人民民主：中国民主的历史性飞跃与发展战略选择》，《政治学研究》2023 年第 6 期。

唐子茜：《马克思主义"共享"思想中国化的概念史考察》，《云南师范大学学报》（哲学社会科学版）2024 年第 2 期。

汪倩倩：《社会主义共同富裕的四重逻辑》，《学校党建与思想教育》2022 年第 12 期。

王炳林：《新发展理念与中国式现代化》，《教学与研究》2022 年第 10 期。

王继田、阮敬：《共享发展、共同富裕与收入分配格局的实证检验》，

《统计与决策》2023年第10期。

王军、朱杰、罗茜：《中国共同富裕发展水平测度及时空演变特征研究》，《当代经济管理》2023年第6期。

王清旺：《增进民生福祉共享发展成果》，《前线》2024年第2期。

王彦龙、徐康洲：《高质量乡村振兴与共同富裕融合：理论关联、逻辑解构与路径探索》，《农村经济》2024年第6期。

魏崇辉：《习近平关于新质生产力重要论述的原创性贡献》，《新疆师范大学学报》（哲学社会科学版）2025年第1期。

魏志奇、孙伟康：《社会主要矛盾变化与共同富裕新要求下共享发展研究》，《西南民族大学学报》（人文社会科学版）2022年第12期。

阎瑞雪、魏众：《百年来中国共产党领导下的共同富裕理论与实践》，《财贸研究》2022年第12期。

燕连福、何佳琪：《以共享发展促进共同富裕的逻辑共契、现实堵点与推进路径》，《北京联合大学学报》（人文社会科学版）2023年第5期。

杨立雄、张豫南：《共享、发展与融合：残疾人家庭共同富裕的内涵辨析与发展路径》，《内蒙古社会科学》2024年第3期。

杨世伟：《习近平关于共同富裕的内涵诠释、战略定位与实践方略》，《当代世界社会主义问题》2023年第4期。

姚亚平、王磊峰：《论中国特色社会主义推动共同富裕的五大优势》，《南昌大学学报》（人文社会科学版）2022年第5期。

尹艳林：《切实推动高质量发展：经验、要求与任务》，《经济研究》2023年第8期。

曾建平、艾志斌：《共享发展理念的理论张力及实践原则》，《江西社会科学》2023年第4期。

翟洪江、蔡云飞、陈平：《基于熵权—TOPSIS法的中国高等教育高质量发展水平测度研究》，《黑龙江高教研究》2024年第5期。

张晗：《人的全面发展：新时代共同富裕的价值取向》，《人权》2023年第 3 期。

张姣玉、罗红艳：《新质生产力：中国式现代化新载体、新突破、新思路》，《郑州大学学报》（哲学社会科学版）2024 年第 4 期。

张梅梅、吴春梅：《共同富裕导向下新型农村集体经济发展中的普惠共享与价值共创》，《农村经济》2024 年第 5 期。

张喜红、张昕：《共享发展的时代要求、实践原则与推进路径》，《学习与探索》2023 年第 11 期。

中共中国建筑集团有限公司党组：《牢牢把握新时代高质量发展的实践要求》，《红旗文稿》2022 年第 19 期。

中国社会科学院经济研究所课题组等：《新征程推动经济高质量发展的任务与政策》，《经济研究》2023 年第 9 期。

周泽红、李雪艳：《新发展理念贯穿共同富裕制度设计的内在逻辑及现实进路》，《上海经济研究》2023 年第 3 期。

朱可辛、孟书广：《习近平关于共同富裕的重要论述及其时代价值》，《党史研究与教学》2022 年第 3 期。

朱永新：《以进一步深化教育改革 助推新质生产力发展》，《中国远程教育》2024 年第 8 期。

后 记

本书是作者主持的山东省社会科学规划研究项目"新时代山东省共享发展理念的质量测度及推进路径研究"的最终成果。

自党的十八届五中全会提出共享发展理念以来，关于共享发展的文献逐渐增多，但对共享发展的质量测度研究比较分散，一般出现在对高质量发展测度的研究中，单独的研究成果比较少。深入理解共享发展，构建科学合理的共享发展质量测度体系，对科学认识共享发展、推动高质量发展实践进而达到新时代所提出的新要求具有重要的现实意义和理论意义。

本书写作过程中，虽然经过了反复调研论证、数据收集、校正修订，但由于数据的动态调整以及主观性指标等相关因素限制，加上作者学识有限，对山东省共享发展状况作出科学、系统、详尽的考察并非易事，本书研究仍显粗糙，未完全达到预期理想效果，书中不足之处敬请各位专家、读者批评指正。

在本书写作过程中，得到了山东科技大学人文社科处、山东科技大学马克思主义学院领导和同事们的支持与帮助，在此表示衷心感谢！在研究和写作过程中，作者参阅了国内外学者的相关研究成果，已在文末列出，在此一并表示感谢！本书的写作和出版得到了中国社会科学出版社杨晓芳老师及各位工作人员的支持和帮助，对他们为本书出版付出的艰辛劳动，表示诚挚的谢意！

著 者

2024 年 8 月 11 日